探索与建构
——面向实践的宪法学

吴礼宁　毋晓蕾　著

中国水利水电出版社
www.waterpub.com.cn
·北京·

内 容 提 要

宪法是法的组成部分,是国家的根本法,是民主事实法律化的结果,是公民权利的保障书;它是一定政治斗争的终点和起点,规定国家的根本任务和根本制度即社会制度、国家制度的原则和国家政权的组织以及公民的基本权利义务等内容,具有最高的法律效力。本书主要对宪法的演进与历史发展、宪法在实践中的运行以及与我国公民的基本权利和义务、我国宪法中的国家机构以及司法机构、我国选举制度及政党制度、宪法判断与违宪审查等相关内容进行了详细的研究探讨。

图书在版编目(CIP)数据

探索与建构:面向实践的宪法学/吴礼宁,毋晓蕾著. —北京:中国水利水电出版社,2017.3(2022.9重印)
 ISBN 978-7-5170-5154-1

Ⅰ.①探… Ⅱ.①吴… ②毋… Ⅲ.①宪法-研究-中国 Ⅳ.①D921.04

中国版本图书馆 CIP 数据核字(2017)第 022023 号

责任编辑:杨庆川 陈洁　　封面设计:崔 蕾

书　名	探索与建构:面向实践的宪法学 TANSUO YU JIANGOU: MIANXIANG SHIJIAN DE XIANFAXUE
作　者	吴礼宁　毋晓蕾　著
出版发行	中国水利水电出版社 (北京市海淀区玉渊潭南路1号D座 100038) 网址:www.waterpub.com.cn E-mail:mchannel@263.net(万水) 　　　　sales@mwr.gov.cn 电话:(010)68545888(营销中心)、82562819(万水)
经　售	全国各地新华书店和相关出版物销售网点
排　版	北京鑫海胜蓝数码科技有限公司
印　刷	天津光之彩印刷有限公司
规　格	170mm×240mm　16开本　16.25印张　211千字
版　次	2017年4月第1版　2022年9月第2次印刷
印　数	2001—3001册
定　价	49.00元

凡购买我社图书,如有缺页、倒页、脱页的,本社营销中心负责调换

版权所有·侵权必究

前　言

宪法是一个国家的根本大法,是一个国家其他一切法律形式的合法性来源。法律、法规、规章以及各种具有法律效力的规范性文件都必须以宪法为依据,不得违背宪法的原则和宪法的规定。

在现代法治社会中,宪法处于一个国家法律体系的核心。宪法是判断人们行为对错的根本标准,任何组织和个人的任何行为都必须具有宪法上的依据,任何组织和个人都不得享有超越于宪法之上的特权。因此,依法治国首先是依宪治国。如果宪法得不到人们的自觉遵守,如果掌握国家权力的国家机关、组织和个人缺少宪法上的依据来行使国家权力,那么,公民的宪法和法律权利就很容易受到侵犯。为此,遵守宪法,保障宪法的实施,首先必须以宪法适用为基础。如果一个国家的立法机关、行政机关、检察机关和审判机关等国家机构不以宪法的规定作为自身行使相关国家权力的法律依据,那么,宪法的根本大法地位就形同虚设,宪法的法律权威也就无从谈起。所以,在贯彻"依法治国、建设社会主义法治国家"治国方略的过程中,必须以贯彻实施宪法作为各项工作的重点。宪法学主要是以宪法以及各种宪法现象和问题为研究对象的一门法学学科。《探索与建构:面向实践的宪法学》一书沿袭了研究宪法学的方法,对宪法的演进与历史发展研究、宪法在实践中的运行进行了研究,同时对我国宪法的相关问题做出了研究,具体内容包括:我国公民的基本权利和义务、现行宪法的中央国家机构、现行宪法的地方国家机构、现行宪法的司法机构、现行宪法的选举制度、现行宪法的政党制度以及宪法判断与宪法实施等。

最后,本书在撰写的过程中参考了大量的文献、书籍,在这里对它们的作者表示衷心的感谢。由于宪法学这一学科涉及面广,实践性、综合性都很强,再加上作者才疏学浅,疏漏之处在所难免,敬请同行专家和广大读者指正。

作　者

2016 年 8 月

目 录

前言

第一章 宪法的演进与历史发展研究 …………………………… 1
第一节 西方宪法的产生与发展 ……………………………… 1
第二节 近代中国宪法的历史发展 …………………………… 14
第三节 新中国宪法的历史发展 ……………………………… 22

第二章 宪法在实践中的运行研究 ……………………………… 31
第一节 宪法制定 ……………………………………………… 31
第二节 宪法修改与宪法解释 ………………………………… 37
第三节 宪法实施与保障 ……………………………………… 54

第三章 我国公民的基本权利和义务 …………………………… 64
第一节 平等权 ………………………………………………… 64
第二节 政治权利 ……………………………………………… 66
第三节 宗教信仰自由 ………………………………………… 69
第四节 人身权利 ……………………………………………… 70
第五节 社会经济权利 ………………………………………… 75
第六节 文化教育权利 ………………………………………… 78

第四章 现行宪法的中央国家机构 ……………………………… 80
第一节 全国人民代表大会 …………………………………… 80

第二节　中华人民共和国主席 …………………………… 98
　　第三节　国务院 …………………………………………… 104
　　第四节　中央军事委员会 ………………………………… 112

第五章　现行宪法的地方国家机构 …………………………… 115
　　第一节　地方各级人民代表大会与地方各级人民
　　　　　　政府 ……………………………………………… 115
　　第二节　民族区域自治地方自治机关 …………………… 121
　　第三节　特别行政区自治机关 …………………………… 130

第六章　现行宪法的司法机构 ………………………………… 142
　　第一节　司法组织与机构设置 …………………………… 142
　　第二节　权利关系中的司法机构 ………………………… 148
　　第三节　法律共同体中的法官与检察官 ………………… 152

第七章　现行宪法的选举制度研究 …………………………… 158
　　第一节　选举制度概述 …………………………………… 158
　　第二节　我国选举制度的基本原则 ……………………… 167
　　第三节　选举的组织和程序 ……………………………… 173
　　第四节　改革和完善我国选举制度 ……………………… 180

第八章　现行宪法的政党制度研究 …………………………… 182
　　第一节　政党与政党制度概述 …………………………… 182
　　第二节　资本主义国家的政党体制 ……………………… 193
　　第三节　中国共产党领导下的多党合作制度 …………… 199

第九章　宪法判断与宪法实施研究 …………………………… 215
　　第一节　宪法争议的性质及范围 ………………………… 215

第二节　宪法判断的方法及标准 …………………… 225
第三节　法律、法规违宪的判断方法 ………………… 230
第四节　我国宪法实施的历史演变和发展趋势 ……… 236

参考文献 ………………………………………………… 249

第一章 宪法的演进与历史发展研究

了解宪法起源和发展的历程,有利于了解今天的宪法。狭义宪法和广义宪法出现的时间不同,发展历程也不一样。狭义宪法是资产阶级革命的产物,资本主义国家出现后才有宪法典。广义宪法与民主国家一起产生,古希腊是广义宪法的起源地。本章主要是就狭义范围上而言的,主要对西方宪法的产生和发展、近代中国宪法的历史发展以及新中国宪法的历史发展做出论述。

第一节 西方宪法的产生与发展

一、西方宪法产生和发展的条件

(一)经济条件

在近代意义上,宪法是在资本主义商品经济发展到一定程度上产生的,是经济发展的必然结果。商品经济的发展以平等、自由竞争、法治为基本条件。贸易和交换是自由和平等的播种机,贸易和交换扩展到哪里,自由和平等就在哪里扎根。当商品经济成为资本主义社会的基本经济结构时,封建主义的政治制度严重阻碍着资本主义商品经济的自由发展,自由竞争与平等交换的经济必然要通过变革国家的基本政治制度反映出来。也正是在这个意义上,人们认为市场经济是平等经济、自由经济、权利经济、法治经济。平等、自由、权利、法治既是市场经济的条件,同时也是市场经济的结果和战利品。资产阶级要求用根本法组织政府并规范公权力,防止封建专制制度的复辟并为公民的权利与自由提供保障,这为宪法的产生提供了经济条件。

(二)政治条件

资产阶级革命的胜利和资产阶级政权的建立为近代意义的宪法的产生提供了政治上的可能。同时,资产阶级废除了封建的等级身份制、世袭制和终身制等,建立了普选权基础上的民主制度,也即从君主主权向人民主权过渡。这种民主制度是近代宪法的主要内容。近代资产阶级民主制一个重要的特征就是以平等自由为基础,主要内容是代议制、选举制、政党制等,这为近代宪法的产生提供了政治条件。

(三)思想条件

在奴隶社会、封建社会,人们的思想与精神受到统治者的禁锢,被迫接受统治阶级关于等级、特权等学说的说教。在封建社会末期,商品经济有了一定程度的发展,资产阶级启蒙思想家开始涌现。他们站在资产阶级的立场,提出了许多对资产阶级有实际意义的口号和思想,以反对和批判封建统治所赖以存在的思想体系。这些学说和理论得到当时人们的普遍认同,获得人们的响应,唤起了人们的权利意识和民主意识。没有宪政思想,就不会有宪政实践,宪政实践必须由宪政思想指导。在这之后,资产阶级夺权,登上了历史的舞台,这些口号和思想为资产阶级制定和实施宪法奠定了重要的理论基础。

二、宪法产生的规律

在封建社会末期,随着商品经济的日益繁荣出现了资本主义的生产关系。资本主义生产关系要求整个社会关系商品化,要求按照等价交换的原则自由竞争、自由经营和自由买卖。这种生产关系和封建制度的地方特权、等级特权和人身依附关系是不相容的。同样,这种关系也扩展到政治领域,这就要求在政治上打破封建专制,建立资产阶级的民主制度。为了实现资产阶级登上历史舞台,资产阶级的启蒙思想家们也纷纷著书立说,提出了主权在民、天赋人权、分权制衡及普选制度等一系列学说和思想,来阐述其追求民主自由的主张,这些理论同样为资产阶级革命奠定了良好的理论基础。同时,资产阶级将这些思想理论灌输给广大人民,依靠人民的力量,最终实现了推翻封建主义的革命,发动了资产阶级革命,建立了自己的政权。为防止封建势力的复辟,巩固自己的革命成果,资产阶级必须把这些成果用法律的形式固定下来,这就是资产阶级的宪法。因此,从最初宪法的产生来看,宪法和资产阶级的革命密切相关,宪法往往产生在资产阶级革命之后。如1688年英国"光荣革命"之后的《权利法案》,美国独立战争胜利后的1787年《宪法》,法国大革命之后的1791年《宪法》等。无产阶级最初的宪法也是革命成功后的产物,如1918年《苏俄宪法》就是十月革命的产物。正如毛泽东所指出的:"世界上历来的宪政,不论是英国、法国、美国,或者是苏联,都是在革命成功有了民主事实之后,颁布一个根本大法,去承认它,这就是宪法。"[①]需要说明的是,宪法是革命的产物是从宪法最初产生的角度来做出的论断,而当某一阶级的政权一旦巩固下来以后,宪法的变化与发展不再是表现为采取剧烈革命的形式来完成,而是通过逐步修正来完成,宪法的变化更多地表现为一国政治变化和政策修正的结果。

三、西方各国宪法的起源和历史发展

(一)英国宪法的起源和历史发展

英国是宪政运动的先驱,英国宪法更是根植本土,在自由与

[①] 毛泽东选集(第2卷)[C].北京:人民出版社,1991,第735页.

权力的对抗中,缓慢成长,历经几个世纪的发展,英国宪法表现出其与众不同的特点与内容。

英国宪法在不断限制王权的过程中产生与发展。早在盎格鲁—撒克逊时代,英国就已经形成法律禁止和惩罚一切危害国王统治的行为,但国王同时要承担遵守法律和公正裁判的义务。1066年英国建立了诺曼王朝(征服者威廉一世建立,1066—1154),诺曼法和盎格鲁—撒克逊法的融合,构成了普通法的源头。其中,诺曼法是一种典型的封建法,其本质上是一种契约法。1199年,约翰王登基,此时国王手中拥有很大的权力,约翰王的思想比较超前大胆,制定了许多违背封建主意愿的条例措施,这就导致了国内封建领主的普遍不满。在坎特伯利大主教的支持下,封建领主领导了反约翰王的起义,以契约的方式达成了封建贵族和国王的"和解",即1215年"大宪章",大宪章要求议会和国王都必须遵守大宪章。宪章还从法律上最早确认建立一个由25人组成的大会议的法律地位。大会议原为贤人会议,1066年改为大会议,1254年改大会议为议会。宪章赋予大会议限制、监督国王的某些权力,这些规定为之后建立资产阶级政治制度奠定了一定的基础。同时也为资产阶级议会制度的建立,限制和监督王权,提供了最早的法律依据。同时,在宪章中还有关于国王征税的规定,对国王征税做出了限制和约束,规定国王征税要经大会议批准和同意的规定。不过,大宪章颁布至亨利五世时(1413—1422),前后由国王重新确认大宪章达44次。正是这种渐进的、不断的妥协,使得大宪章越来越完善,成为以后英国宪法的精神。在此过程中,英国国会1628年的《权利请愿书》、1689年的《权利法案》以及1701年的《王位继承法》,构成了对于个人自由和权利保护的宪法性文件,且影响到其他国家的宪政,演化为各国宪法中的权利条款。

英国国会的出现开始打破传统宪法体制的束缚,开始向离线领域的国际化发展趋势相靠拢。如1972年制定的《欧洲共同体法》、1976年的《种族关系法》、1983年的《人民代表法》和1986年的《公共秩序法》等。值得一提的是,英国国会特别看重人权,也特别注重对人权的保护。为了适应人权国际保护的需要,在1998年,英国议会通过了《人权法案》,这部法案是以《欧洲人权公约》为依据的。在《人权法案》中,关于欧洲人权公约保护的权利和自由的效力进行了加强,可以约束欧洲人权法院法官的人员,使这些担任一定的司法职务的人员能够很好遵守相关规定。在该法案附件中,对于在《欧洲人权公约》中所规定的、为英国所承认并予以遵守的权利和自由进行了明确的规定,这些权利主要包括"生命权、禁止酷刑、禁止奴役和强制劳役、自由和安全权、公平审判权、法无规定不为罪、私人和家庭生活受尊重权、思想良心和宗教自由权、言论自由权、集会和结社的自由、婚姻权、禁止歧视和禁止滥用权利等等"[①]。这些规定使得英国宪法的基本规定与国际社会的基本标准接轨。

(二)美国宪法的起源和历史发展

独立战争期间,北美13个殖民地于1776年在费城会议上通过了《独立宣言》。宣言根据资产阶级启蒙思想家"天赋人权"的理论及"社会契约"的学说,宣告了资产阶级民主共和国的政治纲领,为美国宪法的制定打下了基础,被马克思称为世界上"第一个人权宣言"。1777年,13个殖民地的代表又制定了《邦联条例》并组成邦联。

1787年美国宪法是美国的根本大法,奠定了美国政治制度的法律基础。

在美国宪法产生和发展的过程中另外一个最重要的特点,就是在成文宪法之外,还以联邦最高法院的判例为基础形成了一套宪法判例法。最初,这个判例法源于一起著名的案件,那就是1803年的马伯里诉麦迪逊案件。在该案件中,联邦最高法院首创了由法院审查普通法律是否违宪,并且对宪法有权做出解释的先

---

① 莫纪宏.宪法学[M].北京:社会科学文献出版社,2004,第54页.

例。200多年来,尽管美国的1787年宪法仍然生效,而且也通过了27条修正案,但是大量的关于宪法原则和宪法精神的确认都是包含在联邦最高法院所做出的宪法解释之中。因此,可以说,美国宪法的发展历史是一部成文宪法与判例法并行发展的历史。因此在学习和了解美国宪法时,这一点需要注意。不仅要对美国1787年宪法及其27条修正案进行了解,同时还应当研究联邦最高法院在200多年间就宪法所作出的各种宪法解释。

总而言之,美国宪法是世界上第一部成文宪法,对世界各国的宪法影响至深,这是由于:

(1) 美国宪法思想的基础扎实。美国宪法思想产生于英国。从《五月花公约》到《独立宣言》,包含了天赋人权、社会契约论、人民主权论等思想,尤其美国独立后,各州的立宪运动,为美国宪法的产生奠定了思想基础。

(2) 美国宪法内容的开创性。美国宪法的内容和形式为很多国家所效仿。1791年美国又通过了《权利法案》,规定了公民的基本权利。

(三) 法国宪法的起源和历史发展

法国1789年的《人权宣言》是世界宪政史上最著名的宪法性文件。法国历史上共颁布过14部宪法,为此法国赢得了"宪政实验室"的称誉。这14部宪法分别是1791年宪法(该宪法确定的是君主立宪制)、1793年雅各宾派制定的宪法、1795年宪法、1799年宪法、1802年宪法、1804年宪法、1814年宪法、1830年宪法、1848年宪法、1852年宪法、1870年宪法、1875年宪法、1946年宪法以及现行宪法即1958年宪法。

《人权宣言》是法国历史上第一个人权文件,也是法国历史上第一个具有近代宪法意义的宪法性文件,其确立了许多重要的资产阶级人权观和宪法原则。如宣言第2条规定:任何政治结合的目的都在于保存人的自然的和不可动摇的权利,这些权利就是自由、财产、安全和反抗压迫。第16条规定:凡权利无保障和分权未确立的社会就没有宪法。《人权宣言》在法国宪法中具有非常重要的意义,它不仅是法国1791年通过的第一部《宪法》的序言,而且根据法国第五共和国时期宪法委员会的宪法解释,该《宣言》的主要精神至今仍是解释法国宪法制度的基本原则。

总而观之,法国宪法迭次变换的原因主要有以下几方面:第一,法国资产阶级的晚熟与中央集权的过分强大,使法国的社会结构失衡,宪法及宪政的社会基础缺失。法国资本主义发展虽然与英国同步,但法国的重农政策,以及建立强大的统一的民族国家需要中央集权,法国贵族多为土地大贵族,以农民存在为其生存前提。当英国在消灭农民的时候,法国农民的数量却达到顶峰,反过来又进一步限制了市场经济的发展。农民等社会中下层急于通过激进的革命,彻底推翻君主专制政权,来改变自身的社会地位。因此革命呈现激进与彻底的情况,这又十分不利于通过渐进的方式形成稳定的社会中产阶级即市民社会。第二,宪法绝不能代替一切,需要形成以宪法为基石的一整套的法律体系。法国君主专制若干世纪以来一直享有绝对权威,它没有留下任何公共机关和法律方面的遗产,以便为人民行使主权打下基础。革命成功的标志是制定新宪法,宪法只是象征,象征新政权的建立和统治的合法性,而没有同其他法律一起发挥作用。法国法治之路的形成与拿破仑制定民法典、刑法典等完善法律体系是分不开的。设想用一部孤零零的宪法一劳永逸地解决所有政治问题和社会问题是不现实的,结果只能导致宪法因政权频繁更迭而自身也不断更迭。第三,过分强调体现人民主权的直接民主制,而对以代议制为核心的间接民主重视不够。

(四)德国宪法的起源和历史发展

德国是后起的资本主义国家,直至19世纪才开始立宪活动。1815年维尔纳会议之后,德国仍呈封建割据的局面,由34个主权邦国和4个自由市组成德意志邦联,有的邦开始制定本邦的宪法,1850年普鲁士邦宪法制定。1849年制定了全德法兰克福宪法,但未生效。1867年制定了北德意志联邦宪法。1871年德国统一后制定了德意志帝国宪法,德意志帝国宪法的出台与其他西方国家的宪法的出台形式不同,它不是制宪会议或国民议会民主讨论的结果,而是由俾斯麦一手炮制的,实际上是俾斯麦贯彻普鲁士霸权的结果。宪法于1871年4月14日由帝国议会通过,4月20日由俾斯麦公布。

1919年,魏玛共和国成立,制定了魏玛共和国宪法,这是一部具有现代意义的宪法,它同近代英、法、美等国的宪法具有很大的不同,影响着20世纪宪法的发展。1919年7月,国民议会通过了宪法,魏玛宪法主要由三部分内容构成:国家机构、公民的基本权利和义务、经济生活。魏玛宪法继承了德国1848年革命的遗产,吸收了欧美各国宪法的精华,确立了资产阶级民主、自由原则,并赋予了公民广泛的社会和经济权利。但宪法中规定的比例代表制,强化了德国多党制的政治局面,给法西斯的兴起与执政提供了空间。希特勒的上台,标志着魏玛共和国的结束。第二次世界大战以后,德国一分为二,联邦德国和民主德国分别制定了两种不同性质的宪法。1949年5月8日联邦德国通过了《基本法》,《基本法》回避了宪法的称呼,以示即将成立的联邦德国是向统一的德国过渡的形式。1949年5月,苏联占领区的民主德国批准了《德意志民主共和国宪法》。1990年两德统一后,继续以联邦德国的《基本法》为临时宪法。《基本法》经过了多次修改,2006年8月26日是最近的一次修改。

(五)日本宪法的起源和历史发展

近代以来,日本一共制定了两部宪法:一部是1889年颁布的《大日本帝国宪法》,即《明治宪法》,它是亚洲第一部具有近代意义的资本主义宪法;另一部是1946年通过、1947年施行的《日本国宪法》,也就是日本现行的《宪法》,其确立了以天皇为国家象征的议会内阁制君主立宪政体。

1868年伊始,日本发生了以推翻德川幕府统治,在保留天皇制度的基础上实行资产阶级制度为内容的改良运动,史称"明治维新"。之后为了加强天皇的权力,适当地满足资产阶级对宪政的要求,缓和统治阶级的内部矛盾,日本于1889年2月颁布了日本第一部宪法,即《大日本帝国宪法》。

虽然这部宪法无论从革命的彻底性上,还是从民主化的要求上均有不足之处,但明治宪法实现了外国宪政制度与本国文化传统的结合,将资产阶级革命的成果固定了下来,并在这一宪政体制下使日本实现了富国强兵,因此这部宪法也被称为是"不灭的大典"。同时,明治宪法把军权推到了最高地位,使日本最终走上了军国主义道路,为日本后来灾难性的后果埋下了伏笔。

第二次世界大战之后,日本作为战败国被盟军占领。1945年10月在盟军最高统帅麦克阿瑟的授意下,日本内阁开始进行宪法修改活动。盟军司令部为日本政府起草了宪法草案,并提出了宪法修改的三原则:第一,保留天皇制,但天皇只是作为日本国的象征及日本国民整体的象征;第二,放弃作为国家主权权利的战争;第三,废除日本封建制度。因此,该《宪法草案》又被称为"麦克阿瑟草案",并于1946年10月7日经日本帝国议会众议院和贵族院审议通过,1947年5月3日起实施。

1946年《日本国宪法》由序言、天皇、放弃战争、国民的权利与义务、议会、内阁、司法、财政、地方自治、修改、最高法规、补则11章构成,共103条。该宪法名义上是对明治宪法的修改,但实质上是在盟军司令部主持下制定的一部典型的资产阶级宪法。与明治宪法相比,1946年《日本国宪法》将二元君主立宪制改为议会内阁制,改君主主权为国民主权,改形式上的三权分立为实质上的三权分立,改臣民的权利义务为国民的权利义务,并且增加了普选原则。在《宪法》的第9条还规定了日本永远放弃战争,因此,1946年宪法又被称为"和平主义宪法"。近年来,由于日本国内右翼势力的抬头,尽管按照日本宪法规定的严格修改程序而未对宪法第9条做出任何修改,但日本国内的立法及内阁的行政活动在许多地方已经违背了"和平主义宪法"的宗旨。

四、宪法发展的主要类型

(一)自由宪法与法治宪法

宪法的发展一直都有一个明确的目标,那就是保障自由和权利,同时,这也是宪法发展的首要目标,但是,在保障自由和权利实现的方式上,不同的法律文化传统却采取了不同的方式。如在美国,宪法修正案第1条明确规定:"国会不得制定下列法律"。通俗一点来讲就是,公民的自由优先于宪法,不需要宪法的赋予。宪法主要是针对议会的,通过宪法来限制议会的立法权力,同时,通过宪法来限制议会干涉公民的权利。而与此相反的是,在大陆国家中,尤其是在1919年德国魏玛宪法中,却特别强调了公民的宪法权利必须在法律的限制范围内行使。很明显的是,在这里,宪法权利由立法机关通过立法赋予;而宪法上的自由也是宪法规定内的自由,而不是自然的自由。这说明了,宪法在保障自由和权利的过程中,受到了不同法律文化传统的影响。

(二)资本主义宪法与社会主义宪法

宪法的发展是随着时代潮流不断发生着变化的。不同性质的阶级革命可以产生不同性质的宪法,因而可以说,宪法的产生受到不同性质的革命的影响。最早产生的宪法都与资产阶级革命有关,是在资产阶级革命取得胜利后制定的。因此,不论是法国以人民主权说为基础的宪法,还是美国以三权分立原则为基础的宪法,这些宪法所体现的都是资产阶级的民主观、法治观和人权观。1918年,社会主义国家苏俄在列宁领导下建立了第一步社会主义类型的宪法,这部宪法的理论基础是马克思主义的国家学说和宪法观。就宪法的结构看来,虽然1918年苏俄宪法与资本主义类型的宪法极其相似,但是,如果深究这两部宪法的性质以及产生理论背景,以及所赖以存在的社会基础,它们是完全不同的。在宪法的内容方面,社会主义类型宪法对无产阶级的权利和历史使命有明确的规定,同时强调指导思想理论是马克思主义。与资本主义类型的宪法相比,社会主义类型的宪法更注重宪法的本质要求,更加重视劳动人民群众意志的体现和意愿的表达,更注重实现劳动人民群众的利益。

(三)平常宪法与过渡宪法

宪法通常是革命的产物。往往是新的政权建立后,为了巩固政权按照特定的民主程序制定的。在革命之后产生宪法,这就以法律的形式肯定了革命的成果,同时为新政权的巩固,国家的继续发展提供了依据。新政权按照宪法的规定建立国家机构,确立政权组织形式,保护公民的权利。实际上,从旧政权被推翻到新政权的建立,这不是一个短时期内就能搞定的事情,而是需要一个过渡期,在这一过渡期内会产生一些临时性质的宪法。即使是正式的宪法,在进行全面修改之后,为了使新的宪法规定能够适应社会客观情况的需要,在新宪法正式生效前,也需要保持未经修改的宪法文本继续在一段时间内生效,从而防止在制度上出现宪法缺失的真空,这样也利于稳定政权,有利于国家的正常运转。因此,在平常宪法中,需要过渡宪法来弥补适用时间上的不足。相对于平常宪法而言,过渡宪法一般具有原则性,会对一国的大政方针和基本政策做出规定。

(四)民族国家的宪法与全球化背景下的宪法

在传统的宪法学中,宪法的产生背景往往是由主权国家支持的,这就是说,只有一个拥有独立主权的国家,才有资格来制定并产生宪法。而宪法的生效也正是在主权国家的主权管辖范围内发生的。但实际上,理论往往追随着实际,并不断发生着变化。在第二次世界大战后,全球化进程的不断深入,各种地区性国际组织也随之出现,这些组织在协调国际事务方面显现出重要功能。享有主权的民族国家之外的国际组织的宪法性文件也开始对主权国家发生效力。

五、宪法的发展趋势

宪法的发展方式是通过宪法的制定、修改，宪法惯例和宪法的司法适用等手段来完成的。总结以往宪法发展的历史，可知宪法是与宪政运动紧密联系在一起的，而宪法的历史既是控制国家权力过度滥用的历史，又是人权不断成长和捍卫的历史。进入20世纪后半叶，由于新科学技术的发展，人与环境的矛盾，全球化时代的来临，宪法自身面临着发展的问题，这对宪法提出了挑战。就目前态势而言，宪法的发展趋势主要表现在以下几方面。

（一）宪法由"政治法"向"人权法"过渡

近代宪法的主要内容是以调整国家权力的配置、行使以及权力之间的关系为主。人权内容一般与宪法主体相分离，英国对国家权力和人权分别以宪法性文件进行了规定，法国是把《人权宣言》作为多部宪法的序言，美国是以修正案的形式存在。进入20世纪以后，宪法很少把国家机构与人权进行分离，而是完整放在一部宪法之中。权利的内容、种类在不断发展，近代宪法很少重视的公民教育权、社会保障权、经济发展权和环境权也都写进了宪法。例如，环境权成为现代各国宪法制定不能缺少的内容，而且环境权本身的内容也在不断发展，有些国家甚至将环境权与生存权并重。国际上的人权合作和人权立法同各国宪法联系日益紧密，因此人权保护不仅是国内问题，同时也是国际问题。未来的宪法发展对国际问题也必然会关注。

（二）全球化及国际区域一体化影响着宪法

20世纪中期国际区域一体化伴随着冷战的需要而产生，其中最著名的国际区域一体化组织就是欧盟。欧洲联盟起源于1951

年建立的"煤钢共同体",1967年改组为"欧洲共同体",现在建立了欧盟议会,制定了欧盟宪法。按照欧盟的法律,它具有超越于国家之上的立法权力,对各国的宪法都构成了挑战。在欧洲联盟法律之下,各国宪法如何与之保持一致、不发生冲突是需要研究的。进入21世纪,全球化趋势一浪高过一浪,全球化对传统意义上的国家主权构成了挑战,但当今世界反全球化的声音也有很大的力量。全球化时代民主怎样才是可行的成为一个有待研究的问题,主权的困境、民主的困境、民族国家的治理都是本国宪法难以调整的。

(三)宪法对经济内容和文化内容的规定越来越全面

近代宪法很少规定经济内容和文体内容,1919年德国魏玛宪法设立了"经济生活"专章,第一次将经济生活纳入宪法。此后新兴国家的宪法也大多数都规定经济内容,社会主义国家宪法更是如此。随着经济生活对于公民的重要性,宪法对经济内容的规定会越来越多。魏玛宪法对文化内容也进行了规定,随后1947年意大利宪法也规定了文化、科学与技术内容。联合国《经济、社会、文化权利国际公约》成为有些国家宪法的一部分。

(四)宪法实施保障制度的不断健全

宪法不同于普通法律,普通法律的实体法都有相对应的程序法。宪法如果发挥作用,必须完善实施保障的制度建设。1803年,美国创立了由法院审查违宪案件的制度,即司法审查制度。最初,美国联邦最高法院很少使用这个权力,到了20世纪,这个制度运用开始多起来,尤其是在人权保障方面发挥了很大作用。美国宪法稳定,并且有效实施,在日常生活中发挥作用,宪法的保障制度是非常重要的。美国的宪法学家进行了总结,"法院有权判决议会立法违宪,并拒绝执行立法机关制定的法律,这是我们美国法律和政治体制中最具特色也是最奇怪的特征之一。凭借这一点,法院成为最重要的部门,并且,实际上成为这个国家政治史上有极大影响力的一分子"[①]。

在欧洲大陆,宪法实施保障的机关在20世纪开始建立,主要有宪法法院和宪法委员会。1920年奥地利设立了宪法法院,这是最早设立的,随后有很多国家效仿。1946年法兰西第四共和国宪法设立了宪法委员会,1958年第五共和国宪法进一步完善了这个制度。社会主义国家宪法一般规定由最高国家权力机关保障宪法实施。不论采取何种宪法实施保障模式,各个国家都会针对本国国情进行选择,完善宪法实施保障制度是宪法的发展趋势。

(五)宪法发展呈现出明显的国家化趋势

随着二战以来全球化的迅速发展,特别是全球经济的一体化,宪法发展的国际化趋势越来越明显。具体而言表现在以下几个方面:首先,对国际法的直接接受和承认。各国近代宪法基于国家主权的观念对国际法往往采取较为保留的态度,而现代以来的宪法对国际法的态度有了明显的改变,一般采取直接接受的态度。其次,对国家主权进行有条件的限制。随着战后主权观念的变化,基于国际合作的需要,许多发达国家,特别是欧盟国家通过宪法对国家主权做了有条件的限制。再次,公民基本权利领域的国际化趋势明显增强。许多国家加入了国际人权问题的条约,如《公民权利和政治权利国际公约》《经济、社会和文化权利国际公约》等。

第二节 近代中国宪法的历史发展

19世纪中叶,古老的中国经历了三千年未有之大变局,在外部重重压力之下,步入近代,开始现代化道路的艰难探索。在富

[①] (美)查尔斯·比尔德等著.伟大的篡权[M].李松锋译.上海:三联书店,2009,第132页。

国强兵的努力之外,把政治现代化的追求也纳入了视野,其中重要的一个方面就是通过立宪来实现政治现代化,由此开创了中国宪法的历史和曲折的发展过程。

一、晚清立宪运动

随着国门的打开,西方近代政治学说和政治思潮也传播到中国,在1840年前后,出现了一批中国人编写的西学著作,林则徐、魏源等人在西学东渐方面做出了开拓性的工作。随着各种社会矛盾的加深,清政府内忧外患。中国深深地陷入了亡国灭种的危险境地,以康有为、梁启超、谭嗣同、严复等思想家为代表的改良主义思潮空前活跃,1898年维新派发动了主张"伸民权,争民主,开议院,立宪法"的"戊戌变法"运动。国内要求变革的呼声此起彼伏,为了挽救摇摇欲坠的清政权,原来坚持"祖宗之法不可变"的清政府这时也不得不下诏变法。1905年清政府派五大臣出洋考察各国宪政,以为立宪可以使"皇位永固""外患渐轻""内乱可弭";可以假立宪之名欺骗舆论,安抚人心,维护岌岌可危的统治。1906年清政府下令预备立宪,并于1908年9月颁布了《钦定宪法大纲》,确定以九年为期进行筹措预备。1911年10月10日辛亥革命爆发,各省纷纷响应,脱离清廷宣布独立,清政府面临覆亡的命运。10月30日清政府用3天时间匆忙起草了名为《宪法重大信条十九条》(简称《十九信条》)的宪法性文件,并于11月3日公布,宣布立即施行。

《十九信条》共33条,分为"君上大权"及"臣民权利义务"两部分。"君上大权"是正文,共有14条,而"臣民权利义务"是附录,只有9条。《钦定宪法大纲》旨在维护皇帝的权力。在内容上,它确定了皇帝至高无上的地位以及享有广泛的权力,规定"大清皇帝统治大清帝国万世一系,永受尊戴""君上神圣尊严不可侵犯";臣民有言论、著作、出版、集会、结社等自由,以及纳税、当兵、守法等义务。《十九信条》的基本内容包含:皇统不变与不可犯;皇权法定且依法继承;皇帝有布宪、任免大臣、统帅军队等权力;国会与内阁分享一定的权力;而对国民的权利和自由只字未提。

《钦定宪法大纲》并非宪法,仅仅是清政府制定宪法的纲要,是清政府维护其统治的重要工具,所以整个文件带有浓厚的封建色彩。《十九信条》对皇帝的权力进行了限制,扩大了国会的权力,这些规定具有一定的历史意义,但是只字不提人民的权利与自由又暴露了其反动的本质。无论是《钦定宪法大纲》,还是《十九信条》,都只是清政府对革命者和立宪派做出的虚假的政治承诺,清朝专制统治者原本不愿意制定和颁布宪法,只是在其统治秩序处于瓦解的最后关头才不得不做出政治让步,所以是"假立宪之名,行抵制革命之实",《钦定宪法大纲》与《十九信条》也挽救不了清政府衰败的命运,随着辛亥革命的爆发,清王朝走向垮台。

二、中国民族资产阶级的宪法

1911年孙中山领导的辛亥革命推翻了清政府,结束了中国两千多年的封建帝制,1912年元旦成立了南京临时政府,产生了中华民国。2月8日,南京临时参议院召开了制定约法的会议,并于3月8日通过了《中华民国临时约法》,这是中国近代史上仅有的一部资产阶级性质的宪法性文件。

《中华民国临时约法》共有7章56条。在正式宪法制定之前具有与宪法同等的效力。临时约法以三权分立理论为基础来构建国家权力结构。在这部临时约法中,规定立法权由参议院行使,在临时大总统行使任命国务员、外交大使公使、宣战、媾和及缔结条约、宣告大赦职权时,参议院可以同意也可以拒绝,同时享有弹劾临时大总统和国务员的权力等。临时大总统、副总统由参议院选举。国家的司法权由法院行使。法院由临时大总统及司法总长分别任命的法官组成,依法审判民事案件和刑事案件。法官独立审判,不受上级官厅的干涉。临时约法还根据资产阶级的民主自由原则规定了人民享有人身、迁徙、言论、出版、集会、结社、通信、宗教信仰等自由和选举、考试、请愿、诉讼等权利。由于中国民族资产阶级的软弱性,不可能提出一个彻底的反帝反封建的纲领,因而也不可能实现其资产阶级共和国的纲领。袁世凯窃取了辛亥革命的成果之后,临时约法也随之被撕毁。

三、北洋军阀时期的宪法

北洋军阀的统治是继清王朝之后代表封建地主和官僚买办资产阶级意志和利益的又一个反动政权。就其本意而言,这个政权同样敌视任何进步,拒绝一切可能的革新。但在人民革命高涨的形势下,出于某种政治需要,他们也祭起了立宪的"法宝",以图欺骗人民,维护其反动统治。综观这段历史,军阀混战,政权更迭频繁,制宪活动也花样百出。然而最有代表性的要数袁世凯制定的《中华民国约法》(史称"袁记约法")和曹锟制定的《中华民国宪法》(史称"贿选宪法")。

袁世凯是北洋军阀的头子。辛亥革命后,他以"谨守约法"的廉价诺言,换取了合法的临时大总统职位。待到军政大权在握,他便不顾《临时约法》关于责任内阁制的有关规定,擅自扩充总统的权力,并出于对革命力量的极端仇视,暗杀了宋教仁,解散了国民党,取消了国会中国民党议员的资格,使国会因不足法定人数而无法再行活动,到1914年1月,正式下令解散国会。至此,由孙中山主持制定的《临时约法》实际上已成为一张废纸。但袁世凯为了使其政权披上合法的外衣,以作为反革命军事专政的补充,先是搞了个《天坛宪法草案》(简称"天坛宪草"),后又制定了《中华民国约法》,并于1914年5月1日正式公布施行。这部"袁记约法"取消了责任内阁制以及国会对总统的牵制,把外交、宣战、任免、财政等大权交由总统行使,且总统有否决立法院的法律案之权;总统还有权"发布与法律有同等效力之敕令",这实际上等于封建皇帝的诏旨。同年12月,还公布了《修正大总统选举法》，其中把大总统规定为终身制和世袭制，从而为尔后进一步称帝做好了法律上、组织上的准备。到1915年，袁世凯便恢复了帝制，并策划拟订"中华帝国宪法草案"。但此时在全国各地已掀起了轰轰烈烈的讨袁运动，迫使袁世凯不得不于1916年3月22日宣布撤销帝制，仍称大总统。结果，袁世凯当了83天未及正式登基的"洪宪"皇帝，便于1916年6月6日在全国的一片讨袁声中，羞愤成疾而亡。

袁世凯死后，黎元洪继任大总统，继而出现帝国主义扶植下的各派军阀割据和长期混战的局面。经过直皖战争、直奉战争，当直系军阀控制了北京政权后，便演出了"贿选总统"的闹剧。当时，为了凑足法定人数召开议会，以选举曹锟当总统，便采取高价收买的办法，对会议出席费以各种名目一再加码，直至规定大选出席费另加200元，带病出席者外加医药费200元，另给每个议员5000元的支票1张。结果，在共花费1356万元贿款之后，曹锟当上了总统。不料其中有位议员将支票摄影制版，在报上公布。于是，全国舆论哗然，纷纷怒骂其为"猪仔国会""猪仔议员"，称曹锟为"贿选总统"，称随之而制定的《中华民国宪法》为"贿选宪法"。这部宪法是在曹锟当选总统后，于1923年10月8日通过并于10月10日公布的，共分13章，141条。就其内容而言，尽管规定了"中华民国永远为统一民主国""中华民国主权属于国民全体""中华民国人民于法律上无种族、阶级、宗教之别，均平等"等资产阶级的民主原则，也规定了人民的权利和义务，还增写了"国权章"和"地方制度章"。但从直系军阀的本意而言，却并无行宪之诚意。事实上也始终没有真正施行，人民也不可能从这部宪法中获得真正的民主自由权利。正如毛泽东所说："宪法，中国已有过了，曹锟不是颁布过宪法吗？但是民主自由在何处呢？"

北洋军阀统治时期，除产生过上述"袁记约法"和"贿选宪法"之外，曹锟倒台和段祺瑞上台执政后，还曾搞过一个"中华民国宪法草案"（史称"段记宪草"）。但因国民代表会议始终未能召开而无从通过。不久，段祺瑞政府垮台，这部宪法草案也随之夭折。

四、南京国民政府时期的宪法

1927年4月18日,蒋介石在南昌重建国民政府,开始了其一党专政和一人独裁的新民国时代,这一时期从1927年到1949年共22年。在整个国民党统治时期,为了掩饰其专制统治,也是不断地制造立宪骗局。

按照孙中山关于中国民主宪政的基本思想,中国的宪政制度与西方国家的宪政制度应有所不同,虽然同本于民主精神和权力分立,但西方为"三权分立",中国则须于立法、行政、司法之外再加考试、监察两权,实行"五权宪法";中国实行宪政的过程也与西方有所差异,须分军政、训政、宪政三步走。军政时期,即以军事手段夺取政权,争取民权,构成实行宪政之政治基础;训政时期,即开启民智,训导国民认识民主,为宪政实行准备社会基础;宪政时期,即是还政于民,实行五权宪政制度。

蒋介石建立国民党政府以后,依据孙中山的行宪思想,当时即认为军政时期已经结束,应该进入训政时期。1928年,颁布《训政纲领》;1931年6月1日,在《训政纲领》基础上正式由国民会议通过了《中华民国训政时期约法》,颁布施行。《中华民国训政时期约法》分为8章共89条,在形式上抄袭了资产阶级宪法的一些民主词句作为伪装,但实质上具体内容却确认的是国民党一党专政和蒋介石个人独裁的反民主政治制度。首先,约法规定了国民政府对国民党的隶属关系,确认"训政时期由中国国民党全国代表大会代表国民大会行使中央统治权";而在国民党全国代表大会闭幕期间,"以政权付托中央执行委员会执行之";在中央执行委员会内部设有"中央政治会议",作为全国"训政"的最高指导机关;蒋介石则是中央政治会议和国民政府的主席。其次,约法设立了权限巨大的五院制政府,由这一国民政府"总揽中华民国之治权"。再次,约法虽然也规定了人民的政治权利,但同时又规定"选举、罢免、创制、复决四权之行使由国民政府训导之",这就给赋予人民的权利上大打折扣。因而可以说,《中华民国训政时期约法》的实质是反民主的宪法性文件。

1931年"九·一八"事变发生,中华民族处于生死存亡的重要关头。全国人民响应中国共产党"停止内战,一致抗日"的号召,展开了声势浩大的抗日民主运动。其间,以蒋介石为首的国民党政府执行"攘外必先安内"的反革命政策,一方面对日寇的入侵采取不抵抗政策;另一方面镇压革命,对共产党领导的革命根据地实行疯狂的围剿。与此同时,为了欺骗人民,维护其反动统治,则高唱"还政于民",拟定宪法草案。"五五宪草"就是在这样的政治背景下出笼的。这部宪法草案共8章148条,由立法院通过后,呈报南京国民政府,于1935年5月5日正式公布,所以简称为"五五宪草"。就其内容而言,它以《中华民国训政时期约法》为基础,继续规定国民党专政和总统独裁的政治制度,充分体现了封建地主、官僚买办阶级的意志和利益。所以,本质上这仍是一部反动的宪法。

抗日战争胜利后,在中国共产党的倡议下,于1946年1月在重庆召开政治协商会议,通过《关于宪草问题的决议》,确定了实行"国会制""内阁制""省自治",保障人民权利自由,保障少数民族自治权等原则,以制定宪法,成立联合政府。但当南京国民党政府认为时机成熟时,便撕毁停战协定,毁弃政协决议。与此同时,为了使蒋介石独裁政权披上合法外衣,便宣布单独召开国民大会,制定中华民国宪法。1946年11月15日国民大会在南京开幕,12月15日三读通过了《中华民国宪法》,1947年1月1日由国民政府公布。这就是历史上所称的"伪国大"通过的"伪宪法"。这部《中华民国宪法》共14章175条,基本上是"五五宪草"的翻版。虽然在形式上规定中华民国为"民有、民治、民享之民主共和国",也确认了一些资产阶级的民主原则,规定了"人民之权利义务",但就其实质而言,实行的依然是总统独裁制的政治制度和卖国、内战、保护并发展官僚资本主义经济及封建地主经济的"基本国策"。这与孙中山提出的新三民主义和五权宪法的主张完全背道而驰。更有甚者,到1948年3月为了绝对控制伪国大,以确保把蒋介石抬上总统宝座,蒋介石集团还导演了一出"行宪"伪国大的丑剧。其洋相丑态,竟使曹锟的"猪仔国会"也相形见绌。

此外,为了对付共产党领导的人民革命,也为了加强蒋介石的独裁统治,1948年4月18日,国民大会还通过了《动员戡乱时期临时条款》。这个所谓"临时条款"使总统握有的紧急处分权收发自如。而所谓的"戡乱"实际上是镇压共产党领导的人民革命。因此,这是一个极端反动的"战时宪法"。然而,人民革命的力量是不可阻挡的,历史的车轮始终滚滚向前。待到人民解放战争取得决定性胜利之时,无论是国民党政府的什么"约法""宪法"或"临时条款"等,都为人民所彻底唾弃。

五、新民主主义革命时期的宪法

在民主革命时期,中国共产党在进行民主革命的同时,先后建立了许多根据地,建立了人民政府,通过立宪来实现人民主权、民主与宪政。1931年11月,在江西瑞金召开的第一次全国工农兵代表大会上,通过了《中华苏维埃共和国宪法大纲》,宣告中华苏维埃共和国成立。这是中国共产党在民主革命时期制定的第一个宪法性文件,《中华苏维埃共和国宪法大纲》除前言外,共有17项。主要内容包括,制定基本法的任务,共和国的性质和政权性质,规定全国工农兵苏维埃代表大会是中华苏维埃共和国的最高政权机关,规定苏维埃公民的基本权利和自由、劳动政策、经济政策、对外政策和兵役制度等内容。在抗日战争时期,为巩固抗日民主政权,陕甘宁边区第二届参议会通过了《陕甘宁边区施政纲领》,这是共产党领导下的政权在抗日战争时期制定的一个宪法性文件。该施政纲领共21项,规定边区政权实行"三三制",规定保证一切抗日人民的人权、政权等其他权利,规定改进司法制度,发展边区经济的政策、文教卫生政策、男女平等和民族平等政策。1946年4月,陕甘宁边区第三届参议会第一次会议,通过了

《陕甘宁边区宪法原则》。该宪法原则共有五部分，主要规定了边区的政权组织形式、边区人民的权利、边区的司法制度、边区的经济政策和边区的文化政策。上述革命根据地的宪法性文件，为1949年以后新中国的立宪活动和制定宪法积累了宝贵的经验。

第三节　新中国宪法的历史发展

一、新中国宪法的产生与发展

（一）《中国人民政治协商会议共同纲领》

1949年人民革命解放战争的胜利，标志着中国现代民主宪政史的历史性转折。阶级力量对比关系的这种根本性变化，使我国广大的劳动人民首次摆脱了受压迫被剥削的阶级地位，当家做主成了新中国的主人。不但这一变化的事实和经验需要确认和总结，而且这种变化以后新中国的民主宪政如何推行与实现更为重要，制定一部人民民主宪法已经成为当务之急。但是，由于当时全国还没有完全解放，大陆上的军事行动尚未结束；半殖民地半封建的残余还没有肃清，人民民主制度还没有巩固，社会还不稳定；长期战争带来的创伤也需要医治和恢复，百业待兴，百废待举；加之人民的觉悟和组织程度有待于提高和加强，因此，举行选举、召开全国人民代表大会制定宪法的条件还不成熟。在这种情况下，中国共产党邀请各民主党派、人民团体、人民解放军、各地区、各民族以及国外华侨等各方面的代表635人，召开中国人民政治协商会议，代表人民的意志在普选的全国人民代表大会召开以前行使最高国家权力机关的职权。1949年9月29日，在中国人民政治协商会议第一届全体会议上，选举产生了中央人民政府委员会，并且正式宣告中华人民共和国的成立，同时通过了《中国人民政治协商会议共同纲领》起临时宪法的作用。

《中国人民政治协商会议共同纲领》中规定了新中国的国家制度、社会制度以及其他方面的重要国策和总任务等。《共同纲领》在新中国成立初期起着临时宪法的作用。《共同纲领》除序言外，分为总纲、政权机关、军事制度、经济政策、文化教育政策、民族政策、外交政策等，共7章60条。《共同纲领》肯定了人民革命的胜利成果，宣告封建主义和官僚资本主义在中国统治的结束和人民民主共和国的建立，确认"中国人民民主专政是中国工人阶级、农民阶级、小资产阶级、民族资产阶级及其他爱国民主分子的人民民主统一战线的政权，而以工农联盟为基础，以工人阶级为领导"。规定人民代表大会制为我国的政权组织形式；宣布取消帝国主义在华的一切特权；没收官僚资本，进行土地改革；并且规定了新中国的各项基本政策和公民的基本权利和义务。

(二) 1954 年宪法

新中国成立后，经过几年的发展，我国国内的情况发生了巨大的变化：经济方面，土地改革在全国基本完成，封建剥削制度的经济基础被消除，国家的财政情况基本好转；政治方面，抗美援朝取得了胜利，实现了国内和平和大陆的统一，通过镇压反革命和"三反""五反"运动的开展，社会秩序稳定，人民民主专政的国家政权更加巩固；社会主义民主方面，人民群众的民主政治觉悟有很大提高，普选工作已在全国各地展开。

1954年宪法是中华人民共和国的第一部根本大法，它以《共同纲领》为基础，又是《共同纲领》的发展。这部宪法包括序言和总纲，国家机构，公民的基本权利和义务，国旗、国徽、首都共4章106条。这部宪法确认了我国"是工人阶级领导的、以工农联盟为基础的人民民主国家"的国家性质；规定了我国的根本政治制度是民主集中制的人民代表大会制；确认了我国"是统一的多民族国家""各民族一律平等""各少数民族聚居的地方实行民族区域自治。各民族自治地方都是中华人民共和国不可分离的部分"；

确认了国家在过渡时期的生产资料所有制的四种形式：国家所有制（即全民所有制）、合作社所有制（即劳动群众集体所有制）、个体劳动者所有制和资本家所有制，并规定国营经济"是国民经济中的领导力量和国家实现社会主义改造的物质基础，国家保证优先发展国营经济"；确定了我国国家机构的设置；规定了公民的基本权利和义务。所有这些基本内容，既充分体现了全国各族人民的共同愿望和要求，又符合当时的实际情况。宪法以国家根本法的形式把民主原则与社会主义原则固定下来，使全国人民有了一条清楚的前进轨道，有了一个明确的奋斗目标。

由于实施宪法的结果，国家在较短的时间内，在很少社会震动的情况下，顺利地完成了对农业、手工业和资本主义工商业的社会主义改造，国民经济稳步增长，人民的物质文化生活水平逐步提高，社会主义的各项事业得到发展。实践证明，这是一部比较好的国家根本大法，在国家生活中确实起到了重要的作用。

（三）1975年宪法

自1954年宪法颁布到1956年，我国已基本完成了对农业、手工业和资本主义工商业的社会主义改造，并打下了社会主义工业化的初步基础。我国的最后一个剥削阶级民族资产阶级已经不再存在，原来的地主阶级分子和官僚资产阶级分子的绝大多数也已改造成为自食其力的劳动者。在新的历史条件下，国内的主要矛盾已经发生了变化，国家的工作重点应当由阶级斗争及时地转移到社会主义现代化建设上来。1954年宪法的部分条款已不能反映社会生活发生的变化，需要做出相应的修改。但是从1957年开始，我国社会主义建设中出现了"左"的错误，严重干扰了各方面工作的进行。1954年宪法的修改工作因此未能及时展开，但客观上迫切需要对1954年宪法进行修改。1975年1月17日第四届全国人民代表大会第一次会议对1954年宪法进行了全面修改，通过了1975年宪法。

1975年宪法除序言外，有总纲，国家机构，公民的权利和义务、国旗、国徽、首都,共4章30条。这部宪法继承了1954年宪法有关社会制度和国家制度的基本原则的规定,反映了我国已经进入了社会主义社会这一事实。但是由于它是在"文化大革命"这一特殊的历史条件下修改的,在指导思想上坚持"以阶级斗争为纲",因此,这部宪法中存在着很多缺点和错误。这部宪法的制定打乱了国家机关之间的合理分工和正常活动;同时否定了公民在法律面前一律平等,公民许多正当的应有权利被剥夺。另外,由于该宪法仅有30条,这就把宪法大量的具体内容变成了空洞的原则和口号,使国家生活和社会生活的许多重大问题无法可依。

此外,这部宪法在条文规定上多处直接引用毛泽东同志的语录,造成了以下后果:一是某一个人的语录即可以成为宪法规范,成为国家根本法的内容,与法治的基本精神是相违背的;二是语录是在不同背景下发表的,而且其中有一些比喻,与严谨的法律规范是不相称的,有时甚至相互矛盾。

可以说,1975年宪法是一部内容简单、规范疏漏、很不完善并有着许多错误的宪法。

(四)1978年宪法

1978年3月5日,第五届全国人民代表大会第二次会议通过1978年宪法。1978年宪法恢复检察机关的设置,增添1954年宪法中规定的关于国家机关的某些职权,以及公民的一些权利和自由等。

1978年宪法曾进行过两次局部修正。1979年7月1日,第五届全国人民代表大会第二次会议通过《关于修正(中华人民共和国宪法)若干规定的决议》,规定县级及县级以上各级人民代表大会设常务委员会,改地方各级革命委员会为各级人民政府,将县级人民代表大会代表由间接选举改为直接选举,将上下级人民检察院关系由监督关系改为领导关系。1980年9月10日,第五届全国人民代表大会第三次会议做出《关于修改(中华人民共和国宪法)第 45 条的决议》,取消有关"大鸣、大放、大辩论、大字报"即"四大自由"的规定。

1978 年宪法在一定程度上纠正了 1975 年宪法中反映"左"的指导思想的条文,比 1975 年宪法前进了一大步。由于当时历史条件的限制,1978 年宪法没有完全摆脱"左"的指导思想的影响,仍然存在着许多问题。这部宪法仍然坚持"无产阶级专政下继续革命"的错误理论观点,对于"文革"呈现充分肯定的态度,同时依然将阶级斗争放在工作首位,同时在内容上严重欠缺,仍有许多不符合现实的规定。虽然经过两次修改,从总体上说它还远不能适应新的历史时期的需要。

(五)1982 年宪法

1978 年 12 月,中国共产党第十一届三中全会召开,会议决定将党的工作重点发生重大转移,开始淡化"以阶级斗争为纲",开始关注社会主义现代化建设。在 1981 年中国共产党第十一届六中全会上,对于"文革"进行了全面的总结。人们对我国过去存在的权力高度集中、党政不分、干部职务终身制等问题进行了深刻的反思与广泛的讨论,实践最终被确定为检验真理的唯一标准,思想领域的拨乱反正也已经完成。国家在政治、经济、文化等各个方面飞速发展,1978 年宪法显然已经过时,不能满足社会进一步发展所提出的要求。经过反复的征求意见以及人民群众广泛的讨论,1982 年 12 月 4 日全国人民代表大会第五次会议审议通过了《中华人民共和国宪法》,即 1982 年宪法。

1982 年宪法保留了前三部宪法的基本格式,由序言、正文四章七节共 138 条组成,作为现行宪法,其内容丰富多样、科学合理,不胜列举,但总的来说,具有以下特征:它明确地提出了坚持四项基本原则;把现代化特别是经济建设、经济体制改革作为今后国家的根本任务;重视政治制度、文化制度、社会主义法制以及社会主义民主建设;保障人民群众的多项权利与自由。

"1982 年宪法继承和发展了 1954 年宪法的基本原则,总结了历史的经验,规定了国家的根本任务和指导思想,为我国的社会主义建设指明了方向,提供了保障,它的颁布与实施把社会主义民主宪政建设推向了一个新阶段和新高度"。① 1982 年宪法无疑是新中国成立以来最好的一部宪法。

(六)现行宪法的修正

随着我国各个方面的发展,改革开放的不断深入,在我国政治、经济、文化等各个领域都发生了翻天覆地的变化。为了适应这种变化,修宪机关以宪法修正案的方式对 1982 年宪法进行了四次修改,迄今共通过了 31 条宪法修正案。

1988 年第七届全国人民代表大会第一次会议对现行宪法进行了第一次修正,通过了两条宪法修正案。该修正案的内容主要有两个方面:一是 1982 年宪法只规定了个体经济的宪法地位,没有规定私营经济的宪法地位,而根据社会的发展需要规定和确认私营经济,因此在第 11 条增加规定:"国家允许私营经济在法律规定的范围内存在和发展。私营经济是社会主义公有制经济的补充。国家保护私营经济的合法权利和利益,对私营经济实行引导、监督和管理"。② 二是 1982 年宪法不允许以任何方式转让土地,而在对外开放、吸引外资中,有必要将国有土地作价转让,因此,对于土地转让出租进行了新的规定。规定可以依照法律规定来转让土地的使用权。

在 1993 年 3 月 29 日,第八届全国人民代表大会第一次会议通过宪法修正案的第 3 条至第 11 条,对宪法进行了修改。主要包括以下几点:第一,进一步确定了建设有中国特色社会主义理论,并将其作为国家生活的重要方面,将"坚持改革开放"纳入到宪法中来,提出建设"富强、民主、文明的社会主义国家";第二,确认"中国共产党领导的多党合作和政治协商制度将长期存在和发

---

① 董和平,韩大元,李树忠.宪法学[M].北京:法律出版社,2000,第 80 页.

② 胡锦光.宪法学[M].北京:中国人民大学出版社,2013,第 75 页.

展";第三,肯定了社会主义市场经济体制,否定了计划经济体制;第四,确认"家庭联产承包为主的责任制"的法律地位。

1999年3月15日,第九届全国人民代表大会第二次会议通过宪法修正案的第12条至第17条,对宪法进行了修改。其要点为:

第一,将邓小平理论写入宪法,进一步肯定了邓小平理论在我国现代化建设中的重要意义。

第二,确认社会主义初级阶段的长期性和"依法治国"的基本治国方略。

第三,对我国现有的经济制度和分配制度进行了确认。"坚持公有制为主体、多种所有制经济共同发展的基本经济制度"和"坚持按劳分配为主体、多种分配方式并存的分配制度"。

第四,对个体经济、私营经济在我国社会主义经济中的地位进行分配确认。对非公有制经济的重要地位和作用进行了前所未有的肯定。

2004年3月14日第十届全国人民代表大会第二次会议通过第四次宪法修正案。这次修改次数较多,规模较大,涉及的范围比较广。第四次修宪的主要内容为:

(1)"三个代表"重要思想成为国家指导思想。
(2)"社会主义事业的建设者"成为爱国统一战线组成部分。
(3)规定对"土地实行征收或者征用并给予补偿"。
(4)规定了个体经济。私营经济受国家的保护,同时国家应该鼓励发展非公有制经济,并对其进行监督管理。
(5)加大公民私有财产的保护力度。
(6)规定"国家建立健全同经济发展水平相适应的社会保障制度"。
(7)规定"国家尊重和保障人权"。

通过对宪法进行四次局部的修改和补充,及时地把在经济建设和改革开放中所取得的成果固定了下来,有利于保障经济建设和改革开放的顺利进行,有利于建立并完善社会主义市场经济体制,并为各项立法提供宪法依据。

二、我国宪法的发展趋势

回顾我国宪法发展与改革的历程,不难发现,中国宪法的发展有着不同于西方国家的特色。在当前全球化以及中国改革开放的大背景下,中国宪法的发展已经呈现出比较明显的趋势。

(一)政府行政权力得到规范,公民宪法权利得到发展

政府执法行为通过各项立法逐步得到规范,宪法中注入了更多人性化的思想与内容。宪法明确规定,"国家尊重和保障人权",保障公民的经济、政治以及各项民主权利将成为以后宪法发展建设的主要任务。

(二)司法权得到了扩大,较为完善的司法独立保障体系正在建立

司法是维护社会正义的最后一道防线,当前各项司法改革的终极目标就是为了实现司法正义。只有司法独立得到保障,才能通过司法限制政府权力,保护公民权利,达到构建和谐社会的目的。

(三)中国共产党领导的多党合作与政治协商制度将得到进一步加强和发展

中国共产党领导的多党合作与政治协商制度是我国政治体制改革的一项重要成果,经过多年的摸索,多党合作与政治协商无论是在形式上还是内容、成效方面都有了很大的发展,构成了我国社会主义政治文明中的一道亮丽的风景。

(四)宪法监督机制日益完善

宪法是国家的根本大法,为保障宪法的效力,世界上绝大多

数国家的宪法都设置了宪法监督程序。从我国的历部宪法来看，宪法监督机制都没有得到应有的重视，现实生活中存在着各种不同程度的违宪现象，严重影响了宪法的权威。2004年6月，全国人大常委会在其法制工作委员会之下成立了法规审查备案室，这一举动随即被媒体评价为"中国违宪审查的开始"。然而，要建立符合中国国情的宪法监督机制，还必须进行深层次的思考与探索。健全的宪法监督机制是我国法治建设以及国家发展的重要保障，也是宪法自身赖以生存的依据，我们必须进一步完善我国的宪法监督机制。

第二章 宪法在实践中的运行研究

宪法是规定国家根本制度和公民基本权利与义务、集中体现掌握国家政权的阶级或集团的根本意志和利益的国家根本大法。从宪法的产生到实践运用需要经过多个环节,本章主要从宪法的制定、修改、解释、实施与保障等方面对宪法的实践运行进行了较为详细的研究。

第一节 宪法制定

一、宪法制定的含义

宪法制定是制宪主体按照一定的原则和精神创制作为国家根本法的宪法的活动。近代以来,一个国家的特定阶级在取得政权后,为确证其政权的合法性及维护、巩固其统治地位,往往都需要制定一部宪法。统治阶级通过制定的宪法可以表达其统治已获得了全体民众的认同,从而取得其统治形式上的合法性。同时,通过宪法中确立的国家性质与国家政体等根本性问题,可以为统治阶级维护和巩固其统治提供强有力的制度保障。

宪法制定权是宪法制定的依据。一般来说,一个国家通过宪法制定产生宪法,进而建立起整个法律体系。因而,从逻辑上讲,宪法制定权是先于一个国家的实在法律体系而存在的。也就是说,宪法制定权在一个国家无法寻找到其成文法依据。制宪权是"超实定法的概念,创造了宪法的权力,行使时不受实定法程序的限制"①。虽然如此,我们并不能否认宪法制定权的国家权力性质。基于权力法定的通常理念,既然国家权力需要法律的明确规定,而宪法制定权又是先于国家法律体系而存在,人们就往往将制宪权与国家权力做出界分,认为制宪权是国家权力存在的前提,从而将制宪权理解为纯粹自然法意义上的权力。我们认为,制宪权并不是游离于国家权力之外的一种权力,制宪权是一个国家的最高决定权,是主权者根本意志与利益的反映,其主要功能在于决定与限制国家具体权力。对此,我们要正确理解制宪权与国家权力之间的关系,就应注意区分根源意义上的国家权力与具体组织化的国家权力。②

虽然制宪权具有超出一般国家权力的权威性,而且也没有现存的宪法或法律来制约制宪权,但这并不意味着它不受任何制约。一般来说,制宪权受以下因素制约。

(1) 自然法。

自然法学派代表人物认为,在人定法之上还存在自然法,它指导并制约人定法。③ 古典自然法学派代表人物格老秀斯曾说:"上帝不存在,自然法仍将存在。"在古典自然法中,理性是它的核心概念,因此,制宪权本身应受人的理性的制约。正如英国学者劳特派特指出:"如果没有自然法体系和自然法先知者的学说,近代宪法和近代国际法都不会有今天这个样子。"④

(2) 国际法。

制宪权受国际法的制约主要是指作为战败国必须接受由战胜国签订的国际条约,旨在消除战败国的旧政治体制,采用国际

---

① 胡锦光. 宪法学原理与案例教程[M]. 北京:中国人民大学出版社,2006,第73页.

② 周叶中. 宪法[M]. 北京:高等教育出版社,2006,第91页.

③ 吴家清,杜承铭. 宪法学[M]. 北京:科学出版社,2008,第82—83页.

④ (英)劳特派特著. 奥本海国际法[M]. 王铁崖,陈体强译. 北京:商务印书馆,1981,第63页.

条约所确定的民主制度。这种类型的制约比较少见,如日本战后制定的新宪法受波茨坦宣言的制约。

(3)制宪目的。

从一般意义上讲,制宪目的包括宣告国家主权的归属,确定国家机关的组织体系、国家权力运行的原则与机制,确立公民的基本权利和义务等国家根本性问题。从各国制宪实践来看,制宪目的包括根据本国具体情况确定具有一定特色的政治制度,如国家的性质、政党制度等。

(4)法的理念。

法的理念是人们在法的发展中所形成的对法的一种理性认识。法的理念来源于法的实践活动,是对法现象的一种深刻揭示。同时,法理念也指导着法的实践。在法的理念中,公平与正义、民主与法治、法的程序性与稳定性等都对宪法的制定有着重要的指导作用。如果制宪权不受这些反映人类政治文明成果并具有普适性的法理念的制约,宪法的制定就会偏离正确的轨道,不会制定出良性宪法。

二、宪法制定的主体

以人民主权作为宪法的逻辑起点,制宪权则属于一国的全体人民。凡民主政体,自古以来都承认国家主权为人民所有。[①] 1789年法国《人和公民的权利宣言》宣称:"全部主权的源泉根本上存在于国民之中;任何团体或者任何个人都不得行使不是明确地来自国民的权力。"制宪权归属于一国的全体人民,包含如下内容。

(一)制宪权是立宪国家权力合法性的唯一基础

人民的制宪权是立宪国家机关权力产生的源泉,"由于人民

[①] 杨海坤.跨入新世纪的中国宪法学——中国宪法学研究现状与评价[M].北京:中国人事出版社,2001,第605-606页。

是权力的唯一合法源泉,政府各部门据以掌权的宪法来自人民,因此不仅在必须扩大、减少或重新确定政府权力时,而且在任何部门侵犯其他部门的既定权力时,求助于同一原始权威似乎是完全符合共和政体的理论的"[1]。通过具体的宪法规范,就可以充分体现出制宪权是立宪国家机关权力合法性的唯一基础。设置宪法规范的目的主要有两个,一个是授予国家机关进行某些活动的权利,另一个则是对其所授予权力的使用进行一定的规范和限制。只有这样,通过授出的国家权力,抽象的制宪权才能达到立宪的最终目的。

(二)制宪权应当内含一种足以驾驭所有权威的力量

对于世界上任何一个国家来说,如果想要建立一个有序的社会,那么就必然要依靠权威。在不同的社会时期,权威的来源也各不相同。在专制社会中,神授和世袭是权威的主要来源;在民主社会中,法律和选择则成了权威的来源。从本质上来说,权威就是他人对权威正当性的认同与臣服,无论社会的权威是来源于哪来,其本质都是不变的。对于制宪权来说,其必须要具备足够的力量对不同的权威进行统摄,而只有制宪主体意识的觉醒,即群体人民主体意识的觉醒,才是这种力量的根本来源。

(三)制宪权决定了人民有权选择自由和权利实现的方式

我们知道,人生存和发展的基础,是人民的自由和权利。应当明确的是,这种自由和权力是人生下来就拥有的,不能进行转让,同样也是不可被剥夺的。在原来的专制社会中,制宪权不可能被人民所行使。但是在立宪国家产生和建立之后,人民作为国家主权的主体资格便开始被恢复和承认,同时,人民作为国家权力主体的意识也开始逐渐恢复和觉醒。在此之后,人民不再被看

---

[1] (美)汉密尔顿著.联邦党人文集[C].程逢如译.北京:商务印书馆,1980,第257页.

作是实现某种政治目的的工具,而是被看作是一切政治制度与行为的主体与目的①。

(四)制宪权意味着由人组织起来的政府行使权力是靠不住的

国家权力的基础就是制宪权,二者之间是一种源流关系。制宪权是国家立法权、行政权和司法权的源泉。因此,如果没有制宪权,那么其余集中的国家权力也将不存在。立法权、行政权和司法权都属于制宪权,它们是国家宪政的根本。为了保证国家各项事务的有序进行,通过行使制宪权,应当为国家制定一部符合权力运作规律的控权宪法。该部宪法应满足两个条件:第一,能够清晰地构建国家的基本制度;第二,可以对国家基本制度的所有行为都进行有效的控制。

三、宪法制定的程序

从各国宪法的制定程序来看,虽然各有差别,但是包含了一些共同的程序,归结起来表现在以下方面。

(一)设立制宪机关

由于制宪具有创设各类国家机关的权力,这意味着在制宪时尚无专门的国家机关有资格有权力制定宪法,因此要制宪必须首先成立专门的制宪机关。制宪机关的代表通常具有广泛性,代表各方面的利益。制宪机关的职责主要是起草宪法,由于其普遍的代表性,往往能够获得社会的普遍认同,因此最终颁布的宪法一般都是在制宪机关提出的草案的基础上制定出来的。制宪机关常称为"制宪会议""宪法起草委员会"等。如美国、法国、意大利等国在制定宪法时都举行了"制宪会议",我国为了制定宪法则成

---

① 龚祥瑞.宪政的理想与现实[M].北京:中国人事出版社,1995,第9页.

立了"宪法起草委员会"。

(二)提出宪法草案

制宪机关设立起来之后便开始进入到宪法制定的实质性阶段,也就是拟订并提出宪法草案的阶段。起草宪法,不可避免地要对国家的重大问题进行设计,因此往往需要听取各种不同利益群体的不同诉求,对不同的诉求予以整合,对民众的基本需求做出积极的回应。如我国在制定1954年宪法时,宪法起草委员会拟定出草案后交付全民讨论,并就讨论形成的意见对草案进行了反复修改。

(三)通过宪法草案

宪法草案提出后,进入宪法草案的审议通过阶段。审议通过其实就是人民对宪法内容予以认可的程序,人民以何种方式进行认可,在不同的国家有不同的方式,有的国家以全民表决的方式进行,如法国于1946年和1958年制定的宪法都是通过全民投票通过后才正式通过的;有的国家则以代表机关表决的方式进行,如我国1954年宪法就是由一届全国人大一次会议正式通过的;有些国家则要求国家的组成部分批准才能通过,如美国,在1787年表决宪法时,当时全国只有13个州,要求必须得到9个州的批准才能正式通过。不管各国采用何种方式通过宪法,都有一个共同的特点,即民主性。由具有广泛民意基础的机关或者人民自己来通过宪法,不仅使宪法具有了合法的基础,而且保证了宪法的权威性和稳定性。

(四)公布宪法

公布是宪法制定的最后一道程序,宪法一经公布即产生法律上的效力,对所有的人,包括国家本身都产生法律上的约束力。公布是法律对外发生效力的必备程序,对于宪法而言也有同样的要求,各国宪法的制定也普遍遵循这一基本的要求。各国宪法公布主体有所差别,但总的来看一般由国家元首或代表机关公布。

第二节　宪法修改与宪法解释

一、宪法修改

(一)宪法修改的含义

宪法修改是指有权修改宪法的机关按照法定程序对宪法条文进行变更的一种活动。宪法规范必须与社会实际相适应,脱离社会实际的规范很难起到规范社会的作用。马克思在谈到拿破仑法典时曾指出:"这一法典一旦不再适应社会关系,它就成为一叠不值钱的废纸。"社会总是在不断向前发展与变迁,虽然人类在制定宪法时可以预测到一定的社会发展与变化,但是,这种预测是存在一定限度的。因此,宪法必须随着社会的发展和变化而发展与变化。宪法修改是调和宪法与社会关系的一种重要方式。同时,宪法是国家的根本大法,是一个国家法律体系的基础。宪法不能轻易变更,以免影响国家法律体系的稳定性。宪法修改与宪法的稳定性是一对矛盾,需要正确处理两者之间的关系。

(二)宪法修改的意义

1. 纠正宪法偏差,弥补宪法漏洞

由于人类知识的有限性,宪法设计者们在制定与修改宪法时,往往可能考虑不周全,导致宪法出现某些偏差,从而使得宪法在实施过程中出现障碍。此外,宪法也可能出现应该规范的社会关系而在宪法中没有规范,从而出现宪法漏洞。宪法偏差与漏洞的出现,严重影响宪法对社会关系的规范作用,影响宪法实施的效果,需要予以纠正与弥补。宪法修改是纠正宪法偏差与弥补宪法漏洞的重要方式。

2. 与社会发展相适应

从世界宪政实践看,宪法修改最主要的原因在于使宪法与整个国家的政治、经济与文化等发展相适应。社会发展的必然性决定了宪法修改的绝对性,事实也证明,到目前为止,没有一个国家的宪法是绝对不变的。为保持宪法的稳定性,宪法的修改又不能太频繁。为防止宪法的频繁修改,在宪法制定与修改时就要具有一定的预见性。同时,要讲究一定的技术性。宪法是国家的根本大法,规定的是国家最基本最重要的事情,对于国家发展中比较容易变迁的事情就需要注意取舍,以防止宪法的频繁修改,从而保持宪法的稳定性。

(三)宪法修改的方式

一般来讲,宪法修改的方式主要有两种,一是全面修改,二是部分修改。具体介绍如下。

1. 全面修改

全面修改就是指在国家政权性质及制宪权的根源未发生变化的前提下,根据原宪法有修宪权的主体,依据宪法规定的修宪程序对宪法的基本内容、基本原则甚至宪法结构进行重新调整、变动的活动。从实质上来讲,全面修改宪法相当于重新制定了一部新宪法,是对原有宪法的完全取代。

全面修改宪法的原因在于一国的治国路线和策略发生了重大的调整和改变,修宪者认为原宪法的基本指导思想、基本原则或者内容已经不能适应国家路线和策略上的变化,不能适应社会实际。从实践发展来看,全面修改宪法的方式有利有弊。其优点在于,保证宪法与社会变化之间的适应性,避免宪法被虚置的现象;其弊端在于,经全面修改后的宪法重新颁布,取代原有宪法,容易给人留下重新制定宪法而不是修改宪法的印象。全面修改宪法还容易导致人们对自身的基本权利产生不安全感,对宪法的权威性产生怀疑,尤其当全面修改宪法对公民基本权利以及国家和公民关系进行重大调整时,对社会的影响会更大。因此,一般认为对宪法进行全面修改应当持一种谨慎的态度。

从世界各国宪法规定来看,极少数国家的宪法对宪法的全面修改作了专门明确的规定。最早做出这种规定的是1874年的瑞士宪法,其第118条规定:"宪法可于任何时间作部分或者全部之修正。"之后,一些国家也相继在宪法中规定了全面修改的内容,如1920年奥地利共和国宪法、1940年巴拉圭共和国宪法、1961年委内瑞拉共和国宪法等。对宪法进行全面修改次数最多的国家是多米尼加共和国,从1844年到1966年120多年的时间,先后31次全面修改宪法,平均每四年就全面修改一次。

2. 部分修改

部分修改是指对宪法中的部分内容进行增删或变更的活动。这种修改方式的结果表现为决议或者宪法修正案的形式。决议的形式是直接在宪法条文中以新内容替代旧内容,或者直接废除宪法条文中的某些规定,当这些活动完成后,对已经修改后的宪法进行重新公布;修正案的形式则与此有一点差别,是指在不触动宪法条文的情况下,把按照特定程序通过的修正内容以修改时间的先后顺序分条附于宪法原文之后。宪法修正案通过之后即成为宪法的重要组成部分。不过,决议和修正案这两种方式的差别正在慢慢消失,我国的情况就是一个典型。我国现行宪法自1988年以来已经历了四次部分修改,关于修正案如何与原有宪法相衔接的问题在宪法和其他法律中并未规定,实践中则从1993年开始采取了在新出版的宪法文本中按修正案改变宪法原文的做法。到1999年修宪时,中共中央和全国人大都重申,在新出版的宪法文本中按修正案的方式把原文改过来。

采用部分修改的方式成为很多国家的主要修改宪法的方式,

其积极意义获得普遍肯定,主要体现在两点:一是这种方式能够及时、灵活地适应形势和社会发展的需要,能够及时将国家政治、经济和文化等方面的变化在宪法的变化中反映出来,使宪法保持足够的社会适应性;二是这种方式仅对宪法部分内容进行修补,宪法原有大部分内容仍然继续有效,对于保持宪法的相对稳定性具有积极的意义,有利于维护宪法的权威和尊严,也使民众能够对社会发展和自身的行为形成合理的预期,有利于社会的长期稳定发展。当然,这种方式也有一些缺点,比如部分修改内容与原有宪法条文的衔接问题,部分修改内容对于新的社会需求是否能够充分回应问题等。权衡利弊,部分修改方式极少会产生宪法危机和社会危机,有利于社会的稳定发展,因此在没有巨大的社会变动的情况下,一般以部分修改方式修改宪法为宜。

(四)宪法修改的限制

施密特认为:"无论是有关修改的规定,还是其他宪法法规,其效力均来自宪法……对宪法实施修改的权限是一种保持在宪法框架内、由宪法本身提供根据、从不超越宪法的权限。"[1]这表明宪法的修改,必须受到宪法整体性的制约,这种整体性不仅是指宪法在结构设计上的整体性;而且包括宪法实践的历史的整体性。违背了这种整体性,实际上便修改了宪法的基本精神。为了限制修改权,不少国家宪法对修改权通过以下几个方面进行限制。

1. 内容上的限制

各国宪法对内容的限制分多种情况:①禁止变更宪法的基本原则,基本原则是宪法的根本基础,不可轻易动摇;②不得对规定公民基本权利的条款进行不利于公民的修改;③对宪法进行的修

---

[1] (德)施密特著.宪法学说[M].刘锋译.上海:上海人民出版社,2005,第24页.

改,不得损害国家的主权和领土完整。

2. 时间上的限制

对宪法的修改,在时间上的限制主要表现在两方面:第一,需要定期对宪法进行修改;第二,对宪法的修改不得过于频繁。

3. 程序上的限制

由于宪法是国家的根本大法,其内容必须体现人民的意志,因此,世界各国宪法都规定其制定和修改必须遵循特别严格的程序。对于修宪行为违反修宪程序的,修宪行为无效。

4. 其他方面的限制

在宪法修改的限制方面,还存在着一些其他方面的限制,有的国家宪法就明确规定,在国家面临危机的情况下,不得修改宪法。例如,法兰西第四共和国《宪法》规定:"在法国领土一部或全部被外国军队占领时,修宪程序不得着手或者进行修改。"巴西1946年《宪法》第217条中规定:"宪法于戒严期内不得修改。"

(五)宪法修改的程序

由于各国情况不同,对修改宪法的程序的规定也不同,宪法的修改程序一般包括以下几个阶段。

1. 提案

提案是指提出修改宪法的议案。这是修改宪法的第一道程序。修改宪法首先由有权的主体提出修改宪法的动议,才能启动修宪程序。根据各国宪法的规定,有权提出宪法修正案的主体各不相同。有的国家宪法规定有权提出修宪议案的主体是代表机关(国会、议会、人民代表大会等)或者国会议员。如美国宪法规定,国会在两院三分之二议员认为有必要时或者根据各州三分之二的州议会的请求,召开制宪会议,提出宪法修正案。有的国家宪法规定有权提出修宪议案的主体是代表机关和国家元首。如法国现行宪法规定，宪法修改的提议权属于共和国总统和议会议员，总统根据总理的建议行使提议权。还有的国家宪法规定有权提出修宪议案的主体是国会、修宪大会和一定数量的公民，如菲律宾。我国1954年宪法没有规定宪法修正案提议的主体，仅是规定，"宪法的修改由全国人大以全体代表的三分之二以上多数通过"。我国现行宪法第64条规定："宪法的修改，由全国人大常务委员会或者五分之一以上的全国人大代表大会代表提议。"可见，我国提出修改宪法提议权的主体是全国人大常委会委员或者是五分之一以上的全国人大代表。在我国修宪实践中，都是由中共中央提出修宪建议，然后由全国人大常委会或者全国人大代表接受这种建议再提出议案，但是，中共中央提出修宪的建议方式不完全一致，有的时候是仅建议修改宪法而不提出修改宪法的具体内容，有的时候却是提出修改宪法的具体内容，如现行宪法最近几次的修改。

2. 议决

基于宪法在国家法律体系中地位的重要性，许多国家对宪法修改的审议、表决和通过，都规定了一套比普通法律更为严格和复杂的程序。如卢森堡宪法规定，修改宪法至少有四分之三议员的出席，议会才能审议，修改草案至少应获得三分之二议员多数票数始得通过。日本宪法规定，在经过各议院全体议员三分之二以上的人都赞成，然后由国会向国民提出建议后才能对宪法进行修改，根据宪法修改的草案，提交国民投票或在国会规定的时间进行投票，在获得半数以上的赞成票之后，修改的宪法才能最终生效。美国宪法规定，宪法修正案必须以国会两院三分之二以上议员通过，并有四分之三以上州议会批准，然后才能最终生效。在我国，对宪法的修改必须要满足以下条件，即"由全国人民代表大会以全体代表三分之二以上的多数通过"，然后才能生效。

3. 公布

公布是宪法修正程序的最后一道程序,是宪法修正案生效的必要条件。因为只有经过公布,宪法修正案才能成为宪法的有机组成部分而具有法律效力。

宪法修正案的公布程序因各个国家的政治体制、历史传统不同而有所不同。就有权公布宪法修正案的主体来说:有的是国家元首公布,如日本、德国、意大利等。绝大多数国家公布宪法修正案采取这种方式。有的是议会公布,如巴西。有的是行政机关公布,如美国由国务卿公布。有的国家还规定了宪法修正案公布的时限。就生效的时限来说,有的规定从公布之日起生效,有的规定修正案通过或批准之后立即生效。有的规定具体的生效时间。如日本规定宪法修正案自公布之日起经6个月开始生效。

我国现行宪法第64条仅规定了修宪的提议主体和宪法修正案通过的程序,没有对宪法修正案的公布主体、公布时限及何时生效做出具体规定。现行宪法的时间是由全国人大主席团或全国人大以公告的形式公布宪法修正案。

二、宪法解释

(一)宪法解释的含义

宪法解释是保障宪法生命力的重要方法,是实施宪法的核心功能。所谓宪法解释,即面对具体的事件或案件,由特定主体通过解释来明确宪法的含义,据此判断有关行为是否合宪。广义的宪法解释则除特定主体外,还包括了政府、社会团体、学者等对宪法的理解和解释。

宪法解释不同于法律解释,我国台湾地区学者苏永钦认为,除了宪法规范的特点之外,宪法解释不同于法律解释还有三个原因:①宪法规范的高度政治性和意识形态性;②由于宪法很少有行为规范,所以宪法解释的目的很少是针对人民或一般行政机关做行为控制,宪法解释活动通常发生在违宪审查中,即活动于宪法和普通法律之间,这与一般法院的法律解释活动于法律和个案事实之间不同;③宪法本身变动的困难,使得宪法解释负有较一般法律解释更高的调适功能,尤其是在漏洞补充的广义解释上。

具体而言,宪法解释与普通法律解释相比,具有以下特点:①宪法解释更容易采取扩大和限制宪法条文字面含义的办法来使宪法原则适用于特定的法律事实,而普通法律解释因解释对象的规范性较强,因而对条文进行字面解释和逻辑分析的情况居多;②宪法解释结合历史条件和现实意义来分析宪法条文和宪法规范的含义居多,由于宪法内容的政治性而使宪法解释具有更强烈的时代特征;③解释程序更严格,否则宪法解释机关就可能凌驾于制宪机关之上。但我国目前尚无宪法解释程序的规定;④宪法解释的地位应比较高、比较独立;⑤宪法解释的标准更多、更严格。[1]

(二)宪法解释的主体

宪法解释一般与违宪审查相辅相成,甚至宪法解释的结论直接决定违宪审查的结果。从各国情况来看,一般进行宪法解释的包括三类特定主体。

1. 立法机关解释

立法机关解释早期存在于推崇议会至上的国家,认为议会理所当然具备释宪权。这种体制的依据是民主理论,该理论认为,人民作为宪法真正的制定者,有权决定宪法的含义,人民或通过他们的代表间接行使这项权利,或由全民公决直接行使这项权利。这种理论在宪法解释中便成了"多数者裁决原则",多数者裁

---

[1] 李步云.宪法比较研究[M].北京:法律出版社,1998,第252—254页。

决原则就是在决定问题时以多数人的意志作为最终意志的原则。在社会主义国家贯彻民主集中制,人民代表大会是最高的权力机关,它不仅是立法机关,同时也是产生行政、司法等其他国家机关的母体,因此人民代表大会享有释宪权。但是立法机关解释宪法,效果不佳,这主要因为:①立法机关人数众多,意见分歧大,难以达成共识;②立法机关本身负责制定法律,然后再进行宪法解释,自纠自查的方式违反法治精神。

当前,我国主要采用的宪法解释的方式是立法机关解释,《宪法》规定,全国人大常委会是我国的宪法解释机关。从当前的状况来看,全国人大常委会作为我国的宪法解释机关,虽然没有通过正式宪法解释的程序对宪法进行解释,但是在宪法的实际实施和运用的过程中通过其他渠道做了补充。例如,1982年,全国人大常委会通过的《关于国家安全机关行使公安机关的侦查、拘留、预审和执行逮捕的职权的决定》。在很多的专家和学者看来,该项《决定》的通过,实际上就是宪法解释。这是因为,对于宪法来说,虽然对国家机关的设立和其职权的规定是其一部分重要内容,但是在实际中,宪法或是其他法律并没有对国家安全机关的性质和职权进行字面上的规定。该《决定》的通过,实际上就是对《宪法》第37、40条的扩大解释,其主要作用是对宪法进行补充和说明。2004年4月6日,在第十届全国人大常委会第八次会议中,通过了《全国人大常委会关于中华人民共和国香港特别行政区基本法附件一第七条和附件二第三条的解释》,其实际上就是对香港基本法的法律含义进行的解释性的阐述。

2. 司法机关解释

由普通司法机关享有释宪权是"马伯里诉麦迪逊"案确认的先例。在其看来,释宪权仅限于司法机关的解释,即由普通法院根据宪法规定或者宪法的原则精神对涉及宪法的问题所进行说明和阐述。这种解释体制的理论依据是宪政主义理论。该理论认为由于宪法解释具有专业性,所以宪法解释权应该由与公共舆论隔绝的法官来行使。美国建国初期的政治家们就认为:"解释法律乃是法院的正当的与特有的职责。而宪法事实上是,亦应被法官看作根本大法,所以对宪法以及立法机关制定的任何法律的解释权应属于法院。"[①]马歇尔大法官正是根据汉密尔顿的观点认为,法官在解释法律和宪法中有最后的发言权。[②] 在宪政主义者看来,多数者裁决原则并非是宪政民主唯一或至上的政治原则,多数的无限权威是一种坏而危险的东西。实际上,大多数人都同意的意见并不一定就要比少数人的意见要好,并且,并不是大多数人的利益就一定要比少数人的利益要更重要。这是因为,如果一味地循序多数人的意见,那么民族固有立法的不稳定性将大大增加,不利于人们对自由的追求,甚至很有可能会形成多数立法者的专制,因此有必要削弱多数的暴政,立法者本身也应该是受制约的。美国的司法审查制度是宪政主义理论的最早实践,在该制度下,解释宪法的机关为普通法院,而最高法院则掌握着宪法解释的最终决定权。在实践中,各级法院在对涉及宪法的案件进行审理的过程中,有义务对该案件所适用的法律是否合宪进行审查,如果发现该法律存在违宪的情况,那么就可以不再采用该条法律。这一模式的运用与宪法的实施紧密相连,所以,日本、印度以及中南美洲的国家也实行普通司法机关解释的体制。

3. 专门机关解释

专门机关解释是指在立法机关和普通法院系统之外设立专门的机关,以负责解释宪法。专门宪法解释机关设立的宗旨主要是为了处理宪法争议,解释宪法有关规范的含义。这些机关在名称上各有不同,法国称宪法委员会,德国是宪法法院。这种解释的理论依据是"第四种权力"理论。选择专门机关主要考虑的是,

---

① (美)汉密尔顿著. 联邦党人文集[C]. 程逢如译. 北京:商务印书馆,1980,第392—393页.

② (美)希尔斯曼著. 美国是如何治理的[M]. 曹大鹏译. 北京:商务印书馆,1986,第168—169页.

首先,保障宪法实施和解释宪法是国家最重要的权力,该项权力应当由独立于立法、行政、司法三机关以外的第四种权力来行使,这样才能使之处于超然的地位,以便更好地维护宪法尊严。其次,欧洲一些国家在引用美国司法解释制度失败后,对本国国情进行了考量,形成了专门的释宪机关。由专门的宪法法院行使违宪审查权的国家在欧洲占绝大多数,首开宪法法院行使违宪审查权先河的是奥地利,而最为典型的则非德国莫属,这一模式已被越来越多的国家采用。现今西班牙、法国、德国、俄罗斯、韩国等都采用此制度。

(三)宪法解释的原则

为保证宪法的尊严,宪法解释应当遵循一定的原则,减少宪法解释的任意性。但是对于宪法解释应当遵循哪些原则,现在尚无统一的看法,有注重宪法解释的历史性的主观主义原则和注重宪法解释的当代背景的客观主义原则等不同观点,有从严解释和从宽解释等不同主张。一般来讲,得到普遍认同的宪法解释原则主要有以下几点。

1.符合宪法的基本原则

制宪的目的体现在宪法的具体条文中,而对宪法条文起到统领作用的是宪法的基本原则,这在各国宪法中都有一定的体现和反映。资本主义国家的宪法常以人民主权、三权分立、法治和基本人权等为其基本原则,社会主义国家的宪法常以无产阶级专政、民主集中制、保障公民基本权利和自由等为其基本原则。宪法的基本原则为宪法提供了基本的框架,宪法的具体规定都应以这些原则为线索和依据,所以,解释宪法必须与这些原则保持一致,背离这些原则就是对宪法的背离。

2.符合制宪目的的原则

任何一部宪法都有自身的制宪目的,制宪目的往往反映了人们对于美好生活的向往和追求、对于国家权力结构的设计和要求,这些应当是宪法的灵魂,为一个国家的宪政建设提供基本的价值指南。例如,美国宪法宣称,立宪的目的是要建立更完善的联邦,树立正义,保障国内安宁,提供共同防务,促进公共福利,并使美国人民和后代得到自由幸福。我国的制宪目的是,发展社会主义民主,健全社会主义法制,逐步实现工业、农业、国防和科学技术的现代化,把我国建设成为富强、民主、文明的社会主义国家。从根本上来说,进行宪法解释实际上就是为了更好地实现制宪目的,因此,在宪法解释的过程中,必须要对制宪目的给予足够的重视。此外,对于宪法解释应在制定宪法时的基本价值追求的基础之上,遵循宪法的历史性。除非客观的宪法解释出现不合理的解释后果,否则应当尊重制宪目的,确保宪法解释遵循制宪目的。

3. 与宪法整体内容保持协调一致原则

一部宪法是一个有机的整体,各个条文之间并非松散的,无关联的,恰恰相反,它们是一个紧密相连的整体。它们服从于共同的立宪目的,遵循共同的基本原则,并在上下文之间保持合理的逻辑关系,因此,在解释宪法时不仅需要综合地考虑宪法的目的、精神和基本原则,而且还需要考虑被解释内容与整体之间的关系,被解释内容与上下文之间的关系,避免被解释内容与宪法整体的不相容性,避免被解释内容与其他内容的冲突和矛盾。整体协调一致原则对于保障宪法所承担的创造和建立统一的法制秩序、宪政秩序的功能有着重要的作用。

4. 依法解释宪法的原则

从理论上讲,进行宪法解释也需要给予明确的宪法规定,尤其应当对宪法解释主体、解释程序、解释方式、解释的效力等问题进行规定。在法治框架内解释宪法,这是建立宪政国家的基本要求,如此才能保证宪法解释既推进一国的法治建设,又保证其本身亦在法治的轨道上运行。有一些国家在宪法中对于如何解释宪法作了明确的规定,依据这些规定对宪法进行解释对于实现宪法的权威性,保障宪法解释获得人们的普遍尊重和支持有着积极的意义。

5. 稳定性原则

宪法解释不应当打破宪政秩序的稳定发展,这就要求在进行宪法解释时尽可能地尊重宪法条文的字面含义,应注意不要轻易地通过宪法解释实质性修改宪法。宪法解释尊重宪法条文的字面含义意味着应尽可能采用字面本身所显示的意思,不任意做扩大或者缩小解释,根据普遍的和公认的含义进行合理的解释。不轻易地通过宪法解释对宪法进行实质性的修改所强调的是要求解释必须对宪法本身予以尊重,解释只是把不清楚、有疑义或者与社会发展变化不相适应的条文予以明晰化,并非要对宪法进行修改,因为这样做会导致解释权的滥用,导致解释机关利用此项权力改变人民的制宪权,最终破坏稳定的宪政秩序。

6. 适应社会发展的原则

社会总是处于不断地发展变化之中,对于社会关系起着根本性调节作用的宪法必须及时关注社会的变化,并应给予及时的回应,因为随着社会的变化,宪法制定时调整的社会关系也会随之发生变化,若不及时回应就会使宪法与现实生活相脱节,失去其调节的意义和作用。而宪法对社会变化及时回应的方式之一就是解释宪法,通过宪法解释达到适应社会发展的目的。当然,适应性原则的前提是不背离立宪目的和宪法自身遵守的基本原则。如果遵从适应性原则导致解释结果与宪法自身的基本原则相冲突和矛盾,则可能意味着仅仅靠宪法解释难以适应社会的发展,必须通过宪法修改才可以回应现实的需要。

(四)宪法解释的作用

宪法解释就其实质而言就是在宪法实施的过程中,对宪法实施的内容予以明确化,通常的表现形式就是对宪法有关条文规定的含义做出说明和解释,其旨在于使公民对宪法规定的含义有一个统一的认识,便于按照宪法的要求准确、有效地实施宪法,推动宪法规定的最终实现。从一定程度上可以说,恰当的宪法解释,对宪法作用的发挥具有很大的推动作用,宪法解释是宪法实施的应有之义。我们都知道,宪法是国家的根本大法,是国家所有法律实现效力的源泉。宪法中的各项规定的具体解释,对稳定国家的正常秩序,保障人民的权利,发挥着重要的作用。由此可见,在宪法精神的最终落实上,宪法解释功不可没。通过宪法解释,可以明确宪法规定的内涵,去除那些不合乎宪法规定的法律法规,从而维护宪法的权威性,防止出现立法机关依据违宪法律,行政机关歪曲宪法的情况出现,破坏宪法的公正性和权威性,确保人民的利益不受侵害。

综上所述,在宪法运作中,宪法解释充当着必不可少的环节,在国家的宪政生活中发挥着重要的作用。

1. 明确宪法含义,保障宪法实施

宪法调整的内容具有广泛性,而宪法又不能成为法律大全,宪法文本不能无限扩张,宪法规范必然具有高度的概括性和原则性,宪法必须通过解释使之明确化、具体化,这也是保证它正确实施的前提。宪法文本中存在的诸多不确定法律概念,如人权、公共利益等,宪法实施要明确其内涵,必然要借助宪法解释。

2. 补充宪法的缺漏

由于制宪者的局限性或其他原因,以及宪法的高度稳定性。制宪者不可能预见未来社会发展的一切,宪法中可能存在着遗漏,必须对宪法进行解释,以弥补宪法漏洞。

3. 适应社会变迁

宪法一旦通过就具有稳定性,其文本传达的意义具有确定性,但是,社会是不断发展的。社会的发展与宪法文本的稳定会出现紧张关系,消除这种紧张关系,协调宪法的现实性价值与规范性价值必须进行宪法解释。宪法解释能够发挥宪法弹性,促进宪法规范的社会适应性。

4.通过违宪判断,维护法制的统一性

宪法是法制统一的基础,宪法纠纷是任何有宪法的国家都存在的,如发生违宪性纠纷,必须做出裁决,裁判者必须根据宪法予以解释,合宪的予以保留,违宪的令其失效,从而维护法制的统一。

(五)宪法解释的方法

如前所述,宪法是法,传统的文义、体系、历史和目的这四大法律解释的方法自然是宪法解释中确定宪法含义的方法;但是,宪法又是不同于普通法律的根本法,宪法解释还有其特有的方法。在下面的讨论中,我们从传统的法律解释方法和宪法解释的专用方法两个方面来介绍宪法解释的方法。

1.传统的法律解释方法

(1)历史解释法

历史解释也被称为"沿革解释",乃是着眼于法律之制定及演进的一种释义方法,常见于宪法解释的运用。在宪法解释中,这里的历史是指,"制宪和修宪过程中的一切纪录、文件、如预备资料、草案、立法理由书、立法机关大会及审查委员会纪录。"历史解释是探寻制宪者原意的重要途径。当然,此种"立法原意",不必然是宪法制定者在制定之时的立法本意,也不是他的个人本意,而应是代表某一时代社会的法律意识,当法令一经创立即属独立存在,而成为客观的社会规范和价值。

(2)文义解释法

所谓文义解释是指,对宪法条文的文字、词组、文法结构以及专门名词所进行的解释。宪法文本是宪法的载体,对宪法条文进行解释是寻求宪法意义的首要方法。进行文义解释的时候需要注意以下几点:第一,通常性。除法律明定术语(用语)外,解释法律应以平易通常的意义为主,因为法律是全社会构成分子所适用,自宜以人民大众所通常认知的意思为解释;第二,关联性。文义解释应当注意法律的全文文义,不能断章取义;第三,时代性。解释法律应适应社会生活的实际状况,而现代社会的生活和一般的知识,常因时代发展有所变迁。故解释法律条文时,应注意社会实际状况。

(3) 目的解释法

所谓目的解释是指,对宪法上的空白或者漏洞,依照宪法的精神和意图,参照宪法原则、宪法哲学或者就解释所将对社会造成之影响等实际利益,来探求宪法的含义。目的解释假设任何法律都有其立法的主要目的,条文仅仅是获得宪法含义的导向,探求条文背后的立法目的才是解释的源泉。在宪法解释中,目的解释比其他解释方法更少受制于宪法条文的文字本身,具有更大的自由。

(4) 体系解释法

体系解释是指宪法条文在宪法典中的位置,即它所在编、章、节、条、项以及该宪法条文与前后条文的关联,以确定它的意义、内容、适用范围的解释方法。当宪法条文出现漏洞或者空白的时候,可以运用该方法进行解释。体系解释的方法主要适用于确定国家机关之间的权力分工,如中央与地方关系,中央与特别行政区关系,行政机关与立法机关、司法机关之间的关系。

2. 宪法解释的专用规则

(1) 合宪性解释

所谓合宪性解释是指,当对一个条文有多种法律解释的结果的时候,选择符合宪法的法律解释。"法律条文经运用不同解释规则加以解释,如果所有的结论都认为与宪法不符,只好宣告其违宪。"合宪性解释其实是运用各种不同的解释规则,从获得的多数结论中,选择一种不违反宪法的结果作为宪法解释结果,在这一过程中,文义解释、目的解释、体系解释等解释方法都有所运用。合宪性解释的基本前提是:法律应当与宪法相符合以及法律体系内部应当和谐一致。

(2)以宪法解释宪法

由于宪法是主权的体现,是一国的最高规范,在解释宪法的时候应该以宪法本身的规定来诠释宪法,从而具有较高的说服力。这一方法要求:第一,宪法解释者要考虑宪法作为最高规范并有创建国家的功能;第二,解释宪法不需要借助其他的法律概念,宪法自身成为一个体系;第三,解释某一宪法条文应当避免它与其他宪法条文相冲突,从而维持宪法的整体性。

(3)利益衡量

解释者运用比例原则来鉴别、评估和比较相互冲突的法益,从而确定宪法条款的含义。如言论自由和个人尊严之间,公共安全和个人隐私等宪法价值发生冲突的时候,就需要解释从宪法争议中识别上述利益,并平衡利益冲突。此种解释的方法在适用时候的步骤是:第一,识别宪法争议中的不同利益;第二,运用比例原则进行法益衡量,在衡量的时候需要注意的是,各方利益是有分量的,因此要尊重冲突各方的利益,重要利益优于次要利益,遵循最小侵害原则。

(六)宪法解释的程序

宪法解释程序植根于各国的宪法解释体制中,不同宪法体制决定了宪法解释程序的多样性。总体来看,宪法解释程序大致可以分为抽象型的解释程序与案件型的解释程序。

1.抽象型的解释程序

抽象型宪法解释程序是指,由有权解释宪法的主体根据宪法,应有权主体的提议直接对立法机关的法律进行解释和审查的程序。抽象型宪法解释程序是一种书面程序。宪法解释由解释主体书面进行,在这一过程中没有当事人参与,更没有其他国家司法审查中的言辞辩论。尽管在宪法审查过程中,"不排除非正式地口头交换意见的可能性,特别是通过电话方式或通过某些公务员听证的方式。但这些方式都无法形成正式的文件,更不能被作为法定方式而援引适用"。具体来说,抽象型的宪法解释程序大致包括解释的提起程序、受理程序、审议程序、公布和通过程序。

2. 案件型的解释程序

尽管美国和德国的宪法审查制度不同,前者是典型的司法审查,后者是欧陆型的宪法法院制度,但是它们都将宪法解释至于具体宪法争议中,宪法解释既是解决纠纷的手段,也是解释宪法的途径。与具体宪法纠纷相关的司法性是这类宪法解释程序的最明显特点。在案件型的宪法解释中,解释程序类似于司法程序,一些国家的宪法解释程序甚至直接准用普通司法程序。

第三节 宪法实施与保障

一、宪法实施

(一)宪法实施的含义

法律是调整与规范人们行为的社会规则。法律制定出来以后,它的生命力就在于得到人们的执行与遵守。宪法是法律的一个重要组成部分,当然也不例外。不过,需要说明的是,"宪法是法"的观念并不是一开始就自然被人们所接受的。自近代意义的宪法产生以来,在相当长的一段时间内,宪法都被视为政治宣言和纲领,表达和反映的是人们的政治信念和政治追求,很少有人把宪法作为法律来对待。即使马歇尔首席法官将美国宪法运用于著名的马伯里诉麦迪逊案件之后,在欧洲大陆法系国家,宪法是法的观念和宪法的适用问题也尚未提出。只是在进入20世纪以后,美国的司法审查制度在欧洲大陆得到广泛的传播之后,宪法是法,并且是高级法的观念才日益深入人心。

宪法的实施,是指宪法规范在整个国家现实生活中的具体贯彻和落实,即将宪法文字上的抽象的权利义务关系转化为现实生活中明确的、具体的权利义务关系,并进而将宪法规范指导具体社会关系中所有人的行为。国内学者关于宪法的实施问题,还有不同的理解,主要有以下几种观点:比如,有学者称其为宪法适用,认为它是指国家有权机关依照法定的方式和程序,从宪法规范的特点出发使其贯彻落实并发挥作用的专门活动[1];有的学者称其为宪法运行,说它是用宪法的规范作为衡量的标准与尺度,去判断某个行为或某种社会关系的是非曲直,给违法者以惩处或者纠正。进一步说,如果宪法发挥了作用,也就是宪法得到了运行(实施),在生活中变成了现实:政府依照宪法而组成,公民权利得到了宪法的保障;还有的学者认为,它是指宪法规范在现实生活中的贯彻、落实。[2] 我们基本上同意第三种说法,它是把法律实施的内核贯彻到现实生活中去,宪法一经制定颁布以后,它就调整特定的社会关系,并发挥宪法的重要规范作用。

(二)宪法实施的条件

按照哲学上的理解,条件是指制衡事物存在和发展的各种内部和外在因素。而宪法实施的条件是指制衡宪法能否从书面宪法转化为现实宪法的实施过程中的各种内外因素,当一部宪法已经被制定出来以后,制衡的主要是外部的社会因素,同时也离不开宪法的自身条件。

---

[1] 董和平,韩大元,李树忠.宪法学[M].北京:法律出版社,2000,第143页.

[2] 周叶中.宪法学[M].北京:北京大学出版社,高等教育出版社,2000,第349页.

1. 宪法实施的外部条件

外部条件即外部社会环境,宪法实施的外部条件是指宪法实施的外部社会环境。由于宪法实施都是在一定社会范围内进行的,从根本上讲,它要以社会为基础,因而,宪法实施离不开它所赖以存在的社会条件。如果社会现实中不具备宪法实施的条件,那么不仅不可能产生科学的宪法,而且即使因政治需要而制定出一部宪法,也可能只是一种摆设而得不到实施。如果社会现实中具备宪法实施的一定条件,但由于立宪者不能正确地反映和利用这些条件,那么宪法实施的状况也会大打折扣。因此,需要我们从理论上研究宪法实施所应具备的外部条件,并尽可能地去努力创造这些条件。宪法实施条件主要包括政治条件、经济条件和思想意识条件三个方面的内容。

(1)政治条件

所谓的政治条件包括两个方面的内容,一个是政治基础条件,另一个是政治形式条件。在宪法实施的过程中,所依据的政治基础条件是民主政治。对于任何一个国家来说,宪法与政治之间都有着紧密的联系,民主在这二者之间发挥着媒介的作用,因此,对于民主政治来说,其发展水平的高低,不仅会对宪法的制定产生决定性的作用,同时还对宪法的实施也影响巨大。从一定程度上可以说,一个国家政治民主化的程度,对本国宪法质量的高低起着重要的决定作用,并且对宪法最终的实施效果起着重要的作用。由此可见,在一个国家中,其加强民主政治建设的过程,实际上就是贯彻落实宪法的过程。需要注意的是,宪法的实施必须要有稳定的政治局面和政治环境,因此就需要以一定的政治形式条件为支撑,这样才能保证宪法实施的有效性。在世界各国宪政实践的成败案例中,全都证明了该观点的正确性。

(2)经济条件

经济是上层建筑的基础,宪法实施也属于上层建筑的一部分,因此,一定的物质基础是宪法实施的前提条件。应当明确的是,宪法产生的根本原因是商品经济的普遍发展,如果没有这一前提的出现,那么在社会运行中,就不会产生对最高行为规范的需求,因此宪法实施也就无从谈起。从这个角度上来说,宪法的实施程度,在一定程度上也要受到商品经济发展的影响和制约。我国经济快速、持续、稳定的发展,这就从经济方面,为宪法的实施提供了强大的支持和保障。

(3)思想意识条件

思想对行为具有引导的作用。将思想意识作为宪法实施的条件,是因为人们对于宪法的认识与理解,对宪法的最终实施有着重要的影响。具体来说,主要表现在三个方面:第一,科学的宪法意识有利于对科学宪法的制定起到重要的指导作用,宪法实施的前提条件就是要有科学的宪法规范;第二,在实施宪法的过程中,随着社会生活的变化,社会客观条件和社会关系都会随之发生一些变化,这些变化首先会反映到人们的意识中,然后才能被落实到宪法中;第三,宪法实施主要是通过宪法的适用和宪法的遵守两种途径来实现的,由于宪法规范具有纲领性、原则性、概括性的特点,因此在宪法实施的这两个途径中,宪法意识将会产生重要的指导作用。

2.宪法实施的自身条件

宪法实施的外部条件具备以后,只是为宪法的有效实施提供了可能性。按照哲学上的原理,内因是变化的根据,外因是变化的条件。这条原理在宪法实施上也同样适用。一个国家在一定的历史时期能否利用这些条件,将宪法的实施从可能变为现实,关键还在于宪法实施的自身条件。一个国家宪法实施的自身条件主要包括宪法本身是否科学和宪法本身是否规定了完善的实施机制等方面,只有这些宪法实施的自身条件与外部条件同时具备以后,宪法在社会生活中才能得到真正的实施。

(三)宪法实施的目的

第一,希望一切国家机关、社会组织和公民个人,都能够严格遵守宪法的各项规定,将自身的行为都限制在宪法规定的范围之内。在宪法执行中,最基本的要求就是要遵守宪法,这同时也是宪法执行的最基本的方式。宪法遵守包括,享有宪法规定的权力和履行宪法规定的义务两个方面的内容。在日常生活中,很多人都认为遵守宪法只是履行义务,实际上,这种观念是错误的,其实宪法还规定了公民享有许多权利,享受权利也是遵守宪法的一个重要组成部分。权利和义务是对孪生姊妹,因此讲到遵守宪法时应该包含享受权利和履行义务两个方面。

第二,当法律在运行过程中,需要国家机关对法律实现所进行的有目的的干预。宪法也是如此,即宪法的适用。宪法适用通常包括两个方面:一方面是国家立法机关和行政机关对宪法实现的干预。实施宪法,不仅要求这些机关依宪法设立,要求依照程序、职权范围行使其职权,而且更重要的是要求这些机关通过追究宪法责任等途径,确保宪法的禁止性规定和设定的义务能够得到落实;另一方面则指国家司法活动中对宪法运行的干预,虽然目前我国法院一般不直接引用宪法条文作为判决的依据,但理论界一致认为,由于宪法与其他部门法一样具有一般的法律属性,因此宪法也应该有司法适用性。世界上许多国家的宪政实践表明,宪法的司法适用性是现代宪政国家完整司法制度的重要组成部分;宪法适用不仅是实施宪法的重要方面,而且是立宪国家加强宪政建设,树立宪法权威的重要内容。随着我国依法治国的推进,宪法的立法技术的提高与可适用性增强,宪法诉讼也必然会走进我们的现实生活,这应该是我国宪政发展的大势所趋。

从根本上来说,宪法实施实际上就是在现实生活中,使宪法能真正地发挥出其应有的作用。如果在制定宪法之后,却不能最终实施,那么即使宪法再好,也只能是成为摆设。1999年,"依法治国,建设社会主义法治国家"的治国方略被写入宪法的修正案。依法治国的根本是依宪治国,依法办事首先应当依宪办事,树立法律的权威首先要树立宪法的权威。这是因为,宪法是国家的根本大法,如果忽视了宪法,也就意味着立国的根本被放弃了,法律的作用和权威也不可能得到发挥与张扬。

(四)宪法实施的方式

1. 宪法的执行

宪法的执行又称行宪,是指宪法授权的国家机关及其公职人员按照宪法规定的程序和职权实施宪法的活动。

立法机关执行宪法的方式是通过行使立法权制定相应法律,将宪法的原则和制度具体化。宪法规范的特点是具有较大的原则性和概括性,在执行过程中需要立法机关制定法律,以利于国家机关及公民理解与执行。同时,立法机关执行宪法的方式还包括监督行政机关及司法机关的行为,使其履行宪法上的职责。

行政机关不仅是一般法律的执行机关,也是宪法的执行机关,执行宪法的方式主要是行使行政管理职权,贯彻宪法的相关规定,特别是在立法机关尚未立法的情况下,通过制定行政法规等方式将宪法的规定予以贯彻就具有特别重要的意义。同时,当公民、政治组织、社会团体和国家机关拒不履行其宪法义务时,行政机关可依宪法授权采取强制措施,迫使其履行义务。

2. 宪法适用

宪法适用是指宪法授权的国家机关在宪法规定的职权范围内,依照宪法或法律规定的程序直接应用宪法处理违宪案件或具体纠纷的专门活动。

首先,宪法适用的主体是宪法授权的机关,从世界各国宪法规定来看,这些机关既包括议会,也包括专门设立的宪法委员会、宪法法院,有些国家将适用宪法的权力交给普通的司法机关。

其次,宪法适用的内容通常是审查违宪的法律、国家高层次公务人员违宪的行为、国家机关之间的权限纠纷、国家公权力侵犯公民权利的宪法诉愿审判等。

再次,有关国家机关在处理违宪案件或具体纠纷时必须严格按照宪法的规定进行，不能超出宪法的授权。

按照我国宪法规定，我国主要由国家权力机关即全国人大及其常委会适用宪法，表现为，全国人大及其常委会通过立法和行使国家重大决定权的方式适用宪法；全国人大常委会通过解释宪法的方式适用宪法；全国人大及其常委会通过监督宪法实施的方式适用宪法。我国宪法没有授权人民法院适用宪法。

3. 宪法遵守

宪法遵守又称守宪，是指宪法实施的主体按照宪法的规定从事各种行为。宪法遵守与宪法适用不同，宪法适用的主体有严格的要求，必须是经宪法授权的国家机关，而遵守宪法的主体具有普遍性，所有宪法关系主体都有遵守宪法的义务。例如，我国宪法规定，全国各族人民、一切国家机关和武装力量、各政党和各社会团体、各企业事业组织，都必须以宪法为根本的活动准则，并且负有维护宪法尊严、保证宪法实施的职责。这一规定表明，宪法遵守的主体非常广泛，既包括公民和社会团体，也包括国家机关和政党。公民守宪一般是指公民享有宪法赋予的权利，履行宪法规定的义务，以宪法为最高行为准则，不做宪法所禁止之事；国家机关守宪则包含了国家机关除履行宪法规定的义务外，还要按照宪法的规定积极行使权力、履行职责。这就是说，对公民而言，守宪大多限于不违宪，是消极被动的守宪。对国家机关而言，除被动的守宪外，还应根据宪法授权积极、主动地行使自己的权力，实施宪法。

二、宪法保障

（一）宪法保障的含义

宪法保障又称"宪法实施保障"，是为了保障宪法实施而建立的一系列制度和措施的总和。宪法保障与宪法实施联系非常密切,宪法实施是使书面的宪法成为宪政实践的途径、方法和过程。宪法是国家的根本大法。宪法在实施过程中得不到保障,宪法实施的效果就会大打折扣,或者得不到正确的实施。所以,现代宪政国家在制定本国宪法的同时,也都确立了各自的宪法实施保障制度。

值得注意的是,在研究宪法保障制度的过程中,经常会遇到宪法监督、违宪审查、司法审查、宪法控诉等概念,这些概念和宪法保障制度既有联系又有区别,宪法保障制度是这些概念中内容最为丰富、外延最广的制度,通常是指为了保障和监督宪法的实施所制定的一系列制度的总称,宪法监督、违宪审查、司法审查、宪法控诉等制度则是不同国家根据其历史、政治、经济、文化等情况所采取的具体制度,前者和后者是属种关系,即宪法保障制度包含这些制度的内容,但又不限于这些制度。例如,关于宪法的最高法律地位、宪法通过、修改的严格程序规定等同样属于宪法保障制度。

(二)宪法保障机制

宪法保障所包含的内容十分广泛,前文中介绍的宪法监督、违宪审查、司法审查、宪法控诉等制度都属于宪法保障的内容,为了进一步认清宪法保障的内涵,有必要对各种宪法保障机制做一个梳理。

1. 树立宪法的最高权威

许多国家的宪法都明确了宪法的根本法地位和最高法律效力。如我国现行宪法序言中明确规定:"本宪法以法律的形式确认了中国各族人民奋斗的成果,规定了国家的根本制度和根本任务,是国家的根本法,具有最高的法律效力。"第5条还规定:"一切法律、行政法规和地方性法规都不得同宪法相抵触。"1946年日本宪法第98条规定:"本宪法为国家最高法规,凡与本宪法条款相违反的法律、命令、诏敕以及有关国务的其他行为之全部或一部,一律无效。"

2. 规定严格的制定和修改程序

规定严格的制定和修改程序有助于保障宪法的稳定性和权威性。各国宪法几乎都规定了严格的制定和修改程序,宪法的修改要由立法机关的全体成员的三分之二或四分之三的多数通过才有效。如我国宪法的修改,应由全国人大常委会或五分之一以上的全国人大代表提议,并由全国人大以全体代表的三分之二以上的多数通过。

3. 设定符合本国国情的宪法监督制度

为了保持宪法的权威性,许多国家都在宪法中对宪法监督问题做了专门规定,有立法机关监督体制、司法机关监督体制和专门机关监督体制等。我国宪法规定:全国人民代表大会行使监督宪法实施的职权;全国人民代表大会常务委员会行使解释宪法、监督宪法实施的职权。同时,根据宪法的规定,全国人大各专门委员会协助最高国家权力机关做好监督宪法实施的工作,审查各种法律文件的合宪性,地方各级人民代表大会及其常委会有保证宪法在本行政区域实施之职责。另外,我国在国家权力机关和国家行政机关的内部以及它们相互之间的关系方面形成了一套纵横交错的监督体制。

4. 发挥政党和人民群众在保障宪法实施中的作用

在社会主义国家,由共产党的执政党地位所决定,其在国家政治生活中处于领导地位,共产党带头遵守宪法的影响力无疑十分巨大。我国宪法序言规定,一切国家机关和武装力量、各政党和各社会团体、各企业事业组织,都必须以宪法为根本的活动准则,并且负有维护宪法尊严、保证宪法实施的职责。这表明对于中国共产党而言,保障宪法实施是它的职责。共产党带领人民制定宪法,同时带领人民模范地遵守和执行宪法,共产党要在宪法和法律范围内活动。

我国宪法代表各族人民的根本利益和长远利益,同时也保护每个公民正当的个人利益。宪法能否贯彻执行同人民群众的切身利益关系十分密切。因此,广大人民群众不仅自己要自觉地遵守宪法和法律,而且还要监督各级国家机关、各企业事业组织和社会团体实施宪法。

第三章　我国公民的基本权利和义务

我国公民的基本权利和义务是《宪法》规定内容的一个重要方面。在我国《宪法》体系之中，公民的基本权利和义务主要包括平等权、政治权利、宗教信仰自由、人身权利、社会经济权利、文化教育权利等方面。

第一节　平等权

一、平等权的起源与发展

自由和平等是近代宪政主义所致力追求的两大价值目标。平等的观念在西方可以追溯至古希腊的哲学思想，如亚里士多德的平等观念和斯多噶学派提出的普遍理性名义下的平等观念。在近代，平等成为资本主义思想崛起的有利武器，并被宪法所确认。

平等在近代宪法观念之中来源于这样的观点：人们在种族、性别、出生、天资以及能力等方面确实存在一些差别，虽然将其消灭是不可能的，但是在尊严上人们却是平等的。从法律的角度看，人作为社会的人，应该在法律上获得平等。任何法律都不得给予一些人特权或强加给另一些人特别的歧视。这种观点发展成为近代宪法平等观念的核心，在终极意义上，追求的是宪法对各个人所保障的"形式上的平等"。

这种"形式上的平等"实际上存在一个悖论，就是自由竞争以后人们是否可以达到平等。单纯地保障平等，一方面可以实现人们自由地竞争，但是另一方面则又可能导致这种自由竞争给人们带来新的不平等，造成人们的两极分化。如果宪法无视这一悖论，社会的运动将会把这一矛盾推向极端，最终造成对平等的破坏。为了克服这一悖论，现代宪法吸收了实质上的平等，在一定程度上对因为保障机会平等而造成的不平等进行了纠正。这就产生了"条件上的平等"。"条件上的平等"更容易导致结果上的平等。因为这种平等是有条件的，当社会发展到一定状态以后，会进行主动纠正，保障弱者的权利。这也是我国《宪法》发展的重要基点之一。

二、平等与合理差别

从上文可以看出，法律中的平等观念包含了两个方面，分别是形式上的平等和实质上的平等。形式上的平等观念反对不合理的差别，即没有合理根据的差别对待。从上文的讨论可以看出，如果过于强调这个方面则会带来不平等。因此，法律中的实质上的平等还允许出现合理的差别。也就是说，法律中肯定了平等中所蕴含的差别。

实质上的平等包含了公民对国家和社会的"防御权"，防止国家肆意对待公民。换言之，国家行为必须对相同情况进行相同对待，对不同情况采取不同措施，依据社会的发展对公民采取差别待遇，不能恣意而为。也就是说，国家的行为必须符合社会公正的基本原则，保障公民社会生活的基本权益。

从当前各国宪法的发展来看，合理差别原则包含以下几种类型。

第一，根据人们在年龄上的差异行使特定的权利，履行特定的义务。

第二，根据人的生理差异采取合理的差别，例如我国宪法规定的保障女性在各方面的权益和特殊待遇。

第三，依据民族的差别所采取的合理差异，例如我国宪法规定的少数民族在各个方面的优待措施。

第四，依据经济能力所采取的差异性措施，例如我国税法所规定的超额累进税率制度。

第五，根据所从事的特殊职业而采取的差别待遇，我国法律规定一定级别的公务人员应公开其财产状况。

三、我国宪法对平等权的规定

平等权是我国宪法所规定的人民基本权利体系的一个组成部分，它是权利主体参与社会生活的前提。在我国宪法之中，平等权包含以下几个方面的含义：第一，公民享有在立法中的平等地位与权利；第二，公民享有法律适用上的平等，公民应平等受到法律保护；第三，禁止对公民采取歧视性待遇，不能因天然的差别而给公民造成法律地位上的不平等；第四，废除一切特权和贵族；第五，合理差别原则。

我国《宪法》对平等的规定主要包括公民的法律地位平等，除此之外还有一些具体性规定，例如任何组织和个人不得拥有超越宪法和法律的特权，反对民族歧视与压迫，公民的法律地位包括平等权利和义务，公民拥有平等政治、经济和社会权利。这些具体规定散见于各个法条之中。这些法条既有一般性规定，又有与民族、性别、政治、经济和社会的具体性规定。总体来看，我国现行宪法对平等权的规定是非常详尽和完备的。

第二节 政治权利

一、政治权利的概念

政治权利是公民依据宪法和法律规定参与国家政治生活的

权利。在现实生活中,政治权利主要表现为三个方面:第一,公民参与国家、社会组织与管理活动的权利,包括选举权与被选举权、担任国家公务人员的权利;第二,公民在国家政治生活中自由发表意见、表达意愿的权利,主要包括言论、出版、集会、结社、游行、示威自由;第三,监督国家政治生活的权利。

二、政治权利的特征

首先,政治权利是现代民主运动发展的结果,与资本主义宪政运动紧密相关。我国坚持社会主义人民民主,以宪法的形式予以保障。因此,宪法对政治权利的保障程度也说明了我国人民民主的真实性与实现程度。宪法对于现代社会民主的保障也说明了宪法的良法品质。

其次,基础性。公民的政治权利是一个相互联系的权利体系,是人全面发展的政治方面的保障,为人的人身权利、经济权利和文化权利实现奠定了基础条件。从权利与权力的关系来看,公民的政治权利是人民主权行使的一个基本渠道。如果公民的政治权利不能得到保障,公民就不能真正做到当家做主。如果说平等权是公民防止国家机关恣意妄为的一个防守手段,政治权利则是一个重要的进攻手段。公民通过政治权利向国家机关表达社会财富的基本分配方式及其意见,对于国家公务人员的贪妄行为,公民则可以进行监督和表达意见。

再次,特定性。政治权利并非是一国范围内所有自然人的权利,除了被法律剥夺政治权利的自然人之外,还有外国人同样不具有政治权利。

三、政治权利的内容

(一)参政权

参政权是公民参与国家政治生活的权利,主要包括选举权与被选举权、罢免权、创制权、复决权。选举权和被选举权是公民依法享有选举和被选举为国家公务人员的权利。我国宪法规定除了被剥夺政治权利的公民之外，凡是年满18周岁的公民都具有选举权和被选举权。选举权和被选举权是我国公民参政的一个基本权利。罢免权是选民对选出的国家公职人员因不称职而予以撤换的权利。罢免权是对国家公务人员行为的要求。公务人员在任职以后，应当接受本选区选民的监督，如果不称职，公民则可以重新举行选举罢免国家公务人员。罢免权是我国人民当家做主的重要体现。我国《宪法》规定人民代表大会有权罢免其选举出的国家公务人员。

（二）自由表达权

自由表达权是指公民采用语言、文字、图画和肢体行为的形式——公开或者不公开地行使表达自己意见、观点、主张以及情感的权利。一些西方学者将自由表达权划分为两个方面，分别是公共自由表达权和个人自由表达权。公共自由是政治自由的范畴。个人自由则是社会性自由的范畴。保障公民这两个方面的自由是现代宪法发展的一个重要里程碑，体现了人民在国家政治权利中的重要地位。公民通过形式自由表达权能够充分表达自己对国家政治生活的看法，形成社会舆论力量以影响国家政治生活的发展方向。自由表达权包括言论自由、出版自由、集会自由、游行自由、示威自由。我国《宪法》以及在《宪法》的基础上创制了多部法律保障公民的自由表达权。

（三）监督权

监督权是公民采用法律上规定的方式对国家公务人员的行为进行评价以督促他们不断改进工作的权利。对于公民监督权的看法，学界看法并不一致。董和平在其编著的《宪法学》教材中将其视为政治诉愿权，主要包括批评、建议、申诉、控告、检举和取得赔偿的权利。杜承铭则在其《宪法学》中将其称为请愿权、诉愿权和诉讼权。我国《宪法》则将其规定为前者。前者充分显示了公民监督权的多样化形式,对公民进行政治监督的权利给予了充分的保障。

第三节　宗教信仰自由

一、宗教信仰自由的概念

宗教信仰自由是指公民依据内心的信念,自愿地信仰宗教的自由。公民的宗教信仰自由主要包括以下这些方面的内容:公民有自由选择信仰或者不信仰宗教的自由,有选择信仰何种宗教的自由,在同一宗教领域之内有选择信仰不同教派的自由,有选择何时何地信仰宗教的自由,有选择是否参加宗教仪式以及布教的自由。

我国是一个多民族国家,尊重和保障公民的宗教信仰自由是维持国家繁荣稳定的重要基础。我国从《共同纲领》之后的各部宪法及其修正案都明确规定了公民的宗教信仰自由。

二、宗教信仰自由的实现与限制

我国是一个多民族国家,因此也是一个多宗教国家。目前,我国有8个全国性宗教团体,47所宗教学院,职业宗教人员约有20万人。我国在《宪法》基础上还颁布了一些重要条例对宗教事务进行管理。依据我国现行相关法律和条例的规定,公民宗教信仰自由的实现主要体现在以下几个方面。

第一,宗教活动场所的设立。宗教活动场所的设立必须具备以下基本条件:①信教公民有经常进行集体宗教活动的需要;②主持宗教活动场所的公民为符合本宗教规定的教职人员以及其他人员；③有必要的资金支持；④宗教场所的布局合理，不对周围单位与居民的生活产生影响。

第二，宗教教职人员的权利。宗教教职人员进行宗教活动的权利受法律保护，但是需要报县级以上人民政府宗教事务部备案。藏传佛教活佛继位，除要在一定的活动基础上举行之外，还要报设区的市级以上人民政府宗教事务部门或不设区的市级以上人民政府批准。天主教的主教由天主教的全国性宗教团体报国务院宗教事务部门备案。

第三，外国人的宗教信仰自由。我国主张宗教实行独立的原则，反对外来势力支配与干涉中国宗教事务，以维护中国公民真正享有宗教信仰自由。外国人可以在中国境内的寺院、宫观、清真寺、教堂等宗教活动场所参加宗教活动。经省、自治区、直辖市以上团体的邀请，外国人可以在中国宗教活动场所讲经、讲道，但不得在中国境内成立宗教组织、设立宗教办事机构、设立宗教活动场所或者开办宗教院校，不得在中国公民中发展教徒、委任宗教教职人员和进行其他传教活动。

第四，宗教信仰自由的限制。我国《宪法》对宗教活动的限制主要体现在两个方面，一方面，宗教活动不能对社会秩序、公民身体健康和国家当前教育制度进行损害；另一方面，我国宗教团体和宗教事务不受外国势力的支配。

第四节　人身权利

一、人身自由的含义

人身权利有广义和狭义之分。广义的人身自由主要包括人身人格权，具体来说包括生命健康权、身体自由权、人格尊严权、通信自由权等方面。狭义的人身自由主要指身体的控制自由，主要指公民的人身不受非法限制、搜查、拘留和逮捕。

各国宪法对人身自由的内容作了不同方面的规定,核心一般来说是人身自由不受侵犯。我国宪法规定的人身自由权主要包括四个方面的内容:人身自由不受侵犯、人格自由不受侵犯、住宅不受侵犯、通信自由和秘密不受侵犯。

二、生命健康权

生命健康权是指人的生命健康受宪法和法律保护,不受非法与任意剥夺,是人人享有的固有的权利。作为人最宝贵的一部分,生命健康权是人的权利的基础。从法律的角度看,生命健康权包括以下三个方面。

第一,生命健康权的主体。生命健康权的主体主要是指自然人,并且不限于本国公民,还包括外国人和无国籍人。所以,"生命权是人的权利,而不仅仅是公民的权利"[①]。

第二,生命健康权的客体。生命健康权的客体是人的生命。生命是"生物体所具有的活动能力"。[②] 人的生命是指自然人所具有的活动能力,是自然人保持其生物形态的现象。人的生物形态的结束,意味着人的生命的终止。

第三,生命健康权的内容。生命健康权的内容主要包括生命存在权、生命安全权、生命保护自卫权和请求权。

公民的生命健康权受我国宪法的保护。作为一项基本权利,生命健康权在宪法保护的层面主要是设定了国家的义务,近年来,在我国与生命权相关的诸多问题引发了广泛的社会争论,由此引发了从宪法基本权利的层面完善生命权的宪法保护的现实需求。在如何实现生命权的宪法保护问题上,有学者认为,至少需要具备四个基本条件:一是生命健康权入宪;二是立法机关依

---

① 胡锦光,韩大元.中国宪法[M].北京:法律出版社,2004,第264页.

② 中国社会科学院语言研究所词典编辑室编.《现代汉语词典》(修订本)[K].北京:商务印书馆,1996,第1129页.

宪立保障生命健康权之法;三是行政执法和司法机关依宪解释和适用保障生命健康权之法;四是有关生命健康权的违宪审查有效运作。①

三、人身自由

人身自由,又指人身自由权或身体自由或人身不受侵犯权,就是指身体活动的自由,人的身体不受非法搜查、拘留、逮捕和其他拘束而被拘禁于某个场所。作为一项基本权利,公民的人身自由权主要是针对国家权力机关或者某些公共权力机关的非法侵犯。如同生命健康权一样,人身自由权同样不限定于该国公民,外国人同样享有人身自由。

人身自由不受侵犯是国际公约以及许多国家宪法中的一项重要内容。《公民权利和政治权利国际公约》第9条规定了详尽的人身自由与安全权,这已经成为各国的共识。但是公民的人身自由只是意味着其不受非法侵犯,国家机关可以依法对公民的人身自由加以必要的限制乃至剥夺。通常,对人身自由进行限制的合宪性条件包括:第一,只有法定的国家机关才具备这项权利。第二,限制或剥夺公民的人身自由必须合法。第三,限制或剥夺人身自由的程序必须正当。第四,限制人身自由的理由主要包括刑事责任追究的需要以及维护公共安全和公共卫生等重要公共利益价值。

我国《宪法》第37条规定:"中华人民共和国公民的人身自由不受侵犯。任何公民,非经人民检察院批准或者决定或者人民法院决定,并由公安机关执行,不受逮捕。禁止非法拘禁和以其他方法非法剥夺或者限制公民的人身自由,禁止非法搜查公民的身体。"显然这一规定还存在一些重要不足。首先,在限制性程序方

---

① 上官丕亮.宪法与生命——生命权的宪法保障研究[M].北京:法律出版社,2010,第88页.

面,这一条款只规定了逮捕这一形式,显然还不够完善。其次,没有在宪法上明确规定严格的法律保留原则。

四、人格尊严

人格尊严,即指人作为人、人作为权利义务主体的尊贵庄严的身份和地位,主要指人作为法律得到承认的前提。如果没有这一权利,那么个人就会被降格为仅仅是一个法律客体,由此他也就不再是一个法律意义上的人。由此看,对法律人格的承认是所有其他个人权利存在的必要,人格尊严是不可克减的个人权利,它表明每个个人都是人并且被赋予了在法律面前被承认为一个人的能力。[1]

从各国宪法的规定可以看出,公民的人格尊严包含两个方面的含义,分别是公民的人格尊严作为一项基本原则应该得到有效的保障和公民的人格尊严作为一项基本权利不受侵犯。人的尊严已逐渐成为宪法价值秩序的根本原则,甚至已经成为价值体系的基础[2]。

我国《宪法》第38条规定:"中华人民共和国公民的人格尊严不受侵犯。禁止用任何方法对公民进行侮辱、诽谤和诬告陷害。"我国现行《宪法》关于"人格尊严的保护"包含了一般性规定与禁止性条款两个方面,基本满足了基本权利规范的内容构成层次。但是我国宪法中有规定禁止"侮辱、诽谤、诬告陷害"的内容,与传统的人格权保护界限不清,未曾达到人格尊严保护的更高的法哲学高度。人格尊严保护条款内容有待于进一步完善和细化。

---

[1] (奥)曼弗雷德·诺瓦克著.民权公约评注:联合国《公民权利和政治权利国际公约》(上)[M].毕小青,孙世彦等译.北京:生活·读书·新知三联书店,2003,第280页.

[2] 李震山.人性尊严与人权保障[M].台北:台湾元照出版公司,2002,第4、8页.

五、隐私权

《世界人权宣言》第 12 条规定:"任何人的私生活、家庭、住宅和通信不得被任意干涉,他的荣誉和名誉不得加以攻击,人人有权享受法律保护,以免受到这种干涉或攻击。"各国宪法在这一规定的基础上做出了许多保护私生活、家庭、住宅、通信自由以及荣誉、名誉权的规定。尤其是在现代信息社会,个人隐私随时面临被侵犯的危险。个人对和他人、公共利益无涉的私人事务、私人信息的掌控、支配、决定是个人个体性存在的核心内容,对这一内容的保护就是隐私权。

宪法保护隐私权主要是限制公权力行使不侵犯个人的隐私利益,尊重和保护个人的自主性主体地位。由于现代科技信息的发展,政府收集、利用各种个人信息,进入了巨型政府数据库时代,同时政府权力的扩张,干预个人私生活更加容易和隐蔽,从宪法基本权利的角度保护个人隐私权已经非常必要和迫切。

隐私权与私人活动和私人活动载体紧密联系,一般来说,隐私权的内容主要有以下几个方面。

第一,住宅自由。在现代社会,住宅不仅仅是个人的财产权,更是个人私生活的领地。现代宪法已经把住宅作为隐私权的客体内容来保护。以这个意义来看,所谓住宅就是公民个人可以独占、保有或暂时保有的,可以满足个人睡眠休息需求并可以排除他人侵扰,给公民个人带来安全感的处所,包括旅馆等临时性住所。

第二,通信秘密。随着通信手段和网络互联网的发展,通信秘密保护的范围不断扩大,已不限于传统的邮件交往,还包括电子邮件、个人数据交流等新型通信手段。如今,私密性成了个人网上生活的一个重要方面。在信息社会,对于个人信息的最完整保护是把个人信息与信息本人结合,赋予信息本人个人信息知情利用、控制使用和支配权,防止他人滥用。

第三,个人私生活。个人私生活是指无涉他人和公共利益的个人生活,包括自我认同性、人身和人格完整性、个人生活的私密性、个人生活的自主决定等内容。个人私生活隐私主要特征是秘密性,自主决定性,个人对自我生活有选择和支配权,所以在宪法上,个人私生活要给予充分的保障,禁止过多的干预和妨碍。

我国《宪法》第39条规定:"中华人民共和国公民的住宅不受侵犯。禁止非法搜查或者非法侵入公民的住宅。"第40条规定:"中华人民共和国公民的通信自由和通信秘密受法律保护。除因国家安全或者追查刑事犯罪的需要,由公安机关或者检察机关依照法律规定的程序对通信进行检查外,任何组织或者个人不得以任何理由侵犯公民的通信自由和通信秘密。"这些规定存在一些明显的缺陷:第一,我国《宪法》没有能够随着时代的发展对于个人网络生活的通信隐私予以保障;第二,我国《宪法》信息隐私保护没有与任何人格尊严条款相结合。

我国《宪法》对住宅和通信自由的保护适应现代社会发展的需要,可以理解为是对公民隐私权的客体内容的保护,但是,从隐私权作为基本权利的宪法保护看,我国宪法中尚缺乏对私人和家庭生活以及个人信息隐私的保护,另外,需要与人格尊严价值条款相结合,才能实现对隐私权的宪法保护的完善。

第五节　社会经济权利

社会经济权利是一个复合概念,总体来说包含经济权利和社会权利两个方面。经济权利主要包括经济自由权和经济型的社会权利。社会权利的内涵则非常复杂。限于我国的宪法的状况,以及本节的内容设置,这里在经济权利方面主要介绍经济自由权和财产权。在社会权利方面则主要介绍劳动权和社会保障权两个方面。

一、经济自由权

宪法中的经济自由,是指经济活动的主体具有独立自主的身份、地位、资格,可以依照自己的意愿进行经济活动,并承担相应的后果。从动态的方面来看,经济自由保障不外乎人民以主体地位选择从事职业活动、营业活动自由之保障,以及选择受雇于人之职业自由的保障两种。

在市场经济条件下,每个人都要做到对自己负责,以获取生存的物质资料,享有一定的财产权。公民自由权和财产权,内在地包含了职业自由和营业自由,是公民合法获得财产的两种途径。

二、财产权

财产权是公民基本权利的一个组成部分,是指公民对自己的财产有充分的自由处置权利。宪法保障财产的目的是为了保障个人有尊严地生存和发展,使其免遭遇公权力以及其他第三人的侵害。财产在这里是一个泛指的概念,主要指私人的生活和生产资料,以及现代社会衍生出来的商标专用权、专利权、矿业权等。

与财产权有关的保障可以划分为所有权存续保障和财产权保障。所有权存续保障是指个人以财产之存续状态行使的权利,使其免受公权力部门和其他第三人的侵害。财产权的价值保障是指财产权标的应该扩张到所有具有经济上财产价值的权利。然而,在毫无限制的资本主义竞争条件下,个人财产权的价值保障会伤害到社会其他主体的利益,对社会的发展造成影响。因此各国宪法在保障财产权的同时,还对财产权进行了限制。其限制主要体现在以下几个方面。

第一,财产所有权伴随着义务。我国宪法规定公民在行使自由和权力的时候不得损害国家、集体的利益和其他公民的自由与权力。

第二,财产权受到"公共利益"的制约。也就是说,当私人财产利益与公共利益相阻碍之时,私人利益应让位于公共利益,这是我国宪法一直以来秉持的原则。当然,这些财产权利也受到国家的补偿。

第三,个人财产权保障与社会相关经济制度紧密联系在一起。以个体经济为例,我国宪法规定国家保护和引导非公有制经济,并对非公有制经济进行监督和管理。

第四,财产保障具有一定的倾斜性。我国是公有制经济与私有制经济相结合的国家。从我国1949年确立《共同纲领》起,我国宪法规定国家的公共财产神圣不可侵犯,对国家公共财产进行绝对保护。而对于私人财产,国家则进行相对保护。

三、劳动权

劳动权的宪法保障内容可以划分为消极方面和积极方面。消极方面是指国家保障人民具有自由选择职业和从事职业活动的权利。积极方面是国家向适龄劳动者提供适当的工作机会。劳动是人都应享有的一项权利,一方面能够为自己的生存提供经济上的保障,另一方面则能够为社会创造一些财富。

与劳动权紧密相关的是劳动者的劳工权,这些权利主要包括维持劳动尊严的权利、自由选择和接受工作的权利、获取适当报酬的权利、劳动休息的权利、同工同酬的权利。我国积极保障劳动者在这些方面的权利,在《宪法》《劳动法》和《劳动合同法》中有明文的规定。

在劳动保障权的积极方面,国家应做到以下这几点:首先,国家不得侵害人民谋生的机会,保障劳动人民获得合理的报酬;其次,国家有义务实施最低工资制度,监督雇主改善工人的工作条件;再次,国家有义务开展职业培训,为工人工作提供必要的技能培训;最后,国家有义务为工人的劳动提供必要的保障,举办社会保险制度,允许工人组织工会,保障自己的劳动权益。

四、社会保障权

社会保障是指国家对于失去劳动能力或者遭受灾害等方面原因而导致生活困难的公民进行物质帮助的权利。一般来说,社会保障由社会保险、社会救济、社会福利、优抚安置等组成,具有法定性、普遍性、社会性、强制性等特点。

各国宪法以及一部分国际公约都对社会保障进行了明确的规定。1948年出来的《世界人权宣言》确认了社会保障权这一基本人权。第22条规定:"每个人,作为社会的一员,有权享受社会保障,并有权享受他的个人尊严和人格的自由发展所必需的经济、社会和文化方面各种权利的实现,这种实现是通过国家努力和国际合作并依照各国的组织和资源情况。"

我国《宪法》规定国家要建立同经济发展水平相适应地社会保障制度,优待对国家做出贡献的社会群体。我国其他法律规范也对公民的社会保障权进行了明确的规定。综合这些规定的内容可以看到,中国社会保障权的内容主要包括所得保障、医疗保障、福利保障和教育保障等。从现实的境遇看,社会保障主要体现在物质保障方面。

第六节 文化教育权利

文化教育权利是指公民在文化与教育领域享有的权利与自由,是一种综合性的权利体系,主要由文化权利与教育权利组成,是国家发展文化与教育事业的重要基础,对于建设社会主义精神文明,提高全民族的文化水平有着重要意义。文化教育权利的内容非常多,限于本书的篇幅,这里主要介绍受教育权和其他文化权利。

一、受教育权

我国《宪法》保障公民享有有受教育的权利和义务,保障公民享有在国家和社会提供的各类学校和机构中学习文化科学知识的权利,有接受教育的义务。

受教育权是公民提高自身素质适应社会竞争的一个重要基础。对社会来说,则是不断提高社会文明程度,实现国家发展战略的重要前提。国家需要千千万万具有高素质和高能力水平的劳动者去建设社会,因此国家必须保障公民的受教育权利。

我国公民接受教育的权利主要包括这些方面:第一,按照能力接受教育的权利;第二,享受平等教育机会的权利;第三,在不同阶段和不同形式得到实现的权利。

二、其他文化权利

文化是一个没有达成共识的定义。在法律意义上,文化是指社会群体进行精神与物质综合活动的一种方式,包括文学、艺术、生活、价值观、传统和信仰等。

个人、群体、民族、国家和人类都是文化权利的主体,虽然他们享有的文化权利的内容与范围不尽相同。个人文化权利包括开展科学、技术、文学艺术活动及其产生的精神和物质的利益并受到保护的权利;群体的文化权利包括少数民族、群体保留和发展其特有的艺术、历史、民俗、习惯、语言等各种文化形式的权利;集体文化权利是指特定群体从事集体活动和分享、承载共同的价值观,与群体的其他成员共享的物质和精神活动及其成果。

我国《宪法》第47条规定:"中华人民共和国公民有进行科学研究、文学艺术创作和其他文化活动的自由。……"根据这一规定,公民的文化权利包括三个方面的内容:即从事科学研究的权利、文艺创作的权利和从事其他文化活动的权利。

第四章　现行宪法的中央国家机构

国家机构是一定社会的统治阶级为了实现其统治的职能而建立起来的进行国家管理和执行统治职能的国家机关的总和。它是实现国家权力、执行国家职能、进行日常国家管理的组织体系。了解现行宪法中我国中央国家机关的性质、地位、组成、职权以及它们之间的相互关系，对于进一步明确中央国家机关在权力运行中的主导作用和我国进行政治体制改革具有重要意义。

第一节　全国人民代表大会

一、全国人民代表大会的性质和地位

我国宪法规定："中华人民共和国的一切权力属于人民。人民行使国家权力的机关是全国人民代表大会和地方各级人民代表大会。""中华人民共和国全国人民代表大会是最高国家权力机关。""全国人民代表大会和全国人民代表大会常务委员会行使国家立法权。"这些规定表明了全国人民代表大会的性质和它在整个国家机构体系中的地位。全国人民代表大会是最高国家权力机关，在我国国家机构体系中居于最高地位。具体表现如下。

（一）全国人民代表大会是代表人民统一行使国家权力的机关

全国人民代表大会由省、自治区、直辖市、特别行政区和军队按照法定程序选举产生的代表组成，集中代表全国各族人民的意

志和利益,具有最高的广泛性和代表性。全国人民代表大会通过法定途径将人民的意志上升为国家意志(即法律),对全国人民负责,受全国人民监督,从根本上保障人民行使国家权力,是人民的最高代表机关。

(二)全国人民代表大会行使最高国家权力

全国人民代表大会的职权是全权性的权力。全国人民代表大会执掌全部国家权力,不仅代表全国人民在全国范围内全面行使国家权力,而且其权力范围覆盖了国家政治、经济、文化教育、军事、外交及社会生活的方方面面。但全国人民代表大会只将那些最具决定性的事务保留给自己,其他事务通过宪法和法律授权给其他国家机关行使。同级其他国家机关所行使的权力,都是全国人民代表大会赋予的。这些国家机关都由全国人民代表大会产生,向全国人民代表大会负责,受全国人民代表大会监督。而全国人民代表大会制定的法律和通过的决议,其他国家机关都必须遵守和执行。

(三)全国人民代表大会是行使国家立法权的机关

现行《宪法》第58条规定:"全国人民代表大会和全国人民代表大会常务委员会行使国家立法权。"国家权力根据性质可有立法权、行政权、司法权、军事权等之分,而立法权又有国家立法权和地方立法权之分,国家立法权是制定全国范围内统一适用的法律的权力。

二、全国人民代表大会的组成和任期

(一)全国人民代表大会的组成

我国《宪法》规定:"全国人民代表大会由省、自治区、直辖市、特别行政区和军队选出的代表组成。各少数民族都应当有适当名额的代表。"同时选举法规定,全国人民代表大会的代表人数不超过3000人,名额分配以一定的人口比例为基础,并适当照顾民族之间、城乡之间和某些地区人口比例的差别,各省、自治区、直辖市具体的代表名额由全国人大常委会根据情况决定。

一般来看,农村代表所代表的人数是城市代表所代表人数的四倍。各少数民族在全国人民代表大会中都应当有适当名额的代表。人口特别少的民族也至少应有一名全国人大代表。香港和澳门特别行政区按照全国人大常委会规定的特定办法推选产生全国人大代表,参加全国人民代表大会时组团参加。台湾省出席全国人大的代表由在各省、自治区、直辖市和中国人民解放军的台湾省籍同胞派代表到北京协商产生。军队的代表由中国人民解放军各总部、大军区级单位和中央军事委员会办公厅的军人代表大会根据《中国人民解放军选举全国人民代表大会和县级以上地方各级人民代表大会代表的办法》选举产生。现在全国人民代表大会由省、自治区、直辖市、特别行政区和军队选出的代表组成。

(二)全国人民代表大会的任期

根据宪法规定:全国人民代表大会每届任期时间为五年。在任期届满2个月以前,下届全国人大代表要由全国人大常委会组织完成选举。如果遇到特殊情况不能完成选举,可由全国人大常委会全体组成人员的2/3以上的多数决定,对本届人大代表的任期进行延期,推迟选举。在特殊情况结束后的一年内,下届人大代表必须选举完毕。

三、全国人民代表大会的职权

全国人民代表大会代表全国人民行使国家权力。全国人民代表大会的职权由宪法赋予,既是全国人民代表大会作为最高国家权力机关所享有的特殊权力,同时也是它必须承担和完成的工作职责。依据我国宪法的规定，全国人民代表大会的职权主要有以下几个方面。

（一）修改宪法并监督宪法的实施

宪法是国家的根本大法，只有作为国家最高权力机关的全国人大才有权加以修改。宪法修改需经过特别的程序。要由全国人大常委会或全国人大五分之一以上的代表联名提出宪法修正案，并由全国人大代表三分之一以上的多数通过。宪法实施由全国人大监督保证宪法的权威性，保障宪法的顺利施行。

（二）制定和修改基本法律

宪法规定：全国人民代表大会有权对刑事、民事、国家机构和其他的基本法律进行制定和修改。基本法律涉及国家和社会生活中某一重大方面的根本性问题，其效力仅次于宪法，由全国人大制定和修改，有利于维护社会主义法制的统一性、稳定性和权威性，保障人民的利益和社会生活的安定。基本法律主要有刑法、刑事诉讼法、民法、民事诉讼法、全国人大组织法、国务院组织法，等等。

（三）选举、决定和罢免国家机关领导人

全国人大有权对全国人大常委会委员长、副委员长、秘书长和委员，国家主席、副主席，中央军事委员会主席，最高人民法院院长，最高人民检察院检察长等进行选举；全国人大以国家主席的提名为依据，对国务院总理进行决定；以总理提名为依据，对国务院副总理、国务委员、各部部长、各委员会主任、审计长、秘书长的人选进行选择决定；以中央军事委员会主席的提名为依据，对中央军委副主席、委员的人选进行选择。对于上述人员，全国人大主席团或者三个以上代表团或者十分之一以上的代表就可以提出对他们的罢免案，主席团审议罢免案后，提请大会全体会议审议，经全体代表的半数以上人数同意即获通过。

（四）决定国家重大问题权

全国人民代表大会对下列事项享有做出决定的权力：审查和批准国民经济和社会发展计划与计划执行情况的报告；审查和批准国家的预算与预算执行情况的报告；批准省、自治区、直辖市的建置；决定特别行政区的设立及制度；决定战争和和平的问题。

（五）最高监督权

全国人大可以通过以下形式行使监督权：在全国人大会议期间，全国人大听取并审议由其产生并对其负责的国家机关的工作报告和专题报告；根据宪法和有关组织法的规定，在全国人大开会期间，代表团 30 名以上代表联名可以提出书面质询案，受质询者必须做出解释和答复；全国人大代表有权通过视察来监督各国家机关的工作，可以及时反映问题，并要求有关部门解决或处理；全国人大及其常委会在认为有必要时，有权对一些特定问题进行调查，可以组织调查委员会，并且可以根据调查委员会的报告，对特定问题做出相应决议。

（六）应当行使的其他职权

以宪法规定为依据，在宪法没有明确规定但应由全国最高国家权力机关行使的职权可以由全国人民代表大会行使。这种保留性职权为全国人大在对国家发展和社会生活中新出现的重大问题进行处理时提供了宪法依据，这也是全国人大最高和全权地位的表现。

四、全国人民代表大会的会议制度和工作程序

（一）会议制度

全国人民代表大会通过举行全国人民代表大会会议来开展

工作。每年都要举行一次全国人民代表大会会议。

全国人民代表大会组织法规定,全国人民代表大会代表按原选举单位组成代表团,团长、副团长由代表团会议推举选出。在每次全国人民代表大会开会前代表团负责讨论全国人大常委会提交的有关会议的准备事项;在会议期间代表团对全国人大的各项议案进行审议;并可由代表团团长或推举的代表在会议上代表本团对议案发表相关意见。

全国人民代表大会的会议形式有预备会议、全体会议和小组会议等。大会一切准备就绪就召开正式的全国人民代表大会会议,一般是全体会议和小组会议并用,小组会议进行审议和讨论,大会听取报告或进行表决。

全国人民代表大会每次举行会议均由主席团主持。全国人大会议主席团是一个临时性机构,其成员由每次会议在预备会议上选举产生,主要是解决大会的程序问题。如,会议主席团推选常务主席、每次大会全体会议的执行主席;决定大会议程,决定国家机关或代表提出的议案是否列入大会议程;负责提名由全国人大选举的全国人大常委会组成人员及其他国家机关领导人的人选。全国人大会议主席团也有权提出议案。主席团设立秘书长,在秘书长领导下处理会务。

全国人民代表大会在开会时,除了全国人民代表大会代表参加会议外,还有法律明文规定的国务院和中央军委会的组成人员,最高人民法院院长和最高人民检察院检察长列席。其他国家机关、群众团体负责人,经主席团决定同意,可以出席会议。另外还有一项可称之为宪法惯例的做法:从1959年以来,每当全国人民代表大会开会时,全国政协也召开全体委员会议,并且全体委员列席全国人民代表大会会议。50多年来,这种不成文的做法在国内外产生了良好的、广泛的政治影响,应进一步发扬光大。

(二)工作程序

全国人民代表大会的工作主要是在会议上讨论、审议并通过议案。其法定程序是：

1. 提出议案

会议主席团决定全国人大会议主席团、全国人大常委会、全国人大各专门委员会、国务院、中央军事委员会、最高人民法院、最高人民检察院等相关部门人员是否列入会议议程。经由全国人大的一个代表团或者30名以上的代表联名，可以向全国人大提出属于全国人大职权范围内的议案，由会议主席团决定此议案是否列入会议议程，或者先将议案交给有关的专门委员会进行审议、由专门委员会提出相关意见，再决定是否列入会议议程。如果是提出罢免案，则有特殊规定。

2. 审议议案

议案主要由主席团或专门委员会进行审议。

3. 表决议案

议案经过审议后，会议主席团会对议案进行表决，表决可以采取投票、举手或其他方式。通过宪法修正案需由全体代表的2/3以上的多数同意，而法律和其他议案的通过表决人数达到全体代表的过半数即可。

4. 公布议案

议案通过之后，需要依法对外进行公布。由国家主席发布命令公布法律；由全国人民代表大会会议主席团或由国家主席发布命令予以公布选举结果及重要决议案。

（三）其他工作程序

全国人大代表向会议提出的各方面工作的建议、批评和意见，由全国人大常委会的办事机关交相关机关、组织研究并对其进行处理，并负责在大会闭会之日起3个月内，最晚在6个月内要对相关建议、批评和意见进行答复。代表对答复不满意的,可以提出意见,由全国人大常委会办事机构交由相关机关、组织或者其他上级机关、组织再次对其进行研究处理,并负责答复。

在全国人大会议召开的这段时间,一个代表团或30名以上的代表联名可以通过书面提出关于国务院、国务院各部委、最高人民法院和最高人民检察院的质询案,由会议主席团决定将质询案提交受质询机关进行处理,受质询机关在会议召开期间进行答复。代表对受质询机关的答复不满意时,可经会议主席团决定,由受质询机关再作答复。会议主席团、各代表团和专门委员会在对议案和有关报告进行审议时,国务院或者其他有关机关的负责人应当到会,听取意见,回答询问,并可以对有关议案作补充说明。询问是全国人大代表为了解某一问题要求有关国家机关及其工作人员进行说明情况。询问不要求特定的联名人数,受询问的机关只需在代表团会议或代表小组会议上进行说明。

在全国人大会议召开期间,全国人大常委会的组成人员,中华人民共和国主席、副主席,国务院组成人员,中央军事委员会的组成人员,最高人民法院院长和最高人民检察院检察长提出辞职申请的,由大会主席团将其辞职申请交各代表团进行审议,提请大会全体会议进行表决;在全国人大闭会期间提出辞职申请的,由全国人大常委会委员长将其辞职请求提请全国人大常委会会议进行审议决定。如果全国人大常委会决定接受上述有关人员辞职的,应向全国人大下次会议进行报请确认。

全国人大会议主席团、3个以上的代表团或者十分之一以上的代表,可对全国人大常委会组成人员,中华人民共和国主席、副主席,国务院组成人员、中央军事委员会组成人员、最高人民法院院长和最高人民检察院检察长提出罢免案,由会议主席团交由各代表团进行审议,提请大会全体会议进行表决;或者由会议主席团提议,经大会全体会议表决,依法组织调查委员会进行调查并做出报告审议,由全国人大下次会议据报告审议进行决定。在罢免案里应当对相关罢免人员提出理由并提供相关的材料。被提出罢免的人员有权在大会全体会议表决之前在会议主席团会议和大会全体会议上提出申辩,或者书面提出申辩意见。

全国人大常委会组成人员、专门委员会成员的全国人大代表职务被原选举单位罢免的,其全国人大常委会组成人员、专门委员会成员的职务应当进行撤销。

五、全国人民代表大会常务委员会

(一)全国人大常委会的性质和地位

全国人民代表大会常务委员会(简称全国人大常委会),是全国人民代表大会的常设机关,是最高国家权力机关的组成部分,是行使国家立法权的机关,是在全国人民代表大会闭会期间行使部分最高国家权力的机关。它是全国人大的组成部分,受全国人大的领导和监督,对全国人大负责并报告工作,对于其不适当的决定全国人大有权进行改变或撤销。但全国人大常委会又高于其他国家机关,在全国人大闭会期间,最高国家行政机关、审判机关、检察机关对全国人大常委会负责并报告工作。全国人大常委会制定的法律、通过的决议,其他国家机关都必须遵守执行。

(二)全国人大常委会的组成和任期

根据我国宪法规定:全国人大常委会的组成人员主要有委员长一人、副委员长若干人、秘书长一人和委员若干人。其组成人员在每届全国人大举行第一次会议时从代表中选举产生,应当有适当名额的少数民族代表。

委员长是全国人大常委会和委员长会议的核心人物。委员长主持全国人大常委会的工作,他有权召集全国人大常委会会议。副委员长、秘书长协助委员长工作,副委员长受委员长的委托,可以代行委员长的部分职权。在国家主席、副主席缺位时,全国人大补选之前,由委员长暂时代理国家主席的职位。

全国人大常委会的任期同全国人大的任期相同,每届任期5年。其任期从每届全国人大第一次会议选出本届常委会起,至下届全国人大选举产生新的常委会为止。遇到非常情况而依照法定程序延长本届全国人大的任期时,全国人大常委会的任期便随之延长。委员长、副委员长连续任职最多两届。

(三) 全国人大常委会的职权

1. 解释宪法、监督宪法的实施以及行使立法权

全国人大常委会有权对宪法进行具有法律效力的解释,同时和全国人大一起监督宪法的实施。根据《宪法》《香港特别行政区基本法》和《澳门特别行政区基本法》的规定,全国人大常委会不仅有对这两个基本法的解释权,而且有权解释全国人大及其常委会制定的其他法律。同时,全国人大常委会有权制定和修改应当由全国人大制定的基本法律以外的其他法律。而根据我国《立法法》的规定,全国人大常委会对于法律规定需要进一步明确具体含义或者法律制定后出现新的情况需要明确适用法律依据的,有权做出法律解释。

2. 人事任免权

在全国人大闭会期间,全国人大常委会以国务院总理的提名为依据,对部长、委员会主任、审计长、秘书长的人选进行决定选择;以中央军事委员会主席的提名为依据,对中央军事委员会其他组成人员的人选进行选择任免;以最高人民法院院长的提请为依据,对最高人民法院副院长、审判员、审判委员会委员和军事法院院长进行任免;以最高人民检察院检察长的提请为依据,对最高人民检察院副检察长、检察员、检察委员会委员和军事检察院检察长进行任免,省、自治区、直辖市人民检察院检察长的任免以及驻外全权代表的任免都由全国人大常委会进行决定。

3. 国家某些重大事项的决定权

全国人大常委会在全国人大闭会期间,有权对国民经济和社会发展计划进行审查和批准,有权对于国家预算在执行过程中的调整方案进行审查和批准;对于是否同外国缔结的条约或协定有权进行批准和决定;对于军人和外交人员的衔级制度和其他专门衔级制度有权进行规定;对于是否进行特赦有权决定;有权在国家遇到侵犯时宣布战争状态;有权决定全国总动员或者局部动员;有权决定全国或个别省、自治区、直辖市是否进入紧急状态等。

4. 监督权

全国人大常委会有权对国务院、中央军委、最高人民法院、最高人民检察院的工作进行监督。

5. 全国人民代表大会授予的其他职权

全国人大常委会是全国人大闭会期间的常设机关,这是全国人大常委会更好地行使职权的宪法依据。

(四)全国人大常委会的会议制度

全国人大常委会是合议制机关,主要工作方式是举行会议并通过决议。由委员长主持全国人大常委会的工作,召集全国人大常委会会议。全国人大常委会会议有两种形式:一是常委会全体会议。一般每两个月举行一次,必要时可召开临时会议。会议由委员长召集和主持,常委会全体组成人员参加,过半数出席才可开会,全体成员过半数赞成方能通过决议。二是委员长会议。由委员长、副委员长和秘书长参加,主要是决定常委会每次会议的会期,拟定会议议程草案;将提出的议案和质询案交由有关的专门委员会审议或提请常委会全体会议审议;指导和协调各专门委员会的日常工作;处理常委会其他重要日常工作。委员长会议不

第四章　现行宪法的中央国家机构

能代行常委会全体会议。

(五) 全国人大常委会的工作机构

全国人大常委会除设立秘书处、办公厅、法制工作委员会等办事机关外，还设有以下专门的工作机构。

1. 代表资格审查委员会

代表资格审查委员会是常委会设立的专门对代表资格进行审查的常设机构，其成员构成为全国人大代表。代表资格审查委员会由主任委员、副主任委员若干人和委员若干人组成。审查方式是对新选出或补选的代表名单进行资格条件审查后，向全国人大常委会提出审查结果的报告。全国人大常委会根据审查报告确定代表资格是否有效，并在每届全国人大第一次会议前公布代表名单。

2. 香港特别行政区基本法委员会和澳门特别行政区基本法委员会

这两个委员会分别是在1990年和1993年设立的，其性质是全国人大常委会下设的工作委员会。其职责就是为全国人大常委会解释基本法提供一些必需的咨询意见，对修改基本法的议案进行研究并提出相应地意见的建议。

六、全国人民代表大会的专门委员会

(一) 全国人民代表大会专门委员会的性质和地位

专门委员会是全国人民代表大会的常设性工作机构，是全国人民代表大会的组成部分，在全国人大闭会期间，由全国人大常委会对其进行领导。它是从全国人民代表大会代表中选举出一些代表，按照专业分工而组织的工作机构，不是独立的国家机关，不能对外发号施令。其职责主要是帮助全国人大及其常委会对议案进行审议和拟定,完成全国人大或者全国人大常委会所交给的任务,向全国人大及其常委会提出意见、建议或议案。

依据宪法的规定,全国人大及其常委会如果认为有必要,还可以组织对于特定问题的调查委员会。调查委员会是一种临时机构,任务完成后随即撤销。根据全国人大议事规则,全国人大主席团、三个以上代表团或 1/10 以上的代表联名提出,由主席团提请大会通过,可以成立特定问题的调查委员会。

(二)全国人民代表大会专门委员会的组成和任期

专门委员会由主任委员、副主任委员和委员若干人组成,由每届大会主席团从代表中提名,由代表大会全体会议表决决定。大会闭会期间,全国人大常委会可补充个别副主任委员和部分委员。专门委员会根据工作需要,可由全国人大常委会任命非人大代表专家若干人为顾问。全国人大各专门委员会的任期与全国人大任期一致,即为 5 年。

(三)全国人民代表大会专门委员会的工作任务

根据宪法和法律的规定,全国人大各专门委员会主要开展以下工作:一是对全国人大主席团或全国人大常委会提交的议案进行审议;二是向全国人大主席团或全国人大常委会提出属于全国人大或全国人大常委会职权范围内同本委员会有关的议案;三是审议全国人大常委会交付的被认为同宪法、法律相抵触的国务院的行政法规、决定和命令,国务院各部、各委员会的命令、指示和规章,省级人大及其常委会的地方性法规和决议,并提出报告;四是审议全国人大主席团或全国人大常委会交付的质询案,听取受质询机关对质询案的答复,必要时向全国人大主席团或全国人大常委会提出报告;五是对属于全国人大或全国人大常委会职权范围内同本委员会有关的问题进行调查研究,提出建议。

此外,专门委员会各自还有其他特殊职能,如:民族委员会负责起草有关民族方面的法律草案;财政经济委员会负责审查国民经济和社会发展计划、预算及其执行情况的报告,等等。

七、全国人民代表大会代表

(一)全国人大代表的性质和地位

全国人民代表大会的代表是依照法律的规定选举产生的最高国家权力机关的组成人员,代表全国人民的利益和意志,依据宪法和法律参与行使国家权力、管理国家事务。全国人大代表每届任期5年。

(二)全国人大代表的工作

根据宪法、全国人民代表大会组织法、"代表法"的规定,全国人大代表在全国人大期间的工作主要有:①应当按时出席本级人民代表大会会议;②参加大会全体会议、代表团全体会议、小组会议,对列入会议议程的各项议案和报告进行审议;③有权依照法律规定的程序向本级人民代表大会提出属于本级人民代表大会职权范围内的议案。提出的议案应当表明议案的理由,提出相关的案据和方案;④有权依照宪法规定的程序向全国人大提出修改宪法的议案;⑤参加本级人民代表大会的各项选举。

全国人大代表在闭会期间的活动以集体活动为主,以代表小组活动为基本形式。全国人大代表在闭会期间的工作主要有:①通过多种方式听取、反映原选举单位的意见和要求;②在全国人大常委会或地方各级人大常委会协助下,可以按照便于组织和开展活动的原则组成代表小组,参加地方各级人大代表的代表小组活动;③根据全国人大常委会的统一安排,对本级或者下级国家机关和有关单位的工作进行视察;④根据相应的安排,围绕经济社会发展和关系人民群众切身利益、社会普遍关注的重大问题,进行专题调研工作;⑤有权依照法律规定的程序提议临时召集全国人民代表大会会议;⑥可以应邀列席全国人大常委会会议,参加全国人大常委会组织的执法检查和其他活动,可以应邀列席全国人大各专门委员会会议,可以列席原选举单位的人民代表大会会议,并可以应邀列席原选举单位的人民代表大会常务委员会会议;⑦根据全国人大或者全国人大常委会的决定,参加关于特定问题的调查委员会;⑧在全国人大闭会期间,有权向全国人大常委会提出对各方面工作的建议、批评和意见。

(三)全国人大代表履行职责的保障

全国人大代表作为全国人民的最高代表担负着重要的职责,宪法和法律赋予其特殊的权利保障。

1.言论免责权

《宪法》第75条和"代表法"第31条规定:全国人大代表在全国人民代表大会各种会议上的发言和表决不受法律追究。所谓"不受法律追究"就是不受任何法律规定的处分,任何单位和个人都不得引用任何法律、法规、规章处理代表在全国人大会议上的发言和表决;任何制定旨在追究代表在人民代表大会上的言行的法律规范性文件都是违宪的。

2.人身特别保护权

非经特别程序,不得剥夺全国人大代表的人身自由。法律规定,全国人大代表非经全国人大主席团许可,在全国人大闭会期间非经全国人大常委会许可,不受逮捕或刑事审判;代表如因是现行犯被拘留,执行拘留的机关应当立即向全国人大主席团或全国人大常委会报告。对代表采取除逮捕和刑事审判以外的限制人身自由的措施,也须经全国人大主席团或全国人大常委会许可。

3.物质便利权

全国人大代表在出席全国人大会议和履行其他属于代表职责范围内的责任时,国家应依法给予适当的补贴和物质条件上的便利。

(四)全国人大代表的义务

根据宪法和法律的规定,全国人大代表必须履行以下相应的义务。

第一,做遵守宪法和法律的楷模,对国家秘密要尽到保护的责任和义务,在自己的工作、生活和社会活动中,要协助宪法和法律得到很好的实施。

第二,对本级人民代表大会召开的会议要按时出席,对大会中的各项议案、报告和其他议题等要认真进行审议,发表自己的意见和建议,做好自己的相关工作,保障会议能够顺利进行。

第三,对于统一组织的视察、专题调研、执法检查等履职活动代表要积极参加。

第四,要加强自己的学习能力和调查研究能力,从而不断提高代表履职能力。

第五,代表要密切联系原选区选民或者原选举单位和人民群众,要广泛听取和反映他们的意见。

第六,对于社会公德代表要自觉遵守,保持公道,认真勤勉,廉洁奉公。

(五)停止执行代表职务和代表资格终止

根据法律的规定,代表出现以下情形时,暂停执行其代表职务:①由刑事案件被羁押正在受侦查、起诉、审判的;②被依法判处管制、拘役或者有期徒刑而没有附加剥夺政治权利,正在服刑的。以上情况在代表任期内消失后,要恢复代表职务,但代表资格终止者不包括在内。

终止代表资格的情况主要包括以下六种:①代表自己主动辞职被接受的;②未经批准两次不出席全国人大会议的;③被罢免的代表终止其资格;④因各种原因失去中华人民共和国国籍的;⑤依照法律被剥夺政治权利的;⑥丧失行为能力的。

代表因故出缺的,由原选举单位补选。省、自治区、直辖市人大常委会在本级人大闭会期间,可以补选个别出缺的代表。

八、契合十八届三中、四中全会要求加强人大制度建设

党的十八届四中全会决议指出:"全面推进依法治国,总目标是建设中国特色社会主义法治体系,建设社会主义法治国家。""人民代表大会制度是保证人民当家做主的根本政治制度。""健全有立法权的人大主导立法工作的体制机制,发挥人大及其常委会在立法工作中的主导作用。"可以说人大制度的健全与否,人大职能发挥的是否充分直接关系到社会主义法治建设和社会主义民主政治建设的成败。我国现阶段全国人大职能的充分发挥还需要不断努力。充分发挥人大职能具体来说包括以下两个方面的措施。

(一)理顺人大与党组织以及其他国家机关之间的关系

中国共产党是我国的执政党,人大接受党的领导对于其保持正确的政治方向是不可或缺的,但是不能以党的领导来代替人大的作用,更不能认为人大职能的充分发挥就是对党的领导的否定.党的领导是政治、组织和思想上的领导。各级党委使人大在宪法与法律的范围内活动,就可以做到人大工作与党的宗旨保持一致,实现人民当家做主。根据宪法的规定,政府是人大的执行机关,由人大产生,对人大负责,受它监督。现实中与文本的规定还有相当大的差距,这就需要人大充分发挥其职权,真正将任免权、财政权以及监督权等充分行使,以保证人大对政府的制约,实现法治政府的建设。

(二)人大自身的建设

1.人大的会期制度

我国存在的一个问题是人大会期太短,自1978年以来全国

人大的会期平均不足半个月，相对于西方发达国家的会期一般为半年明显偏少。到2014年全国人大会期更是缩短到8天半，一些地方的会期更少，以广东省为例，从2012年到2014年会期分别为5天、7天和5天，这么短的会期要听取"一府两院"的工作报告、完成预算、实现对国家机关工作人员的任免、审议法案等诸多职能明显是不够的。所以人大会期的保障对于人大职能的充分发挥是不可或缺的，因此有必要延长人大会期，而不是不断减少。

2. 人大专门委员会的建设

目前全国人大有9个专门委员会，专委会虽然只是人大的辅助性机构，但是在专业分工越来越细、社会问题日趋复杂和人大会期过短的现实情况下，专门委员会的作用就不言而喻显得十分重要。各地方人大也存在类似情况，专门委员会设置过少或者机构重叠或者职能划分不清，这些都对人大职能的充分发挥产生了消极的影响。所以有必要加强人大专委会的建设，增设机构，制定议事规则，赋予必要的职权。

3. 人大代表的素质提高

人大代表素质的高低直接影响人大职能的发挥，2013年年初曝光的湖南人大代表贿选案就是一个典型事例，很多人将人大代表看成一种荣誉头衔，能给他们带来很多荣誉，因为依照宪法、法律之规定，人大代表有言论免责权和特殊的人身保障权。人大代表非经特定程序，不受随意逮捕和拘留，社会俗称此种法定特权为人大代表的"护身符"，很多人对此十分看重。但是，各级人大代表被定位为人民派往各级人大的使者，是代表人民行使当家做主权力的人。依循人大代表选举法的规定，人大代表必须经过民主选举方式产生，必须具有广泛性、代表性、先进性。所以人大代表必须要真实的反映民意，真正成为人民的代表。这就需要候选人之间存在竞争。我国不搞资产阶级竞选的方式，但是根据选举法的规定我国人大代表实行差额选举，这就允许候选人之间存在竞争,只有候选人之间存在竞争选民才能挑选最合适的人选,使选出来的代表真正能够代表他们的利益。同时还要提高代表的素质,注意代表的人员组成,提高议事能力。

第二节 中华人民共和国主席

一、国家元首概述

国家元首是国家的首脑,是国家对内对外的最高代表。世界各国都有元首的设置,元首根据本国宪法规定行使属于国家元首职权范围内的职权。

(一)元首的特征

综观世界各国元首,他们具有以下一些共同特征。

1. 对外代表国家

元首对外代表国家,往往是一国的宪法或法律所确定的,也是国际法公认的准则。在国与国的对外交往中,以国家元首享有最高的代表权。

2. 居于国家机构的首脑部分

元首是国家机构的有机组成部分,无论是实权或虚权元首,总是处在国家机构的首脑部分。

3. 根据宪法行使元首职权

元首的基本职权一般包括公布法律权、发布命令权、统率武装力量权、任免官吏权、外交权、赦免权、荣典权等。

第四章 现行宪法的中央国家机构

4.享有礼仪上的特殊待遇

元首是主权国家的代表和象征,必然受到本国国民和外国的极大尊重。在国际交往中,元首出国访问,往往享有最高规格的国家礼遇,这已成为国际惯例。

(二)元首的类型

元首制度已成为国家宪法制度的重要组成部分。根据不同的标准,国家元首可以划分为不同的类型。

1.以政体为标准,国家元首可以分为君主制元首与共和国制元首

君主制国家的元首实行世袭制,终身任职。有的称国王,如英国、泰国、沙特、摩洛哥等;一些伊斯兰国家称君主为苏丹,有的国家称大公(卢森堡)、埃米尔(科威特)、天皇(日本)。在共和制国家中,国家元首一般由选举产生,有一定的任期限制。有的元首称总统(美国、德国、法国、俄罗斯)、主席(社会主义国家)。

2.以权力行使状态为标准,国家元首可以分为实权元首和虚权元首

实权元首是指国家元首既是对内、对外的最高代表,又是政府首脑,拥有广泛的职权。如总统制国家的总统以及二元君主制国家的国王。虚权元首是指国家元首虽是对内、对外的最高代表,但却只能根据内阁和议会的决定来行使权力,国家元首本身没有实际的权力。议会君主立宪制国家的国王以及议会内阁制国家的总统均属于虚权元首。

3.以元首本身的组织构成为标准,可分为个体元首和集体元首

个体元首是由一人独任国家元首职务、行使元首的职权,如

· 99 ·

英国的女王、俄罗斯的总统等。凡由二人以上组成合议制的机关,由其全体成员共同担任国家元首职务和行使元首职权,为集体元首。集体元首的成员基本上地位平等,拥有同等的权力,轮流充任主席。瑞士是其典型代表。

我国国家元首制度主要体现为国家主席制度。

二、我国国家主席制度的历史沿革

新中国成立初期,由中国人民政治协商会议第一次全体会议选举产生的中央人民政府委员会,既是国家最高的政权机关,又是享有国家元首职权的机关。中央人民政府主席主持中央人民政府委员会会议,领导中央人民政府的工作。政务院在中央人民政府委员会休会期间,对中央人民政府负责并报告工作。当时,中央人民政府主席既领导中央人民政府委员会的工作,又领导政府工作,任务十分繁重,在国家机关体系中处于非常重要的首脑地位。

1954年宪法在总结了新中国成立初期建设国家最高权力机关实践经验的基础上,根据当时的实际情况,设置了中华人民共和国主席,并对国家主席的产生、任期和职权及其在国家中的地位作了明确的规定。1954年宪法规定:中华人民共和国主席由全国人民代表大会选举产生,对外代表中华人民共和国。国家主席根据全国人民代表大会和其常务委员会的决定,公布法律、任免国家机关工作人员等。刘少奇同志在1954年宪法草案报告中指出,我们的元首职权是由全国人民代表大会常务委员会和中华人民共和国主席结合起来行使的,因此我们国家的元首是集体元首。此外,国家主席担任国防委员会主席,统帅全国武装力量。同时,必要时国家主席还可以召集并主持最高国务会议,由主席、副主席、委员长、国务院总理和其他有关人员参加,共同商讨国家大政方针问题。国家主席根据宪法的这些规定行使权限,在国家政治生活中发挥着极为重要的作用。

1975年宪法取消了国家主席的设置,原来属于国家主席行使的大部分职权宪法均无规定,反映了当时政治生活极不正常的状态。1978年宪法仍然没有恢复国家主席的设置,而把1954年宪法规定的由国家主席行使的部分职权改由全国人民代表大会常务委员会委员长行使,有的职权则由中国共产党中央委员会行使。例如,总理的人选由中共中央委员会向全国人民代表大会提名;国家武装力量仍由中共中央主席统帅。这样,使得国家元首制度不明确,而且把党的领导机关和国家机关混同起来,助长了以党代政、党政不分的倾向,实际上削弱了党的领导。

1982年宪法恢复了国家主席的设置,并且有了新的发展。国家主席在国家机构体系中处于重要的地位,他的职权是其他国家机关不能代替的。国家主席对外代表国家。在国家坚持改革开放战略决策中,恢复国家主席设置,有利于促进国家之间正常的交往活动;对内有利于国家机关之间的分工,各行其职,克服党政不分、职责不明的弊端,也有利于实行民主集中制原则,防止个人专权,同时也符合我国各族人民的传统和愿望。

三、我国国家主席

(一)国家主席的性质和地位

中华人民共和国主席是我国国家机构的重要组成部分,是一个独立的国家机关。国家主席对内、对外代表国家,依法行使国家元首的职权。国家主席是我国国家统一的象征和国家主权的代表。

(二)国家主席的产生和任期

中华人民共和国主席、副主席由全国人民代表大会选举产生,具体程序如下:首先由全国人大会议主席团提出国家主席和副主席的候选人名单,然后经各代表团酝酿协商,再由会议主席团根据多数代表的意见确定正式候选人名单,最后由大会全体代表过半数选举产生国家主席和副主席。

《宪法》第79条规定:"有选举权和被选举权的年满四十五周岁的中华人民共和国公民可以被选为中华人民共和国主席、副主席。"因此,当选国家主席和副主席有三个基本条件:一是必须有选举权和被选举权,二是必须是中华人民共和国公民,三是必须年满45周岁。

中华人民共和国主席、副主席的任期与全国人民代表大会的任期相同,连续任职不得超过两届。国家主席缺位时由副主席继任;国家主席、副主席缺位时,由全国人民代表大会补选,补选之前的国家主席职位由全国人大常委会委员长暂时代行。全国人大常委会委员长暂时代行国家主席职位时的地位与国家主席相同,其所处理的各种国家事务具有同等的法律效力。

(三)国家主席的职权

根据宪法的规定,我国国家主席主要享有以下职权。

1. 公布法律、发布命令

国家主席根据全国人民代表大会和全国人民代表大会常务委员会的决定,公布法律。这是法律生效的最后一道程序。另外,根据全国人民代表大会和全国人民代表大会常务委员会的决定,主席可以发布命令,如特赦令、进入紧急状态令等。进入紧急状态是指国家遇到非常情况,在正常法制难以维持的情况下,为了恢复法律秩序,减少损失,在全国或局部采取的特殊的紧急措施。由国家主席宣布进入紧急状态,更具有威严和不可抗拒性。

2. 人事任免权

根据全国人民代表大会和全国人民代表大会常务委员会的决定,任免国务院总理、副总理、国务委员、各部部长、各委员会主任、审计长、秘书长。

3. 外交权

中华人民共和国主席代表中华人民共和国进行国事活动,接见外国使节;根据全国人大常委会的决定,派遣和召回驻外全权代表,批准和废除同外国缔结的条约和重要协定。

4. 荣典权

国家主席根据全国人大和全国人大常委会的决定,授予对国家有功勋的人员以勋章和荣誉称号。

我国现行宪法没有具体规定国家副主席的职权,但是明确规定了副主席的法律地位,即副主席协助主席工作,同时受主席的委托,可以代行主席的部分职权。此外,宪法对国家主席的继任和补选作了明确的规定,进一步完善了国家主席制度。

(四)现行宪法的国家主席制度的特点

与1954年宪法规定相比,现行宪法规定的国家主席制度具有以下特点。

1. 国家主席不再负有行政领导责任

现行宪法规定的国家主席和五四宪法规定的国家主席相比,不再担任最高国务会议主席职务,不参与行政工作,不负行政责任,国家的行政管理领导权由国务院行使。

2. 不再统帅武装力量

现行宪法设立中央军事委员会建置,"领导全国武装力量,是最高军事领导机关"。

3. 提高了当选年龄

现行宪法规定:"有选举权和被选举权的年满45周岁的中华人民共和国公民可以被选为中华人民共和国主席"。就当选年龄的规定较五四年宪法规定国家主席的当选年龄提高了10岁。这是因为国家主席要以国家最高代表的身份,在国内事务及国际交际中进行活动,他代表着国家的地位和尊严。这种重要职务,必须由政治上成熟、个人的阅历和经验十分丰富,且在国内外享有较高声誉和威望的人担任。

4. 实行了任期限任制

现行宪法规定,国家主席可以连选连任,但连续任职不得超过两届,这是以前宪法规定所没有的。限制国家主席的任职时间,有利于国家领导成员正常交替和更新,也可以消除国家领导职务的终身制。

第三节 国务院

一、我国最高行政机关的历史沿革

(一)新中国成立初期的政务院

新中国成立初期,根据《中央人民政府组织法》的规定,当时享有最高国家权力的中央人民政府委员会组织的政务院是最高政务执行机关。政务院不设国防部,不负责军事工作。政务院由中央人民政府委员会任命总理1人、副总理若干人、秘书长1人、政务委员若干人组成。政务委员可以兼任部长或委员会主任,非政务委员的部长、主任不是政务院的组成人员。政务院向中央人民政府委员会负责并报告工作。在中央人民政府委员会休会期间,它对中央人民政府委员会主席负责并报告工作。政务院总理主持政务院的工作,秘书长协助总理执行职务。政务院政务会议每周举行一次,由总理负责召集。政务会议必须有半数政务委员出席始得开会,须有过半数政务委员同意始得通过决议和命令。政务院下设政治法律、财政经济、文化教育、人民监察4个委员会和30个部、会、院、署、行。政务院的部、会、院、署、行,既受政务院领导,又要受专属的指导委员会领导。政务院实行委员会的集体领导制,这种领导关系对于完成新中国成立初期的繁重任务,是十分必要的。

(二)1954年宪法颁布后的国务院

1954年宪法规定,国务院即中央人民政府是最高国家权力机关的执行机关,是最高国家行政机关。国务院组成主要包括总理、副总理若干人、各部部长、各委员会主任和秘书长等。总理由国家主席提名,经全国人民代表大会决定,再由国家主席发布命令任命。国务院其他组成人员根据总理提名,由全国人民代表大会决定,再由国家主席发布命令任命。国务院规定的行政措施、发布的决议和命令,必须经过国务院的全体会议或常务会议通过。

1975年宪法、1978年宪法是在国家机构受到严重冲击,国家失去正常状态下制定的,宪法削弱了最高国家行政机关,国务院各部、委大幅度被撤销、合并。总理的人选,由中国共产党中央委员会提议,使以党代政、党政不分的弊端合法化。1978年宪法对国务院的规定和1975年宪法相比没有多少差别。

(三)1982年宪法规定的国务院

现行宪法总结了新中国成立以来最高国家行政机关建设的经验教训,对国务院的领导体制、职权范围等方面都做出了切实可行的规定。例如,规定国务院实行总理负责制,增设国务委员,设立审计机关,实行限任制等,这些规定使国家最高行政机关的建设进一步完善和加强,有利于行政工作效率的不断提高。

二、国务院的性质和地位

《宪法》第85条规定:"中华人民共和国国务院,即中央人民政府,是最高国家权力机关的执行机关,是最高国家行政机关。"这一规定表明了国务院的性质和它在国家机构中的地位。

(1)国务院是我国的中央人民政府在对外事务中,国务院以国家政府的名义活动,代表国家的主权。相对于地方各级人民政府而言,国务院是中央人民政府,统一领导地方各级人民政府的工作。

(2)国务院是最高国家权力机关的执行机关这是从它与最高国家权力机关之间的关系而言的。根据人民代表大会制度的原理,国务院的职能主要是执行权力机关通过的法律和决议。它从属于最高国家权力机关,由最高国家权力机关产生,并对它负责和报告工作。

(3)国务院是最高国家行政机关。所谓最高国家行政机关,是指国务院在全国范围内总揽国家最重要和最主要的行政事务,负责国家行政管理。它通过制定行政法规、规定行政措施、发布决定和命令,组织和管理国家事务,统一领导国家的行政工作。这表明了它在国家行政机关系统中处于最高领导地位。

三、国务院的组成和任期

宪法规定,国务院由总理、副总理、国务委员、各部部长、各委员会主任、审计长和秘书长组成。国务院是在每届新选出的全国人大第一次会议上产生的,其产生程序是:先由国家主席对总理人选进行提名,然后提交由全国人大全体会议决定,再由国家主席根据全国人大的决定,发布总理的任职命令。国务院其他组成人员的人选,由国务院总理提名,由全国人大全体会议决定,再由国家主席发布任职命令。在全国人大闭会期间,经总理提名,全国人大常委会有权决定各部部长、各委员会主任、审计长和秘书长的人选。

国务院每届任期与全国人大的任期相同,均为 5 年,如全国人大因特殊情况延长任期,国务院的任期也相应地延长。宪法规定,总理、副总理和国务委员连续任职最多两届。

四、国务院的领导体制

国务院的领导体制经历了一个历史发展过程,从新中国成立初期政务院的委员会制到1954年宪法规定的部长会议制,发展到现行宪法规定的总理负责制。其主要内容包括:①国家主席根据全国人民代表大会的决定任命总理,表明总理受命于国家,接受人民的委托,担负起领导国务院的责任。②全国人民代表大会根据总理的提名,决定国务院其他组成人员的人选,表明总理对国务院的责任和在国务院中的领导地位。③总理召集、主持国务院常务会议和国务院全体会议。④国务院发布的决定、命令和行政法规,向全国人大及其常委会提出的议案等,均由总理签署。⑤总理代表国务院向全国人民代表大会报告工作。

与国务院实行总理负责制一样,国务院各部、各委员会实行部长或主任负责制。具体表现为,部长或主任领导本部门的工作,召集和主持部务会议或委员会会议。副部长、副主任协助部长和主任工作。根据法律和国务院的决定,主管部委可以在本部门的权限范围内发布命令、指示和规章,由部长或委员会主任签署。

五、国务院的会议制度

我国《国务院工作规则》规定:"国务院工作中的重大事项,必须经国务院全体会议或国务院常务会议讨论决定。"国务院的主要会议形式主要有两种:一是国务院全体会议,二是国务院常务会议。

全体会议由国务院总理、副总理、国务委员、各部部长、各委员会主任、审计长和秘书长组成。一般每两个月召开一次,通常由总理召集或者由总理委托副总理召集。总理确定相关的会议议题,主要讨论和部署国务院的重要工作,或者通报国内形势和协调各部门的工作。

国务院常务会议由国务院总理、副总理、国务委员和秘书长组成。通常国务院常务会议要每周召开一次,由总理召集或者由总理委托副总理召集。由总理确定每周的会议议题,主要对国务院工作中的重大问题进行讨论和做出决定。

此外,还有总理办公会议和省长会议。总理办公会议主要是研究和处理国务院日常工作中的重要问题。省长会议主要是为了部署国务院的工作,就重大问题征询各省人民政府。

六、国务院的职权

当前来看,国务院的职权主要有六个大的方面。

第一,根据宪法和法律,规定行政措施,制定行政法规,发布决定和命令。国务院作为最高国家权力机关的执行机关,在执行法律的过程中,有必要根据实际出现的特殊情况,做出行政决策,发布规范性文件。这种由最高国家行政机关为了贯彻执行法律而颁布的规范性文件,就是行政法规。

第二,向全国人大和全国人大常委会提出议案。国务院所提议案的范围包括:法律案、预算案、任免案、条约案、国民经济和社会发展计划案,以及在国务院职权范围内,必须由最高国家权力机关审议和决定的其他事项。

第三,对所属各部、委和地方各级行政机关的领导、监督权。

第四,对全国各项行政工作的管理权。我国现行宪法规定:编制和执行国民经济和社会发展计划和国家预算;领导和管理经济工作和城乡建设;领导和管理教育、科学、文化、卫生、体育和计划生育工作;领导和管理民政、公安、司法行政和监察等工作,等等。

第五,对行政人员的任免、奖惩权。国务院有权按照宪法、国务院组织法、国家机关工作人员奖惩条例等有关法律,审定行政机关的编制,任免国家行政机关的领导人员,奖惩工作人员,培训、考核行政人员。

第六,国家最高权力机关授予的其他职权。由于国家行政事务复杂,为保证高效率的进行管理,现行宪法规定了此项权利。

七、国务院所属部委及其他机构

国务院下设的行政机构按其职能来分,大约有以下几类。

(一)各部、各委员会

国务院所属的部和委员会是国务院为完成全国范围内的各项组织和管理任务而设立的分管某一方面行政管理工作的国务院工作部门,国务院管理全国性的行政工作主要由它们具体承担。各部设部长1人,副部长2至4人;各委员会设主任1人,副主任2至4人,委员5至10人。部长、主任由国务院总理提名,经全国人大或全国人大常委会决定,国家主席任命。部长和主任是国务院的组成人员,统一领导本部门的工作。各部、各委员会的设立、合并和撤销,由国务院总理提出意见或建议,由全国人民代表大会决定;在全国人大闭会期间由全国人大常委会决定。各部、各委员会实行部长、主任负责制。

(二)审计机关

现行宪法规定,国务院设立审计机关,审计监督国务院各部门和地方各级人民政府的财政收支以及对国家的财政金融机构和企事业组织的财务收支。为保障审计机关的工作顺利,我国现行宪法还规定,"审计机关在国务院总理领导下,依照法律规定独立行使审计监督权,不受其他行政机关、社会团体和个人干涉。"

(三)直属机构

国务院根据工作需要和精简的原则,可以设立若干主管各项专门业务的直属机构。直属机构的设立由国务院决定,直属机构的负责人由总理任命,不属国务院组成人员,因此,直属机构的法律地位低于各部、委。当前国务院设立的直属机构有国家物价局、国家工商管理局、国家海洋局等二十多个直属单位。

(四) 国务院办公厅

协助国务院领导处理国务院日常工作的综合性办公机构。办公厅由秘书长领导,并设副秘书长若干人协助秘书长工作。秘书长作为总理领导国务院工作的助手,属于国务院的组成人员,有权参加国务院的全体会议和常务会议。

八、结合十八大以来的决策和实践,加强法治政府建设

十八届四中全会决议指出:"创新执法体制,完善执法程序,推进综合执法,严格执法责任,建立权责统一、权威高效的依法行政体制,加快建设职能科学、权责法定、执法严明、公开公正、廉洁高效、守法诚信的法治政府。"法治政府的建设是我国社会主义法治建设的重中之重。新中国成立以来,经过几次改革应该说我国的政府建设取得了一定的成就,但是离法治政府的目标还有相当大的差距。法治政府的建设包括以下几个方面的内容。

(一) 精简政府机构

政府机构臃肿不利于提高行政效率,也会增加纳税人的负担。我国政府机构庞杂一直为人们所诟病,新中国成立初期政务院只设立三十个部、院、会、署、行。到了改革开放初期,国务院下设100个部、委和直属机构、办事机构,每个部委少则十几个副职,多的二十几个。经过几次改革,截至2013年包括国务院办公厅在内国务院共有26个组成部门,相对于以前部委数量是大大减少。但是历史上我国进行了多次机构改革,经常是精简之后膨胀、再精简再膨胀这样的恶性循环。实践表明真正的政府机构精

简不是单纯地减少政府机构,关键是要转变政府职能,将社会能够自己解决的事项交给社会自行调节,这样既能够培育社会组织也能够真正实现机构的精简。

(二)坚持依法行政

依法行政要求政府的所有行为都要有法律依据,十八届四中全会决议指出,完善行政组织和行政程序法律制度,推进机构、职能、权限、程序、责任法定化。行政机关要坚持法定职责必须为、法无授权不可为,勇于负责、敢于担当,坚决纠正不作为、乱作为,坚决克服懒政、怠政,坚决惩处失职、渎职。行政机关不得法外设定权力,没有法律法规依据不得做出减损公民、法人和其他组织合法权益或者增加其义务的决定。推行政府权力清单制度,坚决消除权力设租寻租空间。

同时政府的组织也要依法进行,依照《国务院组织法》第9条,各部设部长一人,副部长二至四人。各委员会设主任一人,副主任二至四人,委员五至十人。但是实践中不完全如此,国家发改委就有11名副主任。这就明显违反了国务院组织法的规定。全民守法首先要政府带头守法,法治应当首先是规制公权力,在我国尤其是政府权力的运行。

(三)转变政府职能,建设服务型政府

长期以来我国实行计划经济,时至今日我国还在受计划经济体制和思维的影响。许多本应该由私人和市场自主管理、调节的事项都由政府代办,而很多该管理的事项未能管好。"计划经济是人治最好的土壤。可以说,计划经济本能地、内在地要求人治。"[①]全能型政府不利于市场的建设也不利于社会组织的成长,同时会造成权力寻租空间增大。十八届三中全会指出要让市场在资源配置中起决定性作用,这就更有利于市场经济的完善,也

---

① 江平.完善市场经济法律制度的思考[J].中国法学,1993(1).

有利于转变政府职能,使全能型政府转变为服务型政府,使政府更好地为社会、企业、公民提供服务,整合有限的社会资源,提高行政效率,降低行政成本,提高政府的公信力,减少权力寻租的空间和权力滥用的机会。

第四节　中央军事委员会

一、我国中央军事领导机关的历史沿革

中国人民解放军是中国共产党缔造和领导的人民军队。按照马克思主义的原理,军队是国家机器中的重要组成部分。中华人民共和国诞生后,人民的军队就自然地成为国家的军队。新中国成立初期,共同纲领明确规定:"人民解放军和人民公安部队,受中央人民政府人民革命军事委员会统率。"人民革命军事委员会是国家最高军事领导机关,它由主席、副主席若干人、委员若干人组成。1954年宪法在国家机构中规定设立国防委员会,中华人民共和国主席统帅全国武装力量,担任国防委员会主席。这就表明,在新中国成立初期和以后的一个较长时间内,军队的最高领导机关是国家机构的组成部分。1975年宪法和1978年宪法取消了国防委员会的设置,规定由中国共产党中央委员会主席统帅全国武装力量,这一规定使军队在国家体制中的地位不够明确,混淆了政党职能和国家职能。现行宪法纠正了"军党一元化"和以党代政的不正常做法,规定设立中央军事委员会领导全国武装力量,重新把军事领导机关作为国家机构的重要组成部分,明确了军队在国家体制中的法律地位,使国家制度进一步完善,有利于加强国家武装力量的建设。

二、中央军事委员会的性质、地位、组成及任期

中央军事委员会的性质是全国武装力量的领导机关,是中央国家机关体系中的一个独立机构。同时,它从属于全国人民代表大会,对全国人大及其常委会负责。

《宪法》第 62 条第 6 项规定,全国人民代表大会选举中央军事委员会主席;根据中央军事委员会主席的提名,决定中央军事委员会其他组成人员的人选。第 67 条规定,在全国人大闭会期间,全国人大常委会根据中央军事委员会主席的提名,决定中央军事委员会其他组成人员的人选。并且全国人大常委会监督国务院、中央军事委员会、最高人民法院和最高人民检察院的工作。第 93 条第 1 款规定:中央军事委员会领导全国武装力量。第 94 条规定:中央军事委员会主席对全国人大和全国人大常委会负责。但是宪法并没有规定中央军事委员会或其主席向全国人大及其常委会报告工作,这是军事行动的国家机密性所致。

根据《宪法》第 93 条第 2 款的规定,中央军事委员会由主席及副主席、委员若干人组成。中央军事委员会每届任期 5 年。中央军事委员会实行主席负责制。由军委主席领导中央军事委员会组成人员。

三、中央军事委员会的职权

宪法虽然没有明确列举中央军事委员会的职权,但是基于其相对独立的国家机关地位,中央军事委员会的职责应该主要体现为领导全国武装力量,享有对国家武装力量的决策权和指挥权。根据宪法、兵役法、国防法、立法法、反分裂国家法等有关法律,中央军事委员会主要享有以下职权:第一,对全国武装力量进行统一指挥;第二,决定军事战略和武装力量的作战方针;第三,对中国人民解放军的建设进行领导和管理,制定相关的规划、计划并

组织其实施;第四,向全国人大或者全国人大常委会提出议案;第五,根据宪法和法律,做好军事法规的制定,发布决定和命令;第六,对中国人民解放军的体制和编制做好规划,对总部以及军区、军兵种和其他军区级单位的任务和职责做好规定;第七,依照法律、军事法规的规定,对武装力量成员进行任免、培训、考核和奖惩工作;第八,批准武装力量的武器装备体制和武器装备发展规划、计划,协同国务院对国防科研生产工作进行领导和管理;第九,会同国务院对国防经费和国防资产进行管理;第十,法律规定的其他职权。

　　事实上,中央军事委员会还享有军事行政管理方面的权力。如六届全国人大二次会议通过的《中华人民共和国兵役法》第6条规定:"现役军人和预备役人员,必须遵守宪法和法律,履行公民的义务,同时享有公民的权利;由于服兵役而产生的权利和义务,除本法的规定外,另由军事条令规定。"该法第7条还规定,"现役军人必须遵守军队的条令和条例"。另外,《立法法》第93条规定:"中央军事委员会根据宪法和法律,制定军事法规。"可见,中央军事委员会享有一定的军事立法权。

第五章 现行宪法的地方国家机构

在我国,地方国家机构是中央国家机构的对称,由地方各级人民代表大会、人民政府、人民法院和人民检察院等地方国家机关共同构成,它们在中央的统一领导下,分级、分工行使国家权力。

第一节 地方各级人民代表大会与地方各级人民政府

一、地方各级人民代表大会

(一)性质和地位

宪法规定:地方各级人民代表大会指省、直辖市、县、市、市辖区、乡、民族乡、镇的人民代表大会。地方各级人民代表大会是地方国家权力机关。它在整个国家机构体系中占有重要的位置,同全国人民代表大会一起构成了我国国家权力机关体系。

地方各级人民代表大会在地方国家机关体系中居于主导地位,在本行政区域内保证宪法、法律、行政法规的遵守和执行,依法决定本行政区域内的重大事项,同级人民政府、人民法院、人民检察院由它产生、对它负责、受它监督。地方各级人民代表大会统一行使本行政区域内的国家权力,不受同级其他国家机关的制约,也不允许同级其他国家机关与其保持权力平衡。

(二)组成和任期

地方各级人民代表大会由地方行政区域内人民选出的代表组成。省、直辖市、设区的市的人民代表,由下一级人民代表大会选举产生;县不设区的市、市辖区、乡、民族乡、镇的人民代表,由选民直接选举产生。

1. 各级人大代表组成的比例

①县人民代表大会代表的名额,按照农村每一代表所代表的人口数4倍于城镇每一代表所代表的人口数的原则进行分配;②直辖市、市、市辖区的农村每一代表所代表的人口数之比,应多于市区每一代表所代表的人口数;③省人民代表大会代表的名额,按照农村每一代表所代表的人口数4倍于城市每一代表所代表的人口数的原则进行分配。

2. 地方各级人民代表大会代表名额

①省、直辖市的代表名额基数为350名,省每15万人可以增加1名代表;②设区的市的代表名额基数为240名,每25000人可以增加1名代表;③县、不设区的市、市辖区的代表名额基数为120名,每5000人可以增加1名代表;④乡、民族乡、镇的代表名额基数为40名,每1500人可以增加1名代表。

省、直辖市、设区的市和县、不设区的市、市辖区、乡、民族乡、镇的人民代表大会,每届任期均为5年。

(三)法定职权

地方各级人民代表大会的职权主要有:

(1)保证宪法、法律、行政法规的贯彻和执行。地方各级人民代表大会在本行政区域内,保证宪法、法律、行政法规的遵守和执行。

(2)选举和罢免本级国家机关的负责人。地方各级人民代表大会分别选举本级人民政府的正、副首长。县以上地方各级人民代表大会还选举本级人大常委会的组成人员；选举本级人民法院院长和本级人民检察院检察长。地方各级人民代表大会对其所选举的人员有权随时罢免。

(3)决定地方性重大事务。地方各级人民代表大会有权讨论、决定本行政区域内的政治、经济、教育、文化、科学、卫生、民政、民族工作的重大事项。县以上地方各级人民代表大会还有权审查和批准本行政区域的国民经济计划和社会发展计划、预算以及它们的执行情况的报告；讨论和决定本行政区域工作中的重大事项。

(4)监督权。地方各级人民代表大会监督本级人民政府的工作。听取和审查本级人民政府的工作报告。县级以上人民代表大会听取和审查本级人民政府、人民法院和人民检察院的工作报告；有权改变本级人大常委会不适当的决定和命令；撤销本级人民政府不适当的决定和命令。乡、镇人民代表大会有权撤销本级人民政府不适当的决定和命令。

(5)省、自治区、直辖市和较大的市的人民代表大会可以制定地方性法规。省级人民代表大会制定和颁布的地方性法规，须报全国人民代表大会常务委员会备案；省、自治区人民政府所在地的市和国务院批准的较大的市的人民代表大会制定的地方性法规，须报省、自治区人大常委会批准后施行，并由其报全国人大常委会备案。

(6)其他有关职权。地方各级人民代表大会有责任保护社会主义公共财产、公民个人合法财产不受侵犯，维护社会秩序，保障公民的民主自由权利，保障各种经济组织的合法权益，保障少数民族和妇女的合法权益等。

二、县级以上地方各级人大常委会

(一)性质和地位

县级以上地方各级人民代表大会设立常务委员会。它是本级人民代表大会的常设机关,是本级人民代表大会闭会期间经常行使地方国家权力的机关,是本级国家权力机关的组成部分。地方各级人大常务委员会从属于本级人民代表大会,对其负责并报告工作。

(二)组成和任期

省、直辖市、设区的市的人大常委会由主任、副主任若干人、秘书长、委员若干人组成;县、不设区的市、市辖区的人大常委会由主任、副主任若干人和委员若干人组成;其组成人员均于本级人大每届第一次会议上从代表中选举产生。常委会的组成人员不得担任国家行政、审判和检察机关的职权。常委会的任期与本级人大的每届期相同。

(三)职权

(1)保证宪法、法律、行政法规和上级人大及其常委会决议的遵守和执行。

(2)本行政区域内重大事项决定权。讨论、决定本行政区域内各方面工作中的重大事项;决定本行政区域国民经济计划和预算的部分变更;决定授予本地方的荣誉称号。

(3)人事任免权。在本级人民代表大会闭会期间,决定本级人民政府副职领导人的个别任免;在本级人民政府正职领导人和人民法院院长、人民检察院检察长因故不能担任职务的时候,从相应的副职领导人中决定代理人选,决定代理检察长须报上一级人民检察院和人民代表大会常务委员会备案。常务委员会还有权任免本级人民政府秘书长、厅长、局长、主任、科长,报上一级人民政府备案;任免人民法院副院长、庭长、副庭长、审判委员会委员、审判员;任命人民检察院副检察长、检察委员会委员、检察员,批准下一级人民检察院检察长的任免。

(4)省、直辖市、省会城市和较大市的人大常委会可以制定地方性法规。省级人大常委会制定和颁布的地方性法规,须报全国人大常委会备案；省会城市和较大的市的人大常委会制定和颁布的地方性法规，须报省、自治区人大常委会批准施行并由其报全国人大常委会备案。

(5)监督权。监督本级人民政府、人民法院和人民检察院的工作。撤销本级人民政府不适当的决定和命令；改变或撤销下一级人民代表大会不适当决议。在常委会会议期间，省、设区的市人大常委会组成人员5人以上联名，县级人大常委会组成人员3人以上联名，可以向常委会书面提出对本级人民政府、人民法院、人民检察院的质询案。

(6)其他有关职权。如领导或主持本级人民代表大会代表的选举；在本级人民代表大会闭会期间，罢免或补选上一级人民代表大会的个别代表，召集本级人民代表大会会议；决定授予本地方的荣誉称号等。

三、地方各级人民政府

(一)性质和地位

根据宪法规定，我国地方各级人民政府指省、直辖市、县、市、市辖区、乡、民族乡、镇人民政府。地方各级人民政府是地方各级国家权力机关的执行机关，是地方各级国家行政机关。

地方各级人民政府是地方各级国家权力机关的执行机关，由本级国家权力机关产生并对其负责并报告工作，从属于本级国家权力机关。地方各级人民政府作为地方各级行政机关，还要对上级国家行政机关负责并报告工作，要执行上级国家行政机关的决定和命令，服从其领导。全国地方各级人民政府都是国务院统一领导下的地方国家行政机关，必须服从国务院的统一领导。

(二)组成和任期

省、直辖市、设区的市的人民政府分别由省长、副省长、市长、副市长和秘书长、厅长、局长、委员会主任等组成。

省长、副省长,市长、副市长,县长、副县长,乡长、副乡长,镇长、副镇长分别由本级人民代表大会选举产生。

新的一届人民政府领导人依法选举产生后,应当在两个月内提请本级人民代表大会常务委员会任命人民政府秘书长、厅长、局长、委员会主任、科长。

地方各级人民政府每届任期与本级人民代表大会每届任期相同。省、自治区、直辖市、设区的市、县、不设区的市、市辖区、乡、镇、民族乡的人民政府,任期均为5年。

(三)领导体制

地方各级人民政府分别实行首长负责制,即实行省长、市长、县长、区长、乡长、镇长负责制。省长、市长、县长、区长、乡长、镇长分别主持地方各级人民政府的工作。

实行首长负责制,并不排除决策时要发扬民主,即行政首长在决策时,还必须依靠集体的智慧。这就是人民政府在决定重大问题时,先要召开一定的会议,在集体讨论基础上由首长个人做出决定。

(四)法定职权

地方各级人民政府的职权主要有:①执行本级权力机关的决议和上级行政机关的决定和命令,规定施行措施,发布决定和命令;②省、直辖市的人民政府,省、自治区人民政府所在地的市和经国务院批准的较大的市的人民政府,可以根据法律、行政法规,制定行政规章;③执行国民经济和社会发展计划和预算,管理本行政区域内的经济、教育、科学、文化、卫生、公安、民政、民族事务、环境保护、城乡建设、司法行政、监察、计划生育等行政工作;④县级以上地方各级人民政府领导所属各工作部门的工作和下级人民政府的工作,撤销或改变其不适当的决定、命令、指示;⑤依照法律规定任免、培训、考核和奖惩国家行政机关工作人员;

⑥依法保护社会主义公共财产,保护公民个人的合法财产,维护社会秩序,保障公民权利,保护妇女和少数民族的权利;⑦办理上级国家行政机关交办的其他事项,等等。

(五)派出机构

根据地方组织法规定,省级和县级人民政府在必要的时候,经上级人民政府批准,可以设立若干派出机关。这些派出机关不是一级正式的政权机关,而是代表派出它的人民政府督促、检查、领导下一级人民政府工作的机构。根据我国有关法律规定,目前我国的派出机关是:

省人民政府在必要的时候,经国务院批准,可以设立若干行政公署,作为它的派出机关。

县人民政府在必要时,经省级人民政府批准,可设立若干区公所,作为它的派出机构。

市辖区、不设区的市人民政府,经上级人民政府批准,可以设立若干街道办事处,作为它的派出机构。

第二节 民族区域自治地方自治机关

一、民族区域自治释义

(一)民族区域自治的含义及特征

在中国,民族区域自治是指在国家的统一领导下,各少数民族聚居地方实行区域自治,设立自治机关,行使自治权。中国实行民族区域自治,对于加强各民族平等、团结、互助的关系,维护国家统一,加快民族自治地方发展,促进少数民族进步,起到了巨大的作用。

民族区域自治具有如下特征:第一,民族区域自治是中国的三大基本政治制度之一。中国实行的三大基本政治制度,即民主集中制的人大制度、共产党领导的多党合作和政治协商制度、民族区域自治制度,都是历史地形成的,是同中国的具体情况相适应的,是体现人民民主的社会主义政治制度的优越性的。第二,民族自治与区域自治的正确结合。中国的民族区域自治是以一定的区域(聚居区)为基础的少数民族的自治。也就是说,这种民族自治是以一定的民族聚居区域为其存在和发展的条件的。脱离了一定"区域"的少数民族既无法实行自治,也无法行使自治权。只有把民族自治与区域自治正确地结合起来,才能既保证各少数民族管理本民族内部事务的权利,又能保障各民族平等、团结、互助关系的发展,实现各民族的共同繁荣。第三,自治机关自治权的广泛性。中国宪法和民族区域自治法赋予民族自治地方自治机关的自治权十分广泛。自治权的广泛性主要是指自治权的范围、内容相当广泛,包括了政治、经济、文化等社会生活各方面的权利;行使和享受自治权的民族也相当广泛。

(二)民族区域自治的实施过程

执政党对民族区域自治的认识经历了一个漫长的过程。从1921年7月至1936年5月,民族纲领承认民族自决权,主张建立联邦制国家。1931年11月《中华苏维埃共和国宪法大纲》就曾规定:中国苏维埃政权承认境内少数民族的自决权,弱小民族有同中国脱离,自己成立独立国家的权利。很显然,这是不切合中国实际情况的。

从1936年5月至1949年9月,民族纲领以主张民族区域自治为主,但也没有放弃联邦制的主张。抗战时期,民族纲领由主张联邦制变为主张民族区域自治为主,主张少数民族在共同反对日本帝国主义的前提下,有自己管理自己事务的权利。1938年9月,毛泽东在中共六届(扩大)六中全会上所做的题为《论新阶段》的报告中说:"允许蒙、藏、苗、瑶、彝、番等各族与汉族有平等权利,在共同对日原则下,有自己管理自己事务之权,同时与汉族联合建立统一的国家。"1941年5月,陕甘宁边区政府颁布的《陕甘宁边区纲领》规定:依据民族平等原则,实行蒙、回民族与汉族在政治经济文化上的平等权利,建立蒙回民族的自治区。但是,1945年6月,中共第七次全国代表大会通过的党章总纲中仍有联邦共和国的提法。

1947年5月1日,中国第一个民族区域自治政府——内蒙古自治区政府成立。1949年,《中国人民政治协商会议共同纲领》以临时宪法的形式对民族区域自治制度的确立做出了明确的规定,中华人民共和国成立伊始,在全国普遍推行了民族区域自治制度。1952年8月,中央人民政府委员会颁布了《民族区域自治实施纲要》,对民族区域自治的有关问题作了具体的规定。1954年的宪法更是对民族区域自治作了详尽的规定。此后中国历次宪法修改,都载明坚持实行这一制度。1955年10月成立了新疆维吾尔自治区;1958年3月成立了广西壮族自治区;1958年10月成立了宁夏回族自治区;1965年9月成立了西藏自治区。同时,又先后成立了一大批自治州、自治县(旗)。1982年颁布的宪法,不但恢复了1954年宪法有关民族区域自治的一些重要内容,而且总结了民族区域自治实施三十多年来的经验和教训,并在此基础上根据社会主义建设新时期发展形势的新变化,从民族自治地方实际情况出发,添加了具有时代精神的新内容。1984年10月1日《民族区域自治法》的施行,标志着中国民族区域自治制度进入了一个新的发展阶段。2001年修改颁布的《民族区域自治法》则明确规定:"民族区域自治制度是国家的一项基本政治制度。"2005年,国务院又颁布了《国务院实施〈民族区域自治法〉若干规定》,对《民族区域自治法》的实施做出了更为具体的规定。按照宪法和法律规定,我国的民族自治地方分为自治区、自治州、自治县三级。民族乡虽然不是一级自治地方,但有助于照顾少数民族的特点。截至目前,我国已建立的民族自治地方,共有156个,其中包括5个自治区、30个自治州、121个自治县(旗)。民族区域自治制度是适合我国国情的正确解决我国民族问题的好制度,有利于保障各少数民族人民当家做主的权利,有利于维护祖国各族人民之间的团结,有利于促进我国社会主义现代化建设的发展,具有无比的优越性。

(三)民族自治地方的设立与分类

民族自治地方是指根据宪法和法律的规定,在少数民族聚居区建立的,实行民族区域自治的法定行政区域。

《中华人民共和国民族区域自治法》第12条规定了设立民族自治地方应当遵循的原则:"少数民族聚居的地方,根据当地民族关系、经济发展等条件,并参酌历史情况,可以建立以一个或者几个少数民族聚居区为基础的自治地方。民族自治地方内其他少数民族聚居的地方,建立相应的自治地方或者民族乡。民族自治地方依据本地方的实际情况,可以包括一部分汉族或者其他民族的居民区和城镇。"根据这一原则,结合我国民族区域自治的实践,可以对我国的民族自治地方进行以下分类。

(1)以行政区划为基础,我国的民族自治地方可分为自治区、自治州、自治县。其中,自治区的建制由全国人大批准;自治州、自治县的建制由国务院批准。

(2)以民族构成为依据,大致可分为三种类型:第一种是以一个少数民族聚居区为基础建立的自治地方,如西藏自治区;第二种是以一个人口较多的少数民族聚居区为基础,并包括若干人口较少的其他少数民族聚居区建立的自治地方,如新疆维吾尔自治区内包括五个自治州和六个自治县;第三种是以两个或两个以上少数民族聚居区为基础而建立的自治地方,如青海省海西蒙古族藏族自治州。

(四)民族自治制度的优越性

第一,民族区域自治制度体现了人民民主专政制度和民族平等原则、国家整体利益和各民族具体利益的高度结合,有利于国家的统一领导。我国的民族自治地方,是单一制中华人民共和国不可分离的部分,实行的基本政治经济制度与全国其他行政区域是一致的。民族自治地方的自治机关是实行人民民主专政的工具,代表着国家的整体利益。同时,民族自治地方又是根据民族特点而设立的,要保证少数民族平等地实现管理国家和本民族内部事务的权利。民族自治地方的自治机关代表少数民族的具体利益行使自治权限。这样,自治地方和自治机关的设置,既有利于保证少数民族人民的自治权利,又有利于国家的统一领导,有利于党和国家法律、政策的贯彻执行,有利于各民族共同利益的实现。

第二,民族区域自治制度保证了聚居的少数民族能够充分享有自治权。在我国,少数民族虽然成分较多,但人口都很少。如果实行联邦制形式,就会由于人口过少和影响太小而使绝大多数少数民族不能够享有成立联邦成员单位、行使其自治权的权利。而在民族区域自治制度下,民族自治地方有大有小,可以充分照顾到少数民族的具体特点。即使是散居全国各地的少数民族人民,在汉族地区或非本民族自治区域,也受到法律的特别保护,其权益能够得以保障。

第三,民族区域自治制度把行政区域和经济文化发展区域有机结合起来,能够更好地因民族制宜、因地区制宜地发展经济文化事业。我国的民族自治区域是在各民族地区已经形成的经济文化联系的基础上设立的,能够根据这种固有经济文化发展的需要和该地区发展的特点实施更有效的行政管理,使当地的经济文化事业得以协调快速地发展。

第四,有利于民族团结和各民族间的互相合作。我国的各民族自治地方,是以少数民族聚居区为基础而设立的,但不是民族成分的绝对单一化。在每一个自治地方,除了实行区域自治的少数民族以外,还有其他非自治的少数民族,更有大量的汉族群众。这种自然的居住状况和民族成分构成,有利于各民族的团结和互助合作。特别是在党和国家的统一协调下,汉族地区与各少数民族地区在经济文化各领域的互相交流和支援,更使得这一优越性得到很好的发挥和实现。

总之,我国的民族区域自治制度无论在理论上还是在实践上都具有巨大的优越性。新中国成立以来我国各民族自治地方在政治、经济和文化等方面发生的翻天覆地的变化,以及各民族之间经济文化发展差距的缩小,就是这一制度优越性得以发挥的结果。正如周恩来所说的那样,我国的民族区域自治制度,是"民族自治"和"区域自治"的正确结合,是"经济因素"和"政治因素"的正确结合,是各民族共同性和特殊性的统一,也是民族政策原则性和灵活性的统一,是我国人民的一个创造。

二、民族区域自治地方自治机关的含义及性质

民族区域自治地方自治机关是指依照宪法、地方组织法和民族区域自治法的有关规定,在少数民族区域自治地方设立的,依法行使同级地方国家机关职权并同时行使自治权的地方政权机关。

民族区域自治地方自治机关必须设在少数民族区域自治地方,即自治区、自治州、自治县。这是实行民族区域自治,令少数民族在其聚居的地方享有当家做主的权利,享有自主管理本民族内部事务的自治权的重要保证。

民族区域自治地方自治机关包括其立法机关和行政机关,即按照现行宪法第112条的规定,民族区域自治地方自治机关是自治区、自治州、自治县的人民代表大会和人民政府。而人民法院和人民检察院则是代表国家统一行使审判权和检察权,不属于行使少数民族自治权的自治机关。

民族区域自治地方自治机关具有双重性质,按照宪法第115条的规定,自治机关既行使普通地方国家机关的职权,又依照宪法、民族区域自治法和其他法律所规定的权限行使自治权。

民族区域自治地方自治机关在其组成上既体现了民族区域

自治制度，又充分贯彻了民族平等和民族团结的原则。这一点在现行宪法第113、114条中有着明确的规定，即民族区域自治地方自治机关应当由实行区域自治的民族的公民担任领导职务，其人民代表大会中除实行民族区域自治的代表外，还应当有一定名额的本区域内的其他民族的代表。

三、民族区域自治地方自治机关的宪法地位

民族区域自治地方的人民代表大会是民族区域自治地方的权力机关，由本行政区内的各族人民依法选举代表组成。而民族区域自治地方的人民政府是本级人民代表大会的执行机关，是本级民族区域自治地方的地方国家行政机关。民族区域自治地方的人民政府和人民代表大会之间的责任关系同其他地方国家机关相互间的关系一样，民族区域自治地方的人民政府对本级人民代表大会和上一级国家行政机关负责并报告工作，在本级人民代表大会闭会期间，则对本级人民代表大会常务委员会负责并报告工作。

在同上级国家机关的关系方面，始终是下级对上级的关系，这是为我国民族区域自治制度所决定的，因为，我国的民族区域自治必须是依靠法律手段保证和维护自治机关与上级国家机关之间的关系，而且，各级自治地方的人民政府都受国务院的统一领导。同时，除了存在上级机关对自治机关的领导关系之外，根据宪法第122条的规定，国家要从财政、物资、技术等方面帮助各少数民族加速发展经济建设和文化建设事业，帮助民族自治地方从当地民族中大量培养各级干部、各种专业人才和技术工人。

四、民族自治地方自治机关的自治权

设立自治机关，行使自治权，是民族区域自治的两个最重要的内容。所谓自治权，就是民族自治机关依照宪法和法律规定享

有的管理本民族内部事务和决定本地区合理发展的自主权。根据宪法和民族区域自治法的规定,民族自治机关享有下列自治权。

(一)制定自治条例和单行条例

自治条例,是指以宪法和民族区域自治法以及其他法律为依据,对组织自治机关、如何行使本民族自治地方自治权做出较为全面的规定的规范性文件。单行条例则是侧重于解决本民族自治地方某一方面事务的规范性文件。自治条例和单行条例的制定机关是各民族自治地方的人民代表大会。自治区的自治条例和单行条例,报全国人大常委会批准后生效;自治州、自治县的自治条例和单行条例,报省或自治区的人大常委会批准后生效,并报全国人大常委会备案。

(二)变通执行或者停止执行上级国家机关的决定

上级国家机关的决议、决定、命令和指示,如有不适合民族自治地方实际情况的,自治机关可以上报经该上级国家机关批准,变通执行或停止执行。

(三)管理地方财政的自主权

民族自治地方的自治机关依法享有管理地方财政的自治权,凡是依照国家财政体制属于民族自治地方的财政收入,都应当由民族自治地方的自治机关自主地安排使用。同时,各民族自治地方的自治机关在执行财政预算过程中,自行安排使用收入的超收和支出的结余资金。

(四)自主安排和管理本地方的经济建设事业

在坚持社会主义原则的前提下,在国家计划的宏观指导下,民族自治机关有权自主地安排和管理本地方的经济建设事业。根据本地的特点和需要,制定经济发展的方针、政策和计划;在坚持社会主义原则的前提下,根据法律规定和本地方经济发展的特点,合理调整生产关系,改革经济管理体制。

(五)组织本地方维持社会治安的公安部队

现行宪法规定:"民族自治地方的自治机关依照国家的军事制度和当地的实际需要,经国务院批准,可以组织本地方维持社会治安的公安部队。"

(六)使用和发展本民族的语言文字

民族自治地方的自治机关在执行职务的时候,依照本民族自治地方的自治条例的规定,使用当地通用的一种或者几种语言文字。

五、民族区域自治地方自治机关的组成与活动方式

民族区域自治地方自治机关同一般的地方国家机关一样,在组织原则上都实行民主集中制的人民代表大会制度。在自治机关的产生、任期等方面也同一般的地方国家机关相同,民族区域自治地方的人民代表大会由本地方各族人民通过直接和间接选举的方式产生,任期为5年,对人民负责,受人民监督。而同级人民政府则由本级人民代表大会产生,任期与本级人民代表大会相同,对本级人民代表大会负责并报告工作,本级人民代表大会闭会期间,则对其常务委员会负责并报告工作。各民族自治地方的人民政府都是国务院统一领导下的国家行政机关,都服从国务院的领导。

与此同时,民族区域自治地方自治机关还有一些特殊的地方,表现为两个方面。

首先,在民族区域自治地方人民代表大会的组成上,现行宪法第113条规定:民族区域自治地方的人民代表大会中除实行区域自治的民族的代表外,其他居住在本行政区域内的民族也应当

有适当名额的代表。这充分体现了民族区域自治制度下,各民族平等和各民族团结的原则,有利于保证法定的各民族代表的广泛性。同时,宪法第113条和《民族区域自治法》第16条还规定,民族区域自治地方的人民代表大会常务委员会中应当有实行区域自治的民族的公民担任主任或者副主任。这一规定有利于加强民族团结,调动各民族积极性,有利于民族自治地方有效开展工作。

其次,为了方便自治机关接近群众,联系群众,充分体现少数民族人民当家做主,调动起积极性,现行宪法第114条和《民族区域自治法》第17条规定,自治区主席、自治州州长、自治县县长由实行区域自治的民族的公民担任。这样的规定并不意味着自治机关的主要领导人只代表实行民族区域自治的民族的利益。同时,《民族区域自治法》第17条还规定,自治区、自治州、自治县的人民政府的其他组成人员,应当合理配备实行区域自治的民族和其他少数民族的人员。这一规定既突出了自治机关的特点,又有利于更好地发挥少数民族干部联系少数民族群众的桥梁和纽带作用。

第三节 特别行政区自治机关

一、特别行政区自治机关的含义及特征

特别行政区自治机关是指依照宪法、《香港特别行政区基本法》和《澳门特别行政区基本法》的规定,为了贯彻执行"一国两制"而在特别行政区设立的、享有高度自治权的机关。

我国属于单一制国家,由中央政府代表国家行使属于全体人民的国家主权,根据现行宪法第31条、第62条的规定,特别行政区的设立及其所实行的制度由全国人民代表大会决定,即特别行

政区是由国家最高权力机关依照宪法和有关基本法的规定设立的,其权力来源于国家。而且,特别行政区属于中华人民共和国不可分割的一部分,处于国家主权之下,受中央政府管辖。同时,特别行政区自治机关的行政长官和行政机关的主要官员也是由中央政府任命的,行政长官还需要向中央政府述职。因此,特别行政区同其他地方行政区域一样,在同中央政府的关系上均属于单一制国家中中央与地方的关系。而特别行政区自治机关也必然属于我国的一级地方国家机关。但是,由于特别行政区是我国为了贯彻执行"一国两制"而设立的,其自治机关必然还有着许多其他地方国家机关所不具有的特征。

第一,特别行政区自治机关在同中央政府的关系上具有特殊性。依照基本法的有关规定,特别行政区是中华人民共和国内享有高度自治权的地方行政区域,受中央人民政府管辖。但是,特别行政区在设立目的、设立原则等方面的特殊性决定了其与中央政府的关系不同于内地其他地方国家机关同中央政府的关系。中央政府代表国家对特别行政区行使主权,对不属于特别行政区自治范围内的事务实行领导和监督、对特别行政区自行管理的事务以及其是否遵守基本法进行监督。中央政府对特别行政区行使的主要权力包括:负责管理与特别行政区有关的外交事务、防务,任命特别行政区行政长官和主要官员,决定特别行政区是否进入紧急状态,解释和修改基本法等。而特别行政区自治机关则享有高度的自治权,包括行政管理权、立法权、独立的司法权和终审权、自行处理有关对外事务的权力以及中央政府授予的其他权限。而且,中央政府各部门及各地方政府机关均不得干预特别行政区根据基本法自行管理的事务,无权对特别行政区下达命令、布置任务、检查工作。

第二,特别行政区自治机关享有高度的自治权。特别行政区所享有的自治权是在维护中华人民共和国主权的前提下享有的自治权,属于地方自治权。该自治权是由中央政府授予的,而不是特别行政区所固有的权力,具有派生性和非本源性等的特点,未经中央政府授予的权力不得行使。这一点决定了特别行政区从本质上不同于联邦制下的成员国。同时，特别行政区自治机关所享有的自治权是具有地域性的，其效力范围只能及于所在的特别行政区。在范围上，自治权不能涉及国家主权事项，不能就全国性事项、属于中央管理以及其他内地地方机关管辖的事务以及特别行政区之外的事务做出决定。

第三，特别行政区行政机关和立法机关由永久性居民组成。根据《香港特别行政区基本法》和《澳门特别行政区基本法》的规定，特别行政区的行政机关和立法机关由当地的永久性居民依法组成。所谓永久性居民就是在特别行政区拥有居留权并有资格依照特别行政区法律取得载明其居留权的永久性居民身份证的人。这一规定表明特别行政区由当地人自己管理，而不是由中央派人管理。这有利于充分发挥当地居民的积极性和当家做主的精神，有利于特别行政区的稳定和发展。

第四，特别行政区实行特殊的政治制度。特别行政区制度是对"一国两制"基本方针的具体实施，这就是要在坚持一个国家、维护国家主权、统一和领土完整的前提之下，实行两种制度，中国的主体仍然实行社会主义制度，而在特别行政区仍旧实行资本主义制度。这必然影响特别行政区的政治体制，其行政机关、立法机关和司法机关的组织、地位、职权及相互关系既不同于内地的人民代表大会制度，又不同于一般资本主义国家的政体模式，而是行政机关和立法机关相互配合、相互制约，同时保持司法独立。这一体制有利于特别行政区的稳定发展，符合维护社会各阶层利益并循序渐进发展民主的思路。

二、特别行政区及自治机关设立的意义

特别行政区的设立，是"一国两制"构想的具体化，是实事求是、尊重历史、尊重现实的结果，无论在实践上还是在理论上都具有重要而深远的意义。

第一,特别行政区及自治机关的设立,有利于早日和平解决台湾问题,完成祖国统一大业,也为合理解决类似历史遗留问题创设了先例和法律途径。

第二,特别行政区及自治机关的设立,是传统宪法学理论和宪法政治实践的新突破。特别行政区在我国宪法上的确认,表明宪法除了维护和强化我国社会主义制度以外,还可以在有利于人民长远和根本利益的前提下,承认其他不同的社会制度形态,这不仅是宪法学理论的新发展,也是实践中宪法如何体现人民意志的新尝试。

第三,特别行政区及自治机关的设立,是我国国家结构形式理论和实践的新发展。它为我国单一制的国家结构形式增添了新的内容,这在理论和实践上无疑具有创新意义。

第四,特别行政区及自治机关的设立,为和平解决地区性国际争端找到了新路,提供了经验,必能为尚存在历史遗留问题的国家和地区提供有益的启示。随着历史发展和时间的推移,"一国两制"和"特别行政区"的意义和作用将会日趋明显和重要。

三、特别行政区自治机关的产生、任期与职权

(一)特别行政区行政长官

1.法律地位

特别行政区的行政长官是特别行政区的首脑,对中央人民政府和特别行政区负责;同时,又是特别行政区的行政首脑,领导特别行政区政府。

(1)由于特别行政区享有基本法规定的某些对外事务方面的权力,行政长官在对外事务的活动和交往中代表特别行政区。

(2)由于特别行政区享有高度自治权,而行政长官由当地通过选举或协商产生,由中央人民政府任命,由此,行政长官的地位

高于行政、立法和司法机关的首脑,他代表特别行政区与中央人民政府联系,对内独掌行政管理权。

2. 任职资格

由于行政长官在特别行政区具有十分重要的地位,因此,基本法对行政长官的任职资格作了比较严格的规定。

根据《香港特别行政区基本法》的规定,香港特别行政区行政长官由年满40周岁、在香港通常居住连续满20年并在外国无居留权的香港特别行政区永久性居民中的中国公民担任。这种规定既符合国家主权原则和"港人治港"的精神,也体现了中央对香港居民管理香港的高度信任。除此之外,行政长官还必须拥护中华人民共和国香港特别行政区基本法并效忠香港特别行政区。《澳门特别行政区基本法》规定,澳门特别行政区行政长官由年满40周岁,在澳门通常居住连续满20年的澳门特别行政区永久性居民中的中国公民担任。它与香港特别行政区基本法的规定相比,没有关于外国居留权的限制性规定,这主要是因为澳门居民中相当数量的华人按照葡萄牙国籍法取得了葡籍,领有葡萄牙认别证或葡萄牙护照。因此《中葡联合声明》规定:"澳门居民凡符合中华人民共和国国籍法规定者,不论是否持有葡萄牙旅行证件和身份证件,均具有中国公民资格。"但为了行政长官的任职与其法律地位相一致,基本法又对行政长官的任职资格作了补充规定:"行政长官在任职期间不得具有外国居留权。"

3. 产生和任期

关于特别行政区行政长官的产生办法,基本法规定,在当地通过选举或协商产生,由中央人民政府任命。

香港特别行政区行政长官的产生办法,根据《香港特别行政区基本法》第45条的规定,应根据香港特别行政区的实际情况和循序渐进的原则而规定,最终达成由一个有广泛代表性的提名委员会按民主程序提名普选产生的目标。根据《香港特别行政区行政长官的产生办法》的规定,在1997年到2007年的10年内由800人组成的包括工商、金融界;劳工、社会服务、宗教界;立法会议员、区域性组织代表以及香港地区全国人大代表和全国政协委员的代表等各界人士在内的、具有广泛代表性的选举委员会选举产生,由中央人民政府任命。第一任行政长官则按照全国人民代表大会《关于香港特别行政区第一届政府和立法会产生办法的决定》产生,即由全国人民代表大会香港特别行政区筹备委员会筹组的由400人组成的香港特别行政区第一届政府推选委员会在当地以协商方式产生,或协商以后提名选举产生,报中央人民政府任命。

澳门特别行政区行政长官的产生办法与香港基本相同,但澳门特别行政区没有关于"根据循序渐进的原则,最终达至由普选产生"的规定;其选举委员会和推选委员会的人数比香港少得多。从1999年12月20日到2009年期间的第一、第二、第三任行政长官分别按照全国人民代表大会《关于澳门特别行政区第一届政府、立法会和司法机关产生办法的决定》和《澳门特别行政区行政长官的产生办法》产生。

香港特别行政区和澳门特别行政区的行政长官任期为5年,均可以连选连任一次。

4. 职权

为保障行政长官有足够的权力担当起领导特别行政区的重任,根据基本法的规定,行政长官具有广泛的职权,概括起来主要有:

(1)执行基本法和依照基本法适用于特别行政区的其他法律。基本法是全国人大依照宪法制定的在特别行政区内实施的宪法性法律,是特别行政区的立法基础。因此,基本法的实施关系到特别行政区的繁荣、稳定和发展。负责执行基本法是行政长官的职责,它首先要求行政长官本人必须遵守基本法并按照基本法管理特别行政区事务;其次行政长官还要监督和保证特别行区的一切机关、团体和个人遵守基本法。除此之外,行政长官还应负责执行基本法所规定的香港和澳门的原有法律、特别行政区立法机关制定的法律以及适用于特别行政区的全国性法律。

(2)行政权。行政管理权和决策权是行政长官的主要职权之一。主要有:①领导特别行政区政府;②决定特别行政区的政策和发布行政命令;③主持行政会议;④处理请愿或申诉事项;⑤根据国家和特别行政区的安全或重大公共利益的需要,决定政府官员是否向立法会或其所属委员会作证和提供证据;⑥临时拨款申请权和临时短期拨款批准权。

(3)与立法有关的职权。行政长官有权签署立法会通过的法案并公布法律;有权批准立法会提出的有关财政收入和支出的动议等。

(4)人事任免权。行政长官提名并报请中央人民政府任命特别行政区主要官员,建议中央人民政府免除上述官员的职务;委任行政会议成员或行政会委员。行政长官有权依法定程序任免各级法院法官,依照法定程序任免公职人员。澳门特别行政区行政长官还可依照法定程序任免各级法院院长和检察官;提名并报请中央人民政府任命检察长并建议中央人民政府免除检察长职务;委任部分立法会议员。

(5)其他职权。行政长官还须执行中央人民政府就基本法规定的有关事务发出的指令;代表特别行政区政府处理中央授权的对外事务和其他事务;有权依法赦免或减轻刑事罪犯的刑罚。

5. 行政会议(行政会)

为保障行政长官有效地行使职权,基本法规定设立协助行政长官决策、向行政长官提供咨询的智囊团机构。这种机构在香港特别行政区称作"行政会议",而在澳门特别行政区称作"行政会"。

香港特别行政区行政会议的成员由行政长官从行政机关的主要官员、立法机关成员和社会人士中委任,其任免由行政长官决定,其任期都不能超过委任他们的行政长官的任期,同时,他们必须是在外国无居留权的香港特别行政区永久性居民中的中国公民。

澳门特别行政区行政会的性质、地位、作用与香港行政会议相同,但其任职资格中没有关于"外国居留权"的限制,《澳门特别行政区基本法》并规定行政会由7~11人组成,每月至少要举行一次会议。

(二)特别行政区的行政机关

特别行政区的行政机关即特别行政区政府,其首长为特别行政区行政长官。

1. 组成

根据《香港特别行政区基本法》第60条的规定,特别行政区政府由政务司、财政司、律政司和各局、处、署组成。各司的主管官员为"司长";各局是有权拟订政策的部门,其主管官员为"局长";各处是负责执行行政事务而不拟订政策的部门,其主管官员为"处长";各署则是工作较有独立性质的部门,如廉政公署、审计署等,其主管官员称为"署长"或"专员"。

《澳门特别行政区基本法》第62条规定,澳门特别行政区设司、局、厅、处,其主管官员分别称作司长、局长、厅长、处长。澳门特别行政区的检察机关属于司法机关,不包括在行政机关内,这与香港特别行政区是不同的。

2. 主要官员的任职资格及任免

根据基本法的规定,香港特别行政区的主要官员包括各司司长、副司长,各局局长,廉政专员,审计署长,警务处长,入境事务处处长和海关长。澳门特别行政区政府的主要官员包括各司司长、廉政专员、审计长、警察部门的主要负责人和海关主要负责人。

基本法对主要官员任职资格的规定是比较严格的。香港特别行政区的主要官员必须由在香港通常居住连续满15年并在外国无居留权的香港特别行政区永久性居民中的中国公民担任。澳门特别行政区的主要官员由在澳门通常居住连续满15年的澳门特别行政区永久性居民中的中国公民担任。主要官员在任职期内必须宣誓效忠中华人民共和国。

香港和澳门特别行政区政府的主要官员均由行政长官提名并报请中央人民政府任命,其免职也由行政长官向中央人民政府提出建议。

3.特别行政区政府的职权

①管理各项行政事务;②制定并执行政策;③编制并提出财政预算、决算;④办理基本法规定的中央人民政府授权的对外事务;⑤拟定并提出法案、议案、附属法规;⑥草拟行政法规。

除此之外,特别行政区政府还依法管理境内属于国家所有的土地和自然资源;负责维持社会治安;自行制定货币金融政策并依法管理金融市场;经中央人民政府授权管理民用航空运输;经中央人民政府授权在境内签发特别行政区护照和其他旅行证件;对出入境实行管制。

(三)特别行政区立法会

1.性质、地位、产生和任期

特别行政区立法会是特别行政区的立法机关,它拥有广泛的立法权限,包括制定刑法、民法、诉讼法等重要的法律,因此,立法会的立法权是特别行政区高度自治权的表现。

香港特别行政区立法会由选举产生,根据《香港特别行政区立法会的产生办法和表决程序》以及全国人民代表大会《关于香港特别行政区第一届政府和立法会产生办法的决定》的规定,立法会议员由60人组成。第一、二届立法会由功能团体选举、选举委员会选举和分区直接选举三种方式产生。从第三届起,立法会不再有由选举委员会选举的议员。1996年3月24日全国人民代表大会香港特别行政区筹备委员会决定设立香港特别行政区临时立法会,由第一届政府推选委员会全体委员选举产生的60名议员组成,其工作至香港特别行政区第一届立法会产生为止。香港立法会议员的任期,第一届为2年,以后每届均为4年。

澳门特别行政区立法会的议员采用直接选举、间接选举和委任三种方式产生,并逐届增加直选议员的比例。第一届立法会由23名议员组成,第二届和第三届分别为27名和29名。第一届立法会任期至2001年10月15日,第二届和第三届均为4年。

2.议员资格

《香港特别行政区基本法》第67条规定,香港特别行政区立法会由在外国无居留权的香港特别行政区永久性居民中的中国公民组成,而非中国籍的香港特别行政区永久性居民和在外国有居留权的香港特别行政区永久性居民也可以当选为立法会议员,但所占比例不得超过全体议员的20%。

《澳门特别行政区基本法》第68条规定,澳门特别行政区立法会议员由澳门特别行政区永久性居民担任,同香港相比,没有"国籍"和"在外国无居留权"的限制。

3.职权

(1)立法权。主要指制定、修改和废除法律等。
(2)财政权。审核、通过财政预算;批准税收和公共开支等。
(3)监督权。听取行政长官的施政报告并进行辩论;对政府工作提出质询;就公共利益问题进行辩论。
(4)其他职权。接受当地居民的申诉并进行处理;香港立法会还有权同意终审法院法官和高等法院首席法官的任免。

(四)特别行政区的司法机关

香港特别行政区基本法和澳门特别行政区基本法均设专节

规定司法机关。由于香港属普通法系地区,而澳门属大陆法系地区,因此,澳门的司法机关除法院外,检察机关也属于司法机关,而香港的司法机关只有法院,检察机关则作为行政机关的一部分。

1. 香港特别行政区的司法机关

《香港特别行政区基本法》第 80 条规定:"香港特别行政区各级法院是香港特别行政区的司法机关,行使香港特别行政区的审判权。"也就是说,香港特别行政区法院是特别行政区的审判机关,依法审理香港特别行政区的一切民事、刑事案件以及其他案件。

香港特别行政区法院的设置,按照基本法的规定,1997 年后,原有的司法体制基本不变。但香港回归后,香港特别行政区拥有终审权。为行使终审权,必须对原有的法院系统进行适当调整。根据基本法第 81 条规定,香港特别行政区设立终审法院作为香港特别行政区的最高法院;将原香港最高法院更名为高等法院,内部仍设上诉法庭和原讼法庭;将原地方法院更名为区域法院;原裁判司署法庭和其他专门法庭仍予以保留。

香港原有的司法制度深受英国普通法的影响,形成普通法系统,因此《香港特别行政区基本法》规定:"香港原有法律,即普通法、衡平法条例、附属立法和习惯法,除同本法相抵触或经香港特别行政区的立法机关做出修改者外,予以保留。"除保留原有的大部分法律外,基本法还规定普通法的原则亦予以保留,这些原则有:①司法独立原则。基本法规定法院独立进行审判,不受任何干涉,司法机关履行审判职责的行为不受法律追究。②遵循判例原则。法院除依照基本法第 18 条所规定的适用于香港特别行政区的法律来审判案件外,其他普通法适用地区的司法判例可做参考。③实行陪审制。原在香港实行的陪审制度予以保留。④公平的诉讼程序原则。在普通法中,公民的权利往往通过法律程序表现出来,因此程序法占有非常重要的地位,为此,基本法规定,刑事诉讼和民事诉讼中保留在香港适用的原则和当事人享有的权利。⑤无罪推定原则。基本法规定,任何人在被合法拘捕后,享有尽早接受司法机关审判的权利,未经司法机关判罪之前均假定无罪。

对于法官的任职资格和任免程序,基本法做出了新的规定。法官的任用,应根据其本人的司法和专业上的才能选用,并可以从其他普通法适用地区聘用。

2.澳门特别行政区的司法机关

澳门特别行政区法院行使审判权,根据基本法的规定,法院独立进行审判,只服从法律,不受任何干涉;法官履行审判职责的行为不受法律追究。

澳门特别行政区设初级法院、中级法院和终审法院三级,其中终审法院是行使终审权的法院。

法官的选任以其专业资格为标准,符合标准的外籍法官也可聘用。但终审法院的院长必须由澳门特别行政区永久性居民中的中国公民担任。终审法院法官的任免须报全国人大常委会备案。

第六章　现行宪法的司法机构

司法机构是现代国家的重要权利组成部分,它是行使国家司法权的机关。司法权通常就是指审判权,而审判权一般由法院行使,故而司法机构或称审判机关狭义上指法院,广义上还包括检察院。由于审判权的行使与检察机关、警察机关和司法行政机关的职能密切相关,所以在我国为了方便,很多时候也将公安机关和检察机关同审判机关一并作为司法机关来论述。就我国的国情来说,"一国两制"的体制使得大陆和港澳台地区的司法权概念以及司法机构有所不同,因而本章中介绍和讨论的内容主要针对中国内地而言。

第一节　司法组织与机构设置

一、法院的组织体系

我国宪法第 124 条规定:"中华人民共和国设立最高人民法院、地方各级人民法院和军事法院等专门人民法院。"《人民法院组织法》进一步规定了人民法院的组织系统,自上而下分别为最高人民法院、地方各级人民法院和专门人民法院。地方各级人民法院又分为高级人民法院、中级人民法院和基层人民法院。专门人民法院则有军事法院、海事法院、森林法院和铁路运输法院等。

(一)最高人民法院

最高人民法院是国家的最高审判机关,由 1 位院长,若干副院长、庭长、副庭长和审判员组成。院长由全国人民代表大会选举产生,其他人员由院长提名,全国人大常委会表决产生。最高人民法院依法行使审判权、监督权、死刑核准权、司法解释权,审判案件包括如下几类:①法律、法令规定由其管辖和其认为应当由自己审判的第一审案件;②对高级人民法院、专门人民法院判决和裁定的上诉案件和抗诉案件;③最高人民检察院按照审判监督程序提出的抗诉案件。

(二)高级人民法院

省、自治区、直辖市的高级人民法院均属于"高级人民法院"的范畴,人员组成为1位院长,若干副院长、庭长、副庭长和审判员。高级人民法院可下设行政审判庭、刑事审判庭、民事审判庭等。其审判案件包括如下几类:①法律、法令规定由其管辖的第一审案件;②下级人民法院移送审判的第一审案件;③对下级人民法院判决和裁定的上诉案件和抗诉案件;④人民检察院按照审判监督程序提出的抗诉案件。

(三)中级人民法院

省、自治区内按地区设立的中级人民法院,在直辖市内设立的中级人民法院,省、自治区辖市的中级人民法院以及自治州的中级人民法院均属于"中级人民法院"的范畴。中级人民法院的人员组成和审判庭的设置与高级人民法院相同。中级人民法院的审判案件包括如下几类:①法律、法令规定由其管辖的第一审案件;②基层人民法院移送审判的第一审案件;③对基层人民法院判决和裁定的上诉案件和抗诉案件;④人民检察院按照审判监督程序提出的抗诉案件。

(四)基层人民法院

县人民法院和市人民法院、自治县(旗)人民法院、市辖区人民法院均属于"基层人民法院"的范畴,其人员组成为1位院长,若干副院长和审判员。基层人民法院可以设行政审判庭、民事审判庭和刑事审判庭,庭设庭长、副庭长。基层人民法院的主要职责是:①审判第一审案件(法律另有规定的除外);②处理不需要开庭审判的民事纠纷和轻微的刑事案件;③指导人民调解委员会的工作。基层人民法院还可设立若干人民法庭作为基层人民法院的派出机构,以方便人民群众进行诉讼。

(五)专门人民法院

专门人民法院是我国在特定部门设立的审理特定案件的法院,不按行政区划设立,亦不受理一般刑事案件。1983年9月修订后的《中华人民共和国人民法院组织法》明确规定,除必须设立军事法院外,对于其他专门法院的设置,不做具体规定。根据实践需要,我国已设立了海事法院、森林法院、铁路运输法院等专门人民法院。

法院的组织体系如图 6-1 所示。

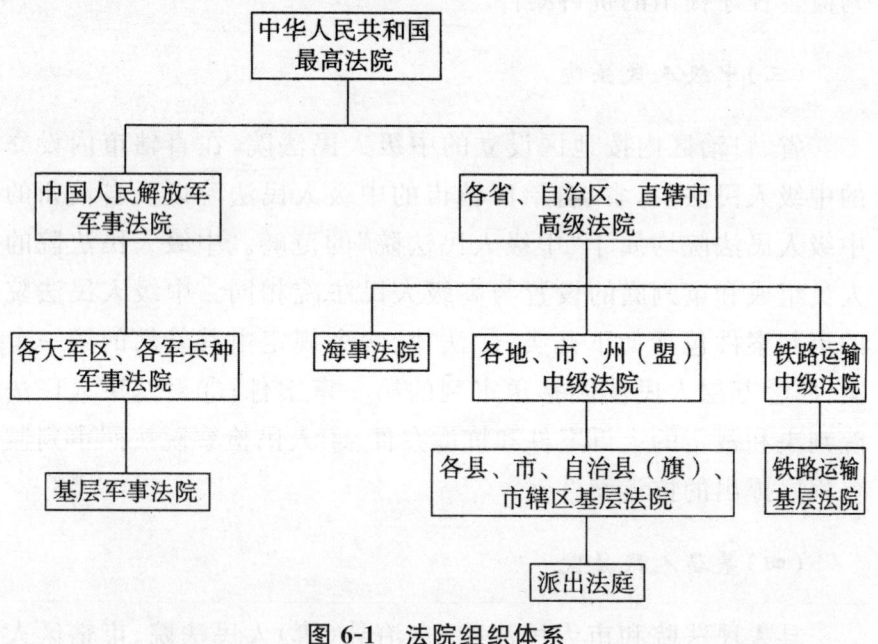

图 6-1 法院组织体系

二、检察院的组织体系

检察院是国家法律监督机关,行使检察权。与法院的组织体系类似,检察院可分为最高检察院、地方各级检察院和军事检察院等专门人民检察院。但其区别在于,检察院在称呼上没有"高级""中级""基层"之分。各级检察院由 1 位检察长、若干副检察长和检察员组成。检察院的组织体系如图 6-2 所示。

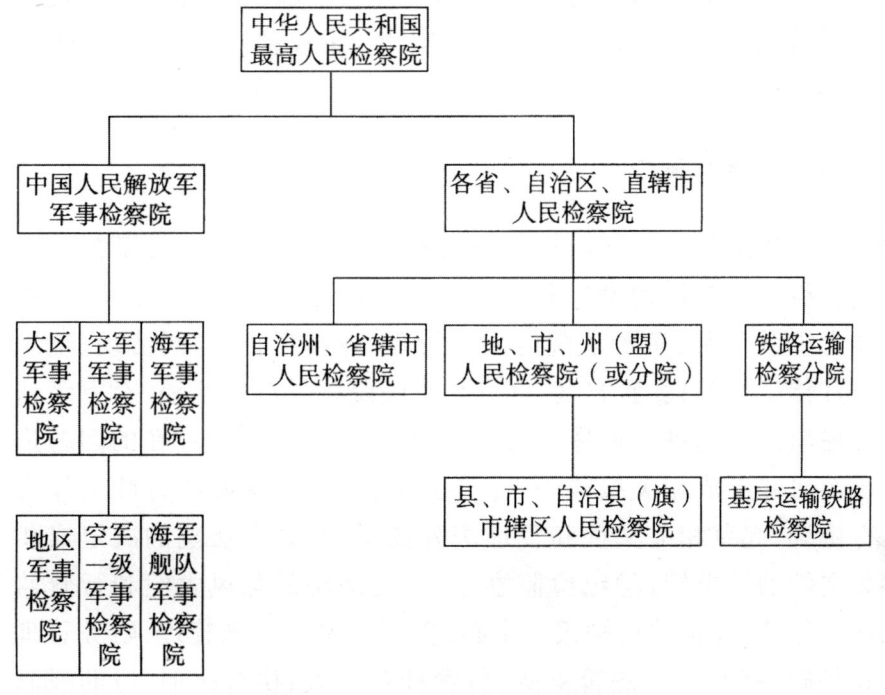

图 6-2 人民检察院组织体系

三、法院的机构设置

根据法院的审判职能和管理职能,我们将法院的内部机构分为从事审判的业务部门和从事管理的综合部门,它们都在院长的领导下共同为法院体系的健康发展做出贡献。

（一）业务部门

法院的业务部门指专门从事审判工作的部门。业务部门的基本单位是庭，各庭设 1 位庭长，若干副庭长和法官、书记员等。法院的业务庭室主要有①立案庭：负责诉讼案件的初步审查，对符合诉讼条件的案件进行立案，并移送相关的审判庭进行审理；②刑事审判庭：负责审理刑事案件；③民事审判庭：负责审理民商事案件；④行政审判庭：负责审理行政诉讼案件；⑤告申庭：专门负责告诉和申诉案件的审查和处理；⑥执行庭：负责执行发生法律效力的判决书、裁定书、调解书、仲裁裁决书和其他法律文件。

（二）综合部门

为法院的业务部门提供各种服务的部门称为综合部门。虽然各级法院在机构设置和机构名称上存在差异，但相差无几，主要有①政治部：负责法院的人事管理、业绩考核、党团活动、组织及宣传工作等；②研究室：负责起草法院领导的讲话稿，对下级法院提出的问题进行解答，对法院审判和管理工作中存在的问题进行调研并形成相关报告等；③办公室：负责对法院的行政工作进行协调，起草相关文件和管理法院的文档，督办法院的决定或相关文件的要求等；④纪检监察室：负责法院的党风党纪和行政监察工作等；⑤机关后勤服务中心：负责全院的后勤管理、财务管理和基础建设等；⑥法警支队：负责押解犯人、执行死刑、协助强制执行等警务活动，完成司法警察职责规定的拘传、传唤、拘留等司法活动，配合有关审判庭和执行庭有关事项以及院内安全保卫等。

法院还包括一些挂靠的下属事业单位，如出版社、杂志社、法官协会等。

法院的机构设置如图 6-3 所示。

第六章 现行宪法的司法机构

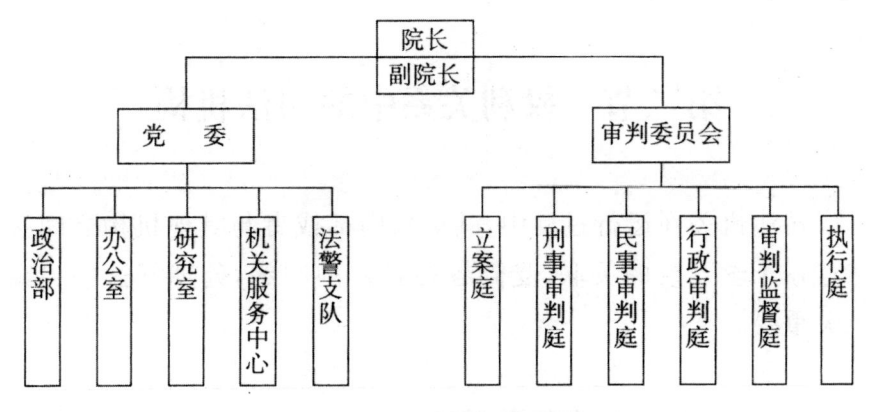

图 6-3 法院的机构设置

四、检察院的机构设置

检察院的机构同样可以划分为综合部门和业务部门。综合部门大体上包括政治部、办公室、研究室、行政财务装备处、法警支队以及其他各下属单位等。业务部门则需视具体情况来定,例如在最高检察院,这种业务部门被称为"厅",在省级检察院及其分院称为"处",在基层检察院称为"科",一般包括侦查监督处、公诉处、反贪污贿赂局、渎职侵权检察处、监所检查处、民事行政检察处及控告检察处。

人民检察院的机构设置如图 6-4 所示。

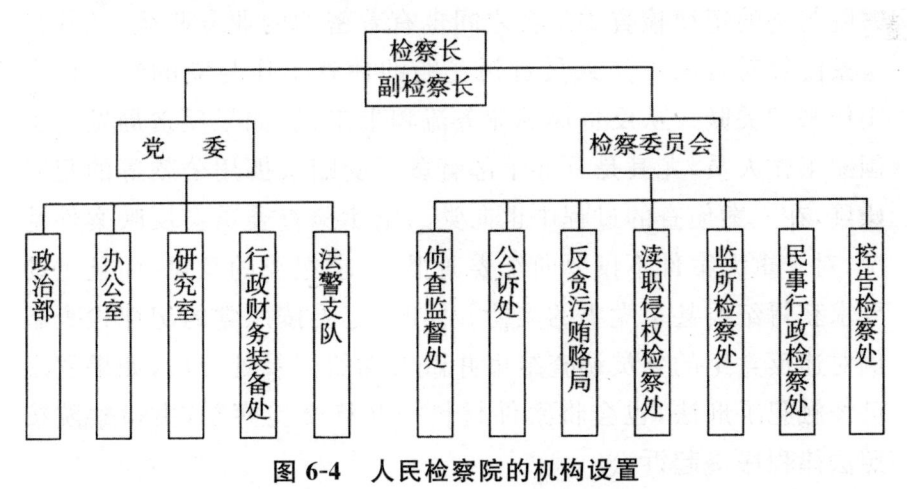

图 6-4 人民检察院的机构设置

· 147 ·

第二节 权利关系中的司法机构

司法机关在运行过程中,其机构内部或者与其他机构之间必然存在千丝万缕的关联,受到各种各样的制约,处理好这些关系至关重要。

一、司法机构与党的关系

中国共产党是我国的执政党,是中国特色社会主义事业的领导核心,司法机构的运行和发展同样离不开党的领导。中国共产党对司法机构的领导主要体现在思想上、路线方针政策上和组织上,但是,党委不干预司法机构对具体案件的审理。

党主要通过政法委员会对司法机构进行领导。通常情况下,政法委员会成员包括党委副书记、法院院长、检察院检察长、公安局长、国家安全局长、司法局长和民政局长等。许多地方政法委书记兼任公安厅长或局长。党的政法委员会负责向司法机构传达党的路线、方针和政策。

司法机构除了与政法委之间具有上述业务上的联系之外,检察院与党的纪律检查委员会之间也有着密切的业务联系,尤其是检察院针对国家工作人员贪污受贿的侦查工作与党的纪律检查工作密切关联。从反贪局的业务流程上来说,如果反贪局发现了国家工作人员,尤其是领导干部有贪污受贿或挪用公款等的犯罪嫌疑,在立案侦查的过程中也向党的纪律检查委员会反映案件情况,对于重大案件不仅要向纪委通报,征求纪委的意见,而且主动要求获得纪委甚至党委的支持。同时,纪委按照党的纪律检查条例对违反党纪的党员调查结束并做出党的记录处分后,如果发现已经触犯了刑法,也会将案件材料一并移交检察院,由检察院按照法律程序提起诉讼。

为了协调纪委和检察院在反贪工作上的合作,往往由党的纪律检查委员会的副书记担任检察院的检察长,而且纪委在对重大案件的调查中,检察院和行政部门中的监察局也往往提前介入调查,合署办公。为了加强反贪污腐败的力度,党纪律检查部门也强化了对党员的强制措施,尤其是"双规"措施具有了很强的司法强制性。

二、司法机构与人大的关系

根据宪法所确立的人大制度,各级法院院长和检察院检察长由同级人大选举产生,并向人大负责;人大审议法院和人民检察院的工作报告,并对其工作进行监督。

(一)人事任免

根据宪法和地方人大与政府组织法,法院院长和检察院检察长由同级人大选举产生,并向人大负责,法院的副院长和检察院的副检察长由院长和检察长提名并由人大常委会任命。由于人大选举中的候选人可以是组织提名,也可以采取个人联合提名,在选举中也出现过组织部门考察提名的候选人没有通过选举的情况。

(二)审议工作报告

宪法规定审判机关和检察机关由同级人大产生、对它负责并接受它的监督,其中一条重要的监督途径就是每年一次的全国人民代表大会,会上对司法机构的工作报告进行审议,并投票决定是否通过。但是,如果工作报告没有通过人大的审议,司法机构的负责人(院长或检察长)是否就面临着被罢免,或者如何进入罢免程序,宪法和法律上也没有具体的规定。

(三)个案监督

最高法院于1998年颁布了《最高人民法院关于人民法院接受人民代表大会及其常委会监督的若干意见》,对人大监督法院的审判做出了规范性的规定。其中除了对工作报告的审议、人民代表大会上接受人民代表的质询,最主要的就是规定人大可以对法院裁决或判决提出质询,法院应当就质询问题进行复查并向人大汇报说明,由此形成了人大对法院的"个案监督"。目前,人大提出个案监督的案件不仅在数量上很少,而且对于法院也没有产生决定性的影响力。不过,在学理上,"个案监督"受到法学界的批评,认为影响司法独立。

三、司法机构与政府的关系

从宪法所规定的权力结构看,司法机构与政府机关都由人大产生,并接受人大的监督,二者属于平行的机构。宪法上并没有设定二者之间的关系。但是,在实践中,由于传统的政治体制中将司法机构看作是党政机关,法官和检察官也同样被看作是"干部"。由此,司法机构的财政和人事管理就与其他党政机关相同。正是由于这种结构上的相似性,法院一直保持着明显的行政管理特征。就权力关系而言,政府对司法机构的制约就在于政府掌握着对司法机构的人事和财政的控制。

(一)政府对司法机构的人事管理

地方政府对司法机构的人事管理主要体现在地方政府设定司法机构的人员编制,因此,司法机构的人员被分为两大类:一类就是"干部"编制,另一类是"工人"编制。编制也就是意味着人员的工资,只有政府核定编制的人员才由政府划拨"人头经费"。因此,法院每年进人都要从政府的人事部门那里报指标以争取编制。由于政府控制着司法人员的编制,政府对司法机构的用人权自然就有了很大的发言权,引发争议的"复转军人进法院"的问题就是因为安置军转干部是政府的一个重要任务。不过,由于法官法的要求,尤其是法官必须通过国家统一司法考试的要求,在一定程度上有效地抵制了政府对法院的人事干预。

(二)政府对司法机构的财政管理

政府对司法机构的财政管理主要体现在司法机构的人头经费、办案经费和基建费用由同级政府的财政划拨,中央财政主要依赖有限的中央政法补助专项资金。政府对司法机构的财政管理中,尤其表现在政府对法院的诉讼费的管理中。1984年中国开始实行当事人交纳诉讼费的有偿诉讼。当时采取的办法就是法院对诉讼采取自收自支。随着法院规模的扩展,尤其是基本建设的展开,急需要财政支持,而20世纪90年代以来,中央财政和地方财政都处于困难时期。在这种情况下,有些法院把诉讼活动看成是收取诉讼费的重要手段,甚至成立了经济调解中心,取代了律师收费。

面对财政管理给司法公正和司法权威带来的打击,政府改变了对法院经费的管理办法。从1996年开始实行收支两条线,直到1999年才全面贯彻。根据1999年的《人民法院诉讼费管理办法》和2001年《人民法院财务管理暂行办法》,地方各级法院的诉讼费由省级财政专户集中管理,分级使用。与此同时,中央政府也禁止政法机关从事经营活动并保证一定的中央政法补助专款,并对该专款实行项目管理。现时期法院的经费主要有四个方面的来源:同级财政的拨款、中央财政的转移支付、诉讼费以及包括省内诉讼收费和国债在内的其他途径。为了保证法院一定程度上的财政独立,避免司法"地方主义"的束缚,《中共中央关于全面深化改革若干重大问题的决定》将推动省以下地方法院、检察院的人财物统一管理作为一项改革目标,目前此项改革仍在酝酿之中。

四、媒体监督下的司法

除了传统的立法权、行政权和司法权,媒体正被看作"第四种权力"影响着国家的政治生活,在国家的政治生活和社会生活中发挥着越来越重要的作用。随着改革开放和市场经济的发展,媒体的作用也在静悄悄地发生转化,即从传统的对政府政策的新闻宣传逐步转向了对政府行为的监督,新闻媒体作为"人民的喉舌"而发挥民主社会的功能。正是由于媒体监督作用的加强,在以实现司法公正为目标的司法改革中,最高法院于1998年要求各级法院公开审判,甚至容许媒体对整个审判过程进行全程转播和报道。

市场化的发展带动了媒体之间的相互竞争,使得追逐社会热点问题也成为新闻报道的趋向。媒体中关于案件的报道就变得越来越突出,影响社会生活的"大案要案"成为媒体关注的对象,尤其是随着互联网的发展,网民在网上的言论也成为一种不可忽视的社会舆论。媒体所引导的社会舆论对于司法审判产生了重要的影响。当某个案件被媒体炒作为一个社会关注的热点问题时,法官对该案的判决就必须考虑法律判决的社会效果,尤其是当这个案件由于媒体的炒作激起了"民愤",从而成为党委和政府关注的政治问题或社会问题时,法官对案件的判决就不得不考虑媒体所形成的舆论。

第三节 法律共同体中的法官与检察官

无论如何改革司法制度,司法制度最终是要通过法律职业者来运作的。因此,制度的灵魂不是制度,而是操作制度的人。法院的审判制度和人民检察院的检察制度最终要由法官和检察官来运作。作为法律共同体的重要组成人员,法官和检察官的培养、遴选、晋升和保障制度,以及他们与法律共同体的其他成员之间的关系对于司法制度的运行就具有重要的意义。

一、法官制度

(一)法官的界定

不同于普通的法院干部,法官是一个具有独特身份的人。那

第六章　现行宪法的司法机构

么在法院这样的机构中,需要具备什么样的条件才可以成为法官呢?

在采取单位制的法院中,所有的人员被分成"干部"和"工人"两大类。其中干部统一称为"干警",包括干部和警察(法警)。在"干部"内,由于业务部门和非业务部门的区分,通常人们把业务部门的人称为法官。但是,在业务部门中,也有审理案件的法官和做记录的书记员。因此,事实上把审理案件的人称为法官才是正确的。

之所以如此难以区分谁是法官,很大程度上是因为在法院这个机构中大家的着装是一样的,无论审理案件的法官还是办公室的会计,都穿着一样的服装。也许是为了区分法官在法院中的特殊身份,在近年的司法改革中,法官服饰由原来的军警式改为法袍。在这个意义上,只有穿法袍的人才应当属于法官。

但是,在法官法中规定,"法官是依法行使国家审判权的审判人员,包括最高人民法院、地方各级人民法院和军事法院等专门人民法院的院长、副院长、审判委员会委员、庭长、副庭长、审判员和助理审判员"。这意味着法官不一定是穿法袍的人,至少执行庭的庭长(法官法制定的时候法院还没有设立执行局)不会穿法袍审判案件。

其实在我国法官与是不是参与审判案件没有一一对应的关系,因为法官是由各级人大任免的。但是,法官法并没有规定一个人离开审判工作就要免去法官身份。因此,当一个人在法院获得法官身份之后,法院院长完全可以在法院内部进行工作上的调整,今天是一个坐堂审案的法官,明天就有可能是办公室的秘书或者搞基建的基建处长。因为法官法对法官的定义是"依法行使国家审判权的审判人员",而国家审判权是由法院作为一个整体来行使,况且法官可以担任"法律规定的其他职责"。

(二)法官的条件与任免

法官法明确规定了担任法官的条件:一个拥护中华人民共和

国宪法,有良好的政治、业务和道德素质,且身体健康没有受过刑事处罚和开除公职处分的年满 23 周岁的中华人民共和国公民,只要具有高等院校法律本科文凭或非法律本科但具有法律知识,从事法律工作满两年之后,就可以担任法官职务,其中要担任高级法院、最高法院法官,应当从事法律工作满三年;如果是高等院校法律专业硕士、博士或者非法律专业硕士、博士但具有法律知识,从事法律工作满一年之后,就可以担任法官,其中担任高级法院、最高法院法官,应当从事法律工作满两年。当然,对于学历条件确有困难的地方,经最高法院核准,在一定期限内,可以将担任法官的学历条件放宽为法律专科。

以上仅仅是成为法官的条件,要想真正成为法官,"院长、副院长、审判委员会委员、庭长、副庭长、审判员"必须由相应的人大及其常委会任命,"助理审判员"必须由本院院长任命。但是,在这些法官任命的过程中,除了院长和副院长可以从非法官的人员中选任,其他人员必须从法官中选任,而初任法官的选任必须经过国家统一司法考试才能获得资格。

特别需要指出的是,"院长"和"副院长"既是法官的身份,又是行政领导身份,如果按照行政领导身份,他们的任期最长十年。他们任期届满之后并不再担任院长或副院长,但是,他们依然属于法官。因为法官只有在丧失国籍、离开法院或者不再担任法官职务、辞退或违反法纪、考核不称职、退休或者身体健康原因才能被免职。在这个意义上,法官都是终身职务,而且他们的福利、待遇等都会得到相应的保障。

在谈到司法独立的时候,美国当年的联邦党人主要强调法官终身制。在我们的制度中,法官其实也是终身的,法官要冒着被免职的危险而坚持司法公正办理案件并不多。我们的司法之所以不能独立,很大程度上是因为法院的行政管理色彩太浓,很难保证法官在审理案件中的独立性。

(三)法官的级别、考核与任职

法官法将法院的法官分为十二级,最高法院院长为首席大法官,最高法院副院长和高级法院的院长为大法官,以下为高级法官和法官。

法官的级别很大程度上依赖法官所在法院的级别。不同级别法院的法官之间除了领导岗位上的升迁,很少上下流动。因此,法官的晋升主要是指在本级法院内的职务晋升,在法院组织系统中的晋升只能是那些作为法院领导才有的机会。

法官的晋升依赖于对法官的考核,但是,如何考核法官一直是法院不断探索的过程,也是法官不断定位的过程。在对法官的考核办法中,有两个考核办法受到了法学界的批评。一个就是"错案追究制",该制度要求对判有错案的法官进行责任追究,用于在法理上界定"错案"本身就是不科学的,后来这项制度被改为"违法审判责任追究",从而具有了可操作性。另一项考核制度就是法院院长、副院长的"引咎辞职制",该制度要求各级法院如果出现了严重的枉法裁判案件造成重大损害或恶劣影响的,在其直接管辖范围的法院院长、副院长应当引咎辞职。该政策出台之后,遭到了学者强烈的反对,因为该制度不仅事实上会强化法院院长和副院长对法院审判工作的控制,从而影响审判独立,而且该制度还侵犯了宪法上赋予各级人大选举和罢免法院副院长的权力。

除了上述条件的限制,法官法还规定了法官选任过程中的回避制度,即如果法官之间有夫妻关系、直系血亲关系、三代以内旁系血亲以及近姻亲关系的,不得同时担任同一法院的院长、副院长、审判委员会委员、庭长、副庭长;同一法院的院长、副院长和审判员、助理审判员;同一审判庭的庭长、副庭长、审判员、助理审判员以及上下相邻两级法院的院长、副院长。

除此之外,法官从法院离任后两年内,不得以律师身份担任诉讼代理人或者辩护人;法官从法院离任后,不得担任原任职法院办理案件的诉讼代理人或者辩护人;法官的配偶、子女不得担任该法官所任职法院办理案件的诉讼代理人或者辩护人。2011年,最高法院出台了《关于对配偶子女从事律师职业的法院领导干部和审判执行岗位法官实行任职回避的规定(试行)》,将回避力度增加到禁止相关人员的配偶、子女在其辖区任职,如果有冲突,必须一方退出法官(领导和审判岗位)或者律师行业。这都是为了保证司法公正而采取的回避制度。

二、检察官制度

检察官就是依法行使国家检察权的检察人员,包括最高人民检察院、地方各级人民检察院和军事检察院等专门人民检察院的检察长、副检察长、检察委员会委员、检察员和助理检察员。

如果我们了解了法官制度,也就自然了解了检察官制度。因为检察官制度的内容与法官制度的内容基本相同。比如检察官选任的条件、任命程序、检察官等级、回避制度、奖励惩戒、考核晋升等制度与法官制度基本相同,只要把法官换成检察官就可以了。如果要详细介绍,那不过操作了电脑上的复制、替换而已,虽然很简单,但那是件无聊的工作。所不同的是,人民检察院没有"错案追究制"和"引咎辞职制",但是,人民检察院也有相应的制度来强化检察官的责任。

三、法律共同体中的法官与检察官

尽管法官和检察官从属于不同的机构和制度,但是二者都属于法律共同体的成员,他们和律师、法学家们一样,被称为法律人。目前,国家统一司法考试更强化了这种知识上的同质性。既然大家都属于法律共同体内的法律人,那么也就意味着彼此之间的关系应当是一种良性的互动关系,不同身份之间相互流动促进了不同经验之间的交流和学习,也加深了彼此的理解。

尽管如此,我们发现法官、检察官和法学教员之间的流动并不普遍,因为三者属于不同的单位,单位的人事制度是国家统一管理的,自由流动就会受到干部工作调动的限制。一般说来,这种流动往往出现在领导干部的提拔和职位升迁上,在这个时候,党的组织部门可以根据工作的需要对领导干部的工作岗位进行调整。

  法学教授与法官或检察官之间的流动也大体属于这种情况。这种流动渠道包括法学教授在法院或者检察院挂职领导,参与具体的审判或者检察工作;也包括法学教授直接调入法院或者检察院担任领导工作,而且一般来说都进入级别比较高的法院和检察院。此外,高级别的法院或检察院的法官或检察官如果具有很好的学术修养,也可以进入法学院担任法学教授。但在现实生活中,法官转行为律师的比较多,律师、法学教授进入法官职业的很少,最高法院曾想从律师行业中公开选拔优秀人才,但是应者寥寥。2013年,最高法院向社会公开选拔高层次审判人才,包括2名法学教授和1名律师在内的5人现已经通过公示期,正式入职最高法院。

第七章　现行宪法的选举制度研究

在宪法中，选举制度是其中一个重要的内容，关于选举制度有着明确详细的规定，本章主要针对现行宪法中的选举制度进行详细的探讨研究，尤其是对我国的选举制度做出相应的研究。

第一节　选举制度概述

一、选举制度的概念

选举即"选而举之"，有广义和狭义之分，广义的选举是指人们选举一定的人担任一定职务的一切活动，包括国家公职人员的选举，社会团体、企事业组织及自治组织中的选举。狭义的选举仅指选举国家在职人员的活动。本章主要是针对狭义的选举来讲的。选举制度是选举国家在职人员的活动的法律规范的总称。具体来讲包括：代议机关代表的选举，国家元首、政府首脑的选举，法官的选举等。

自近代以来，选举制度逐渐成为政治运作的基础，它是统治者及统治行为取得合法性的基础以及获得人民认同的主要方式。选举制度的巨大功用源自于现代社会中政治制度的理论根基。现代政治莫不以"一切权力属于人民"或"人民主权"为其理论根基，莫不承认"统治者的正当权利得自被统治者的同意"，而且现代民主理论几乎都以平等、公正、公开有效的选举为其核心内容。例如，在亨廷顿看来，在民主政治中，一个核心的程序就是被统治着的人民来挑选领袖,这个过程需要竞争性的选举来完成。衡量一个国家的选举制度是否平等、公正、公开、有效,其实质上就是在衡量该国统治的实现程度和人民对自由与权利的享有程度,可以毫不夸张地说,"在没有选举的地方,也就没有自由可言",因为对于公民来说,"选举权是一种基本的政治权利,因为它保护所有的其他权利"。

二、选举的起源与历史发展

近代西方国家的选举制度起源于英国,从 1215 年《自由大宪章》开始,就产生了近代选举制度的萌芽,1688 年英国"光荣革命"后通过的《权利法案》等宪法性文件,使英国的选举制度得到充分的发展,基本形成了现代选举制度的雏形,以后通过一系列的选举改革和有关选举立法活动,使选举制度进一步趋于完善。法国是资本主义国家中最早实行普选制的国家,法国大革命后制定了第一部宪法即《1791 年宪法》,在这部宪法中规定的选举制度带有明显的局限性。例如,宪法把法国公民分成"积极公民"和"消极公民",只有拥有不动产和交纳直接税的"积极公民"才具有选举权。法国选举制度的发展经历了曲折复杂的过程,直到 20 世纪的后半叶,法国选举制度还在不断完善之中,1974 年法国修改选举法,将公民享有选举权利的年龄由 21 周岁降到 18 周岁,标志着法国普选制的最终确立。

从选举制度的历史发展中,我们可以看出:

(1)选举的发展与经济的发展是同步的。当出现资本主义商品经济发展时,社会需要公正、公开与具有权威性的政权组织形式,通过选举活动扩大政权的社会基础,重视民意的价值。

(2)选举制度所体现的价值与民主政治的发展水平是相一致的。选举权的扩大是民主制度在政治上取得的积极成果,选举的发展为民主政治价值的体现与完善提供了有效的表现形式与内在的动力。

(3)选举的发展与政权组织形式的完善有着密切的联系,它是政权合法性的重要基础。

三、选举制度的功能

就人民主权与人民参政权的保障关系而言,人民主权意味作为主权者的人民系主权国家中的最终统治者,所有国家机关的权力最终皆来自于人民的授权。倘若宪法不保障人民参与国家政治的权利,则人民仅是法律的被统治客体而已,无法作为国家最高的统治者,以及所有国家权力的最终提供者,而此乃根本违反人民主权原则的要求,人民透过参政权的行使,得以彰显人民主权,从而,宪法中的人民主权原则与参政权保障条款,可谓一体两面,相互依存而不可偏废。世界各国选举制度的内容虽然不尽相同,但是也存在相类似的功能和作用。

(一)促进人民主权的实现

从各国的宪政实践来看,选举制度抛却了传统国家公共权力的世袭制和终身制,摒弃了简单民主制的种种弊病,使政府趋于成熟,最终维护了全体公民对国家的接受和认同,使得国家具有强大的凝聚力。实行间接民主体制的国家,政权的行使与直接的监督均委由人民代表来进行,对人民而言,民主理念实践的主战场其实是在人民代表的形成程序,亦即选举程序上,而选举制度则实质决定选举程序的游戏规则。因此,选举制度一方面影响民主体制的具体实践内涵;另一方面,民主制度的理念与表现于政府体制设计上的思考也决定了选举制度的设计取向与实际运作情形。体现主权在民的方式之一就是通过人民来合法化国家政府之成立,换句话说,以人民意志直接转换成国家政府成立之行为,此乃自我统治的基本要求,选举制度则是转换行为最常见的方法,人民利用选举证明主权在民之存在。而民主政治就是民意政治,表达民意较佳的方式就是选举,它是近代民主制度的产物,也是民主政治的主要途径。选举制度与选举过程,关系民主的质量与民意的表达,因为选举将会决定何人执政。只有在选举的过程中争取多数选民的支持与获得多数选民的投票,候选人才有参与政治的机会,政党也才有机会执政。选举制度、议会制度与政党制度合称为现代民主制度的三大支柱。政党的组建在于执政,议会制为政党执政提供平台,选举制则为政党执政提供合法途径。

(二)提高公民的政治素质

通过选举这种政治参与的方式,选民了解了什么是民主政治,学会了如何介入民主政治的过程,明白了在民主政治中公民有什么权利和义务。同样,候选人也借此机会了解了社会生活中各个角落的真实情况。选举是一种加总的行为,需要合作的精神,选民的个人意见、智慧通过交流、碰撞和妥协,将形成社会共识。公民参加民主选举活动,有利于增强对国家和社会的归属感、责任感,从而可以提高自己的人格力量,实现自己的人格价值。对于公共事务,公民也会主动关心,并积极参与进来。就选举这项活动本身而言,它并不是简单、单纯地对候选人进行挑选,实质上体现的是选民们的诉求,是他们对国家权力行使者必备什么样的素质和条件的内心所想和大致要求,通过选举,在客观对国家管理和社会治理应该贯彻的政策方针的基本框架也进行了大致的规划。例如第 36 任美国总统约翰逊在执政期间一直扩大侵越战争,导致美国民众的不满。结果,在 1968 年约翰逊和尼克松的总统竞选中,美国选民就选择了在竞选中提出结束越南战争的尼克松。因此,选民通过参与选举活动,不仅仅能够认识到自己的政治地位,实现自己的政治权利,同时还能够对一些政治现象有所了解,明辨是非,对一些政治问题明确分析,增强优化民主宪政意识。

(三)奠定人民代表大会的基础

人民代表大会制度作为我国国家政权的组织形式,其成立与运作的基础是选民的选举行为。选民地位的法律化、选民积极性的发挥、选民与代表的相互联系等因素是人民代表大会制度发展中不可忽视的内容。宪法规定：中华人民共和国的一切权力属于人民，人民行使国家权力的机关是全国人民代表大会和地方各级人民代表大会。行政机关、审判机关、检察机关都由人民代表大会产生，对它负责，受它监督。这就从宪法制度上确立了选举制度的法律地位。从中国政治制度发展的基本特点看，选举制度的改革与完善是人民代表大会制度发展的基础性环节，体现了人民代表大会制度广泛的社会基础。人民代表大会广泛的代表性与社会基础是具体通过选举制度来实现的，其为政权的科学分配与运作提供理论与程序基础。

（四）提供了政府成立及组成的重要依据

现代国家基于公民的意思表示而存在。选举是宪法意义上的国家产生方式，是国家成为宪法基本主体和获得宪法地位的前提和基础。具体说来，选举制度最大的宪政价值就是让国家获得了宪法的基本主体地位。选举活动本身是国家的一项重要政治活动，是构筑国家权力结构体系的基础环节，是国家制度的重要组成部分。选举制度系国家政府成立及组成的主要依据，是人民意志影响国家政府设置的直接体现。尤其是政府首脑及代议机关成员的选举牵动一国之政治权力的更替及重组。国家机关透过选举取得必要的民主正当性，并使得国家政府与人民意志相连。宪法和选举法是选举活动的法律依据，各国一般对选举的原则、程序和方式均做了严格的规定，只有依照法定规则进行的选举才具有合法性。为了保障选举的顺利进行，各国除了以宪法规定公民的选举权和被选举权外，还制定选举法来规范选举制度。现代国家正是通过选举制度来表明其宪法主体地位，从而推进社会的进步和发展的。

（五）制约和监督国家的重要形式

由于权力具有两面性，绝对的权力导致绝对的腐败，现代国家的宪法为权力设定了种种限制。除了国家权力之间的制约外,更重要的是社会对国家权力的制约,这主要通过公民定期以一定方式参与国家公共生活来实现,选举便是其中的重要内容。"选举是市民社会对政治国家的直接的、不是单纯相向的而是实际存在的关系,因而显而易见:选举构成了真正市民社会最重要的政治利益。由于有了无限制的选举权和被选举权,市民社会才……上升到作为自己真正的、普遍的、本质的政治存在。"[①]选举通过公民以选民的资格表明自己对国家公共权力的基本立场,实现对政府的人事控制和政策控制,保障政府的高度灵活性和责任意识,从而防止权力的滥用,让政府生活在对人民的责任中,同时集中社会的智慧来指导国家的政治生活。

(六)促进社会的稳定和发展

首先,如果将选举制度放在一个利益多元、价值多元的社会里,那么,将能够为多元利益提供竞争性的平台和竞争性的规则,此时在多元利益中的各种代表者,都可以参加这个平台,并通过这个平台来表达自己的利益诉求,从而保证利益的实现。尽管选举过程中可能存在意见分歧甚至对立,但是通过选举可以使选民之间的关系更加紧密,也可以拉近选民与特定公职人员之间的关系,同时还可以对各种政策选择方案进行论证,因此,选举结果能够凝聚社会共识。其次,选举制度形成了一种使政治权力交替能以和平方式进行的机制,这就使得那些认同现行体制的政治人物不至于轻易走上极端,即使一次选举失利,他和他的支持者还可以寄希望于下一次选举,不需要采取过激行动甚至暴力手段去实现政治抱负,从而使社会保持一定的政治秩序,有助于社会稳定。最后,选举制度能够使社会风气不断得到净化,当然,在当前条件下,在进行选举时,难免会出现"贿选"现象,尽管这样,但与任命

---

① 马克思恩格斯全集(第 1 卷)[C].北京:人民出版社,1972,第 396 页.

制相比而言,则天然的多,严厉打击了腐败现象。

四、选举的理论基础

选举的理论基础与选举制度及选举实践息息相关。不同的理论将产生不同的选举制度与选举实践。关于选举的理论大致有六种学说。

(一)公民属性说

它的意思是,公民的属性之一就是拥有选举权,这也是公民之所以为公民的重要属性。例如,现代国家几乎都要求国籍作为一个人享有选举权的条件,而拥有国籍则具有公民资格为各国通行的原则。具有公民身份与拥有选举权则不再一一相应,具有公民身份的人远远多于拥有选举权的人。

(二)财产附着说

此说源于中世纪的政治制度,以英国为典型。当时国王是最大的封君,他有权要求贵族效忠,缴纳捐税贡赋,提供军事义务,而国王也负有保护贵族切身利益的责任。这通常是通过大会议的方式实现的。

(三)固有权利说

此说以自然法及卢梭的人民主权学说为根据而提出。在这个学说中,流露出这样的观点:主权为公意,也就是全体国民的意志体现,既然是全体国民的共同意见,那么就必然要求全体国民有选举权。因而,选举权是国民当然应该有的权利,不需要宪法以及其他法律和其他人为因素的赋予,当然也不是这些因素能随随便便就剥夺走的。

虽然此种理论倾向于认为全民应享有选举权利,但当时之人则又认为唯具有自己意志之人方能享有选举权利,所以妇女、未成年人与患精神病者,均不应有选举权利。此种学说抵制了中世纪时选举权属于特殊阶层(贵族、僧侣、有产者等)的现象,极大地推动了选举权的普及。

(四)社会职务说

该说认为,选举权不是一种国民固有的权利,而出于国家的赋予,国家之所以赋予选民以这种权利,乃为全社会的利益而不是享有选举权者私人的利益;选民之行使选举权,亦当认为系以国家名义而行使,亦当为着国家利益而行使。简言之,选举权是国家法律授予选民的一种职务。

此说运用于实践则将产生两种后果:其一,选举权既为国家赋予的一种职务,则国家自可依社会公共利益而规定相当资格。这极易成为借国家之名行专制之实者推行独裁的理论依据。其二,选举权既为一种职务,则国家可强制选民投票,选民则无放弃投票的权利。例如比利时现行宪法第48条第3款规定:投票是强制性的。

(五)权利兼职务说

此说认为选举权既是国家法律赋予公民的一种权利,又是一种职务,其理由是,选举权既然是国家基于社会利益赋予公民的一种权利,自然应兼有社会职务的性质。一方面国家可对选举人的资格及选举权的范围予以一定限制;另一方面国家也有义务保障选举权的实现,对选举权的限制不能侵害选民借选举权实现其个人利益之目的,而且有积极义务帮助其实现。

(六)伦理说

此说认为:凡圆头方趾之伦,均皆应有平等之道德价值,而一人一票,且所投之票价值相等,则正所以实现确保人人有平等之道德价值。麦克康(Mac Cunn)、拉斯基(Laski)均为主张此说最力者,依上,凡成年公民,应当不分性别、种族,以及其他之限制,均当一律给予平等之选举权利。

五、选举制度的体制

(一)地域代表制与职业代表制

地域代表制是指按选民的居住地域划分选区或以区、县、乡等行政区划为选举单位选举代表或议员的体制。地域代表制通常有两种方式:第一,1个选区只产生1名议员或者代表;第二,1个选区产生2名以上的议员或者代表,前者被称为小选区制或者单数选区制,后者则是大选区制或复数选区制。职业代表制是指按职业团体如工会、农会、商会、银行、保险等行业或界别而不是按地域划分选区选举代表或议员的体制。主张职业代表制的理由为,当代表来自不同的行业时,可以促使代表结构合理,使不同行业都积极地通过自己的代表,对国家的各项决策施加影响,以保证各行业利益的平衡和国家决策的公正。现在绝大多数国家都采取地域代表制,兼采职业代表制。我国以地域代表制为主,只有人民解放军单独进行选举,实行职业代表制。但是在地域代表中,我们在选举时也尽量照顾方方面面,所以有不少各行各业的专家当选。另外,在我国香港特别行政区,立法机关有一部分议员由功能团体选举产生,这也是对职业代表制的运用。

(二)多数代表制与比例代表制

多数代表制又称为多数选举制,是指在选举中选区内得票最多的候选人当选的制度。多数代表制在理论上源于多数决原理,即一个团体在决定事项应尊重多数人的意愿。多数代表制又分为以下三种:第一,绝对多数代表制,即候选人所获得的票数,须有投票总数的1/2以上才能当选;第二,相对多数代表制,即以候选人得票相对多数者当选,而不要求获得过半数选票;第三,法定得票代表制,即以候选人必须获得一定票数以上为前提,再由其中的相对多数者,依次取得当选人资格。英国、美国、加拿大等国家选举众议院议员,采用相对多数代表制,我国采用的是绝对多数代表制。

比例代表制是指参加选举的各个政党按照本党所得选票占总选票数的比例获得不同数量席位的当选制度。比例代表制的优势在于立法机关中小党能获得一定数量的席位,反映小党的政治观点,能照顾到小党的利益,增强立法机关的协商性和妥协性,从而使立法尽可能地反映不同社会阶层的意志和利益,因此采用比例代表制的往往是实行多党制的国家。荷兰、奥地利、卢森堡、巴西等国家采用比例代表制。

第二节 我国选举制度的基本原则

选举的基本原则是宪政国家有关选举立法和实行选举时所必须遵循的基本准则。随着人类社会政治文明的发展和宪政意识的普及,文明国家在选举法立法和实施中普遍接受业已为国际社会所承认并接受的共同准则,从而使国家的选举活动符合宪政的精神和目标。从当代各国宪法和有关法律来看,选举的基本原则主要有普遍选举、平等选举、直接选举、秘密选举、自由选举等。根据我国宪法和选举法,我国的选举制度的原则主要有选举权普遍性原则、选举权平等性原则、直接选举与间接选举并用的原则、无记名投票原则、差额选举原则、选举权利保障原则以及代表受监督和罢免原则。

一、普遍性原则

选举权的普遍性原则是指凡具有国籍、到达一定年龄并未剥夺政治权利的公民都应享有选举权和被选举权。选举权的普遍性表明选举权作为一项基本的政治权利,其享有的主体的范围非常广泛,如果享有选举权的公民在一个国家成年人口数中所占比例偏低本身就说明其政治民主化程度不高。

我国的《宪法》和《选举法》规定,"除依照法律被剥夺政治权利的人以外,凡年满18周岁的公民,不分民族、种族、性别、职业、家庭出身、宗教信仰、教育程度、财产状况、居住期限,都有选举权和被选举权"[①]。选举权的普遍性原则主要是强调了选举权的权利主体的范围应该体现民主和普遍,在我国,选举权主体的范围是极其广泛的,享有选举权的人口占适龄人口总数的绝大多数。我国《宪法》的相关规定和《选举法》的规定都体现了选举权的普遍性原则。

与其他国家相比,我国选举权的普遍性原则贯彻得最为彻底,表现在以下几个方面。

(1)没有居住期限的限制。

居住期限是指选民参加选举时应当在国内或选区内居住满一定的期限。如德国、英国规定在境内居住达到三个月才有权参加选举,美国大部分州规定须居住满一年才有权参加选举。我国无此规定,且为了保证旅居国外的侨民行使选举权,我国《选举法》第6条第3款规定:"旅居国外的中华人民共和国公民在县级以下人民代表大会代表选举期间在国内的,可以参加原籍或者出国前居住地的选举"。

(2)精神病患者享有选举权。

许多国家并未赋予精神病患者选举权,但我国现行选举法没有否定精神病患者的选举权,因此,精神病患者享有选举权和被选举权。但是,由于其患病丧失了行使政治权利的能力,我国法律规定经过选举委员会的确认,精神病患者确实无法行使选举权的,不列入选民名单,暂不行使选举权。

(3)军人参加选举的限制。

很多国家为了保证军队忠诚于国家这一原则,在法律中明确

---

① 朱福惠.宪法学原理[M].厦门:厦门大学出版社,2015,第196页.

规定军人不得行使选举权或被选举权。我国则由专门的单行法律对中国人民解放军参加人民代表大会代表的选举进行规定。

二、平等性原则

选举权的平等原则,指的是选民在行使选举权时,选举权利与法律地位是平等的,当然,选民也不能滥用选举权,在每次选举中只有一次投票的机会,每一票的价值相等,这就是通常所说的"一人一票一权"。选举权的平等原则是针对选举投票的效力而言的,也是我国法律面前人人平等原则的具体体现。保障选举权的平等性,对于选举的科学性和选民的积极性有重要影响。我国的选举权平等原则具有相对性,主要体现在城乡投票选举效力在实质上的不平等及对少数民族代表和军队代表给予的特殊照顾上。随着社会的发展和人民权利意识的加强,选举的平等原则将在更大程度上得到体现。

下面对我国选举权的平等性原则的体现进行详细的论述。

(1)选举权的民族平等。

针对我国汉族人口占全国人口的百分之九十左右,其他少数民族只占约百分之十并且分散居住在全国各地的实际情况,选举法还特别规定对于人口特少的少数民族,至少应有一名代表,这是民族平等的体现。

(2)选举权的城乡平等。

中国是一个发展中的多民族国家,幅员辽阔、人口众多且分布不均,从本国国情出发,我国是逐步推进选举权的平等性原则的,2010年修订前的选举法规定的我国城市和农村每一代表所代表的选民人数是不相同的,经过 2010 年修订的《选举法》才打破此种城乡差别,在第 14 条规定"地方各级人民代表大会代表的名额,由本级人民代表大会常务委员会或者本级选举委员会根据本行政区域所辖的下一级各行政区域或者各选区的人口数,按照每一代表所代表的城乡人口数相同的原则,以及保证各地区、各民族、各方面都有适当数量代表的要求进行分配"[1]。

(3)选举权的男女平等。

我国选举法对妇女的选举权做了原则性规定:在全国人民代表大会和地方各级人民代表大会代表中,妇女有参与选举的权利,通常会规定一定数量的妇女代表来参加选举,而且,关于妇女参选的人数比例,近年来正在不断提高。这个规定在客观上反映了在进行选举时,选举权利男女平等,反映了社会正朝着文明进步的方向不断发展。

三、直接选举与间接选举并用原则

在直接选举中,选民进行直接投票,从而选举出国家代表机关代表和国家公职人员。间接选举比直接选举步骤要复杂,由选民选举产生代表机关,由代表机关再选举产生应选的代表和国家公职人员。

不言而喻,直接选举较间接选举的民主程度高。它有利于选民直接挑选他们熟悉和信任的人到国家政权机关中代表他们行使管理国家权力,便于选民直接向代表反映意见和要求,并监督代表的工作,同时也便于代表听取选民的意见和要求,向选民负责和报告工作。囿于我国的经济、文化、交通条件的限制,完全直接选举还不现实,因而我国选举法采用直接选举和间接选举并用的原则。

我国《选举法》第 2 条规定:"全国人民代表大会的代表,省、自治区、直辖市、设区的市、自治州的人民代表大会的代表,由下一级人民代表大会选举。不设区的市、市辖区、县、自治县、乡、民族乡、镇的人民代表大会的代表,由选民直接选举。"[2]

随着我国公民民主意识的增强和文化素质的提高,我国将会

---

[1] 陈文华.宪法学[M].武汉:华中科技大学出版社,2015,第 144 页.
[2] 杨向东.宪法学[M].北京:中国政法大学出版社,2015,第 193 页.

逐步扩大实行直接选举的范围。适时扩大直接选举的层次和范围应当是我国选举制度的发展方向。

四、无记名投票原则

我国选举法规定:"全国和地方各级人民代表大会代表的选举,一律采用无记名投票的方法。选民如果是文盲或者因残疾不能写选票的,可以委托他信任的人代写。"[1]这就体现了我国选举制度的无记名投票原则。

无记名投票也就是通常人们所说的秘密投票,这种投票方法与记名投票相对立。无记名投票仅仅要求选举人在进行选举时,在正式代表候选人姓名下注明同意或不同意,也可以另选他人或者弃权而无须署名。在选票填好后,由自己亲手投入票箱。选举人在进行选举时,自己的意思是秘密进行的,他人没有干涉的权力。通过无记名投票的方式,可以使选举人放下一些负担和烦恼,按照正常的思维方式,遵循自己的意愿来进行选举,选举自己所信任的人。

五、差额选举原则

差额选举是与等额选举相对应的,指的是在选举过程中,候选人的人数要多于应选代表名额。我国《选举法》第30条规定,"全国和地方各级人民代表大会代表候选人的名额,应多于应选代表名额的1/3~1倍,由地方各级人民代表大会选举上一级人民代表大会代表候选人的名额应多于应选代表名额的1/5~1/2。"[2]差额选举有利于选民根据自己的自由意志选择满意的候选人。我国的差额选举制度于1979年选举法首次做出规定。在1982年,

---

[1] 蒋碧昆.宪法学[M].北京:中国政法大学出版社,2012,第146页.
[2] 秦前红.新宪法学[M].武汉:武汉大学出版社,2015,第162页.

我国针对1979年的选举法做出了进一步的修改、规定,在进行选举时,规定采取候选人数多于应选人数的办法,也可以进行一次预选活动,通过预选活动产生候选人名单,再进行选举。但由于这一规定对预选后是否仍必须实行差额选举没有明确规定,而实践中有些地方预选后就实行等额选举,因此1995年我国再次修改选举法,明确规定预选后仍必须实行差额选举。

六、选举权利保障原则

选举权利保障原则是指国家在物质上保障选民选举权的实现,依照法律的规定对破坏选举的行为进行制裁的原则。

我国选举法第7条规定:"全国人民代表大会和地方各级人民代表大会的选举经费,列入财政预算,由国库支出。"[1]这一规定为选举提供了物质基础和物质保障,即选举产生的费用由国家财政,包括中央和地方财政支出而不是由机关单位或选民个人支出,避免候选人因为物质条件的不足导致权利行使受到限制。此外,国家还须提供一定的基础设施如电台、电视、网络等帮助和支持选举活动。

除了规定物质保障之外,我国《选举法》第11章还对破坏选举制度的制裁做出了相关规定。

七、代表受监督和罢免原则

选举权、被选举权和对代表的监督、罢免权之间是紧密联系、不可分割的,是一个统一的整体。如果公民只有选举权和被选举权,而没有对代表的监督、罢免权,那么公民所拥有的选举权和被选举权也是假的、虚的,人民也就不能真正实现管理国家的权利,人民主权的原则就难以落实。因此,选民对代表的监督和罢免,

---

[1] 陈文华.宪法学[M].武汉:华中科技大学出版社,2015,第146页.

是保证人民行使管理国家的权利得以实现的有效途径。我国《选举法》第46条规定:"全国和地方各级人民代表大会的代表,受选民和原选举单位的监督。选民或选举单位都有权罢免自己选出的代表。"[1]罢免代表,由原选区过半数或原选举单位过半数人民代表(在人大闭会期间,由人大常委会过半数组成人员)表决通过。被罢免的代表可以出席会议或书面申诉意见。罢免的决议,必须送上一级人大常委会备案。依法定程序通过的罢免决议产生法律效力。

第三节 选举的组织和程序

一、选举的组织研究

《选举法》第8条规定:"全国人民代表大会常务委员会主持全国人民代表大会代表的选举。省、自治区、直辖市、设区的市、自治州的人民代表大会常务委员会主持本级人民代表大会代表的选举。不设区的市、市辖区、县、自治县、乡、民族乡、镇设立选举委员会,主持本级人民代表大会代表的选举。不设区的市、市辖区、县、自治县的选举委员会受本级人民代表大会常务委员会的领导。乡、民族乡、镇的选举委员会受不设区的市、市辖区、县、自治县的人民代表大会常务委员会的领导。省、自治区、直辖市、设区的市、自治州的人民代表大会常务委员会指导本行政区域内县级以下人民代表大会代表的选举工作。"[2]

根据上述规定,我国主持选举工作的组织分为两种:直接选举时,通常由该级的人大常委会出面来组织主持本级人大代表的

---

[1] 秦前红.新宪法学[M].武汉:武汉大学出版社,2015,第162页.
[2] 焦洪昌.宪法学[M].北京:中国人民大学出版社,2010,第73页.

选举工作;在进行间接选举时,设选举委员会主持本级人大代表的选举,需要注意的是,无论是县一级选举委员会还是乡一级选举委员会,都统一受县一级人大常委会的领导。

二、选举的程序研究

(一)选区划分

通常,选区的划分是以一定数量的人口为基础的,在选民进行选举活动时,这是一个基本单位。因此,选区的划分关系着选举工作能否顺利进行,选民能否选出自己满意的代表,以及代表能否进行正常活动等重大问题。1995年对选举法进行修正后规定,每一选区每一代表所代表的人口数应当大体相等,农村每一代表所代表的人口数也应大体相等。世界各国大多是按居住区来划分选区的,大单位也可单独划分选区,这样可以调动选民的积极性。

(二)选民登记

选民登记是指主持选举活动的机关按照《选举法》的规定审查、确认公民的选举资格,并发给公民选民证的行为。选民登记是对选民资格的法律认可。虽然选举权是公民的一项重要政治权利,但并非所有公民都当然地享有选举权。未满18周岁或依法被剥夺政治权利的公民都不享有选举权。

《选举法》第26条规定:"选民登记按选区进行,经登记确认的选民资格长期有效。每次选举前对上次选民登记以后新满十八周岁的、被剥夺政治权利期满后恢复政治权利的选民,予以登记。对选民经登记后迁出原选区的,列入新迁入的选区的选民名单;对死亡的和依照法律被剥夺政治权利的人,从选民名单上除名。精神病患者不能行使选举权利的,经选举委员会确认,不列入选民名单。"①《选举法》第 27 条还规定,选民名单应在选举日的 20 日以前公布,实行凭选民证参加投票选举的,并应当发给选民证。

选民登记的过程中还可能出现错误,为此《选举法》第 28 条规定:"对于公布的选民名单有不同意见的,可以在选民名单公布之日起五日内向选举委员会提出申诉。选举委员会对申诉意见,应在三日内做出处理决定。申诉人如果对处理决定不服,可以在选举日的五日以前向人民法院起诉,人民法院应在选举日以前做出判决。人民法院的判决为最后决定。"②

(三)提名候选人

代表候选人的提名,是选民自己推荐自己中意或者信赖的人进入权力机关参加国家管理的过程,这也体现了民主选举的原则。在直接选举中,无论是各个政党,还是各个人民团体,都可以单独或联合推荐代表候选人,然后由选举委员会向选区推荐。提名权主体的广泛性有助于扩大选举的社会基础。提高选举的社会效果。一般而言,在选举乡级人大代表时,可以由人民来进行选举,也可以由乡级的政党组织或人民团体进行推荐,推荐合适的代表候选人;选举县级人大代表时,可以由县级和乡级的政党组织和人民团体推荐代表候选人,另外,选民 10 人以上联名可以推荐代表候选人。选举委员会要对候选人进行汇总,并在选举日的 15 日以前进行公布。

(四)介绍候选人

在选举制度中,一项重要的制度就是候选人介绍制度,因而在选举工作中,建设候选人介绍制度也是一个重要的工作内容。我国《选举法》规定,"推荐者应向选举委员会介绍候选人的情况,

---

① 焦洪昌.宪法学[M].北京:中国人民大学出版社,2010,第 74 页.
② 焦洪昌.宪法学[M].北京:中国人民大学出版社,2010,第 74 页.

推荐代表候选人的政党、各人民团体、选民可以在选民小组会议上宣传、介绍所推荐的代表候选人的情况。"[①]但是,在选举日必须停止对代表候选人的介绍。

【案例】候选人自我介绍案[②]

2003年,广东省深圳市进行区级人民代表大会换届选举。罗湖区选民肖幼美经所在的第12选区30多名选民联合推荐,获得提名,并被确认为正式候选人。其他正式候选人为政党和团体联合提名人选。选举办公室没有安排肖幼美与选民见面,肖幼美担心选民不了解自己,所以在正式选举前,通过张贴海报的方式,进行自我介绍,并在海报上写道:"倾听来自基层的呼声,监督政府的作风与体制改革;反映广大群众的意愿,做沟通政府与市民的桥梁。"

投票结束,肖幼美落选,但该行为成为深圳第一个人大代表候选人张贴海报自我介绍的案例。

(五)投票选举和确定选举结果

在选民或代表行使选举权时,投票是最后一个重要环节。如果县以上的地方各级人民大会要选举上一级人民代表大会代表,此时需要由该级人民代表大会主席团主持。

在实行直接选举的地方,由选举委员会主持投票选举工作,组织投票有两种形式:一是各选区设选举投票站;二是召开选举大会投票。另外,如果在选举期间,选民外出了,此时,要经过选举委员会进行断定,如果决定同意可以外出,这时就可以书面方式委托其他选民代为投票,但每一选民接受的委托不得超过3人。

---

① 秦前红.新宪法学[M].武汉:武汉大学出版社,2015,第164页.
② 胡锦光.宪法学原理与案例教程[M].北京:中国人民大学出版社,2006,第240—241页.

选举投票结束后,要对选票进行统计和核对,从而进入选举结果的确认程序。

(1)确定选举是否有效。

在直接选举中,选区全体选民过半数参加投票选举有效,如果经统计,每次选举得来的票数多于投票人数,那么,此次选举就被视为无效,等于或少于投票人数的有效。

(2)代表候选人当选的确定。

在直接选举中,如果选取的选民人数超过全体选民总人数,此时的选举投票是有效的。代表候选人获得参加投票的选民过半数的选票即为当选。如果代表候选人获得了过半数的选票,这类人的人数超过应选代表名额时,以得票多的当选。如果遇到了票数相等的情况,而且不能确定当选人,此时要就票数相等的候选人重新投票。在那些实行间接选举的地方,代表候选人必须获得全体代表过半数的选票才能当选。

(3)宣布选举结果。

通常情况下,在选举结束后,由选举委员会或者人民代表大会主席团来公布选举结果。公布选举结果前要根据选举法来确定是否有效。

(六)对代表的罢免和补选

通常情况下,由代表对选民和选举单位负责,无论是选民还是选举单位都有权力来决定代表的去留,有权罢免自己的代表,这是我国人民代表大会制度的一个重要原则,以保证代表当选后,能够代表和反映人民的意愿。对于县级人民代表大会的代表,原选区选民 50 人以上联名,对于乡级人民代表大会的代表,原选区选民 30 人以上提名,可以以书面形式来提出罢免要求,当然,这个要求是向县级人民代表大会常务委员会提的。如果经过原选区过半数选民的同意,此时就可罢免。由地方各级人民代表大会选出的上一级人民代表大会的代表,在大会开会期间,主席团或 1/10 以上的代表提名,可以提出对本级人大选出的上一级人大代表的罢免案;大会闭会期间,人大常委主任会议,人大常委会 1/5 以上组成人员联名,可以向人大常委会提出由该级人大选出的上一级人大代表的罢免案,经各该级人民代表大会过半数通过,在代表大会闭会期间经本级人民代表大会常务委员会组成人员过半数通过即可罢免。被罢免的代表可以出席上述会议或用书面方式申述意见,罢免的决议需报送上一级人民代表大会常务委员会备案。

关于代表的补选,选举法规定,人民代表因故在任期内出缺,由原选区或原选举单位补选,如果代表在任期间发生了调离或者迁出本行政区域的情况,此时他的代表资格也就自行终止,缺额另行补选。补选出缺的代表既可以采取差额选举,也可以采取等额选举。

(七)代表的辞职

关于代表的辞职,《选举法》第 49 条、第 50 条对此也做了规定:"县级以上的人大代表可以向本级人大常委会书面提出辞职,乡级的人大代表可以向本级人大书面提出辞职;县级以上的各级人大常委会组成人员,全国人大和省、自治区、直辖市、设区的市、自治州的人大专门委员会成员辞去代表职务的请求被接受的,其常委会组成人员和专门委员会成员的职务相应终止,由常委会予以公告;乡、民族乡、镇的人大主席、副主席,辞去代表职务的请求被接受的,其主席、副主席的职务相应终止,由主席团予以公告。"[1]代表辞职以后造成的代表出缺,按前述补选代表程序进行补选。

(八)代表资格的终止和停止

我国选举法和人民代表法规定代表资格终止的条件包括如下几种:代表任期届满,死亡,丧失国籍,地方人大代表迁出或调

---

[1] 董和平.宪法学[M].北京:法律出版社,2015,第 234 页.

离本行政区域,被接受的辞职,未经批准两次未出席本级人大会,被依法剥夺政治权利,被依法罢免。

此外,《全国人民代表大会和地方各级人民代表大会人民代表法》第40条规定,"有下列情形之一的代表暂时停止其执行代表职务:代表因为刑事案件被羁押,正在受侦查、起诉、审判;被依法判处管制、拘役或有期徒刑而没有附加剥夺政治权利,正在服刑。上述情形消失后,恢复代表职务"[①]。

(九)选举诉讼

选举诉讼是指当事人对有关选举人资格、选举效力及候选人当选的有效性的决定不服向法院或特定的国家机关寻求救济的方式。有权利就有救济,公民选举权利的受到侵犯必须有从国家获得救济的法律途径,以保障公民的政治权利。从选举制度的内容的角度,选举诉讼具体又可分为三种类型:

第一,选举人资格诉讼。

第二,选举效力诉讼。

第三,当选诉讼。

我国的选举诉讼仅仅只是针对选举人资格的诉讼,人民法院出面受理。我国《民事诉讼法》第164条中对选举诉讼有明确的规定:"公民不服选举委员会对选民资格的申诉所做的处理决定,可以在选举日的5日以前向选区所在地基层人民法院起诉。"[②]当然,我国刑法对破坏选举构成犯罪也规定了相应的刑事处罚。我们认为,选举诉讼应当有其独特的调整对象和范围,归属于宪法性诉讼范畴较为适宜,应该针对程序制定专门的程序法,从而解决选举争议,更好地促进社会主义宪政的发展。

[①] 陈文华.宪法学[M].武汉:华中科技大学出版社,2015,第152页.
[②] 杜承铭.宪法学[M].厦门:厦门大学出版社,2012,第124页.

第四节　改革和完善我国选举制度

选举制度的发展历史表明,我国选举制度适应社会政治、经济和文化的发展的需要,不断进行完善,有力地促进了我国民主政治建设。社会主义市场经济在不断发展,在这个大潮下,我国选举制度也应该与时俱进,不断完善。

一、扩大直接选举的范围,使选举制度更加民主和合理

在选举过程中,选举方法十分重要,直接关系到选举是否公正公平,直接关系到选举是否民主合理。与其他方法不同的是,选举方法称为方法,但却不是一个简单的选举技术问题。在我国宪政发展中,选举制度通常采用直接选举和间接选举相结合的原则,这样能够较好地保证民主合理、公平公正。市场经济的发展在客观上有统一的市场范围。直接选举比间接选举更能体现市场经济的上述要求,可以在一定的统一的市场范围内参与决策。同时,市场经济在客观上要求扩大直接选举的范围,这就可以深层次地完善我国的选举制度。我国市场经济的客观发展现实以及我国选举制度的客观发展现实在客观上限制了我国直接选举的范围。这就决定了我国直接选举范围在普通行政地方应扩大到省级以下的各级地方人大代表的选举,在民族区域自治地方的自治区域内,直接选举范围可以扩大到自治区所辖的市一级地方。

二、完善选举诉讼制度,实现对于公民选举权利的全面司法救济

在政治主义说中,有这样一种观点。它认为,选举权和被选

举权是公民的政治权利,它们的一个重要的特点就是具有高度的政治性,而且关于与选举诉讼的裁判也具有政治性,不是随随便便就可以解决的,而是由一定的政治机关来解决。在法律主义学说中认为,选举权和被选举权不仅是公民的基本政治权利,同时也属于法律范围内的权利,基本前提就是法律的确认和保护,在进行裁决时应该交给司法机关,同时裁决的方式途径主要是法律形式。

在目前的体制下,在民事诉讼中,选举诉讼是其中重要的一环。应该清醒地认识到,民事诉讼特别程序只是在暂时弥补专门立法缺失上发挥一定的作用。在破产法制定后,破产诉讼程序被移出"特别程序"一章。在选举诉讼类型上存在争议,一是选民资格争议;二是针对选举机构的违法行为的争议;三是候选人提名、推荐争议;四是选举结果诉讼。而目前选举诉讼的范围仅限于第一类。

三、改革代表候选人提名制度,进一步完善代表结构

在我国人大代表中,出现了明显的官民比例不协调问题,同时基层代表人数太少。针对这个问题,我国选举法做出了一系列的修订。修订后的《选举法》在总则部分的第 6 条对基层代表的人数有一定的要求。但该条并未在"代表候选人的提出"与"选举程序"等章节中得到落实,这在客观上说明了我国《选举法》还走在发展的道路上,不够成熟,有待于完善。我们认为,应适度扩大选民或代表联名推荐的候选人比例,同时对这些候选人在所有候选人中的最低比例做出明确的规定,并以制度方式保障他们的选举权利。

第八章 现行宪法的政党制度研究

研究现行宪法的政党制度,不仅有利于全面把握中国政治政治发展演进的历史逻辑,深入了解新形势下中国政党的运作现状,对中国政党政治的发展进行科学的展望。

第一节 政党与政党制度概述

一、政党

(一)政党的概念

政党一词最早产生于西方,在英文中为 Party 或 Political Party。从语源学意义来看,"政党"源于"部分",指一个整体中的一个部分。从这个角度理解,政党有助于把一些反映部分、地方利益的团体整合到一个国家之中。同时,由于"它们在某些联合统一体中与另一部分相互对立,彼此各不相让"[1],使得整体不得不给予部分以反映民意的机会。在西方,柏克对政党的界定较有代表性,他指出:"政党是人们基于某些全体同意的特定原则,共同致力于增进国家的利益,而联合组织的团体。""政党是使人们

---

[1] (美)西摩·马丁·李普塞特著.一致与冲突[M].张华青等译.上海:上海人民出版社,1995,第136页.

第八章 现行宪法的政党制度研究

能以国家的全部权利与权威,执行其共同计划的适当手段。"[1]这一定义表明了政党是为共同目标而奋斗的政治团体,同时它是把人们与国家联系起来,并实现其目的的手段和工具。

在古汉语中,"党"最初指居民单位,如"五族为党",后来引申为有亲密关系的人群,但多属贬义,如"君子朋而不党""党同伐异""结党营私"等。其实,这里的"党"是"宗派""派系"的意思,并不是现代意义上的政党。正是由于对二者概念上的混淆,我国对政党存在一定的偏见。如在清朝末期,尽管政党丛生,但大多数政党并不以"党"命名,大都打着"会""社""堂"等的幌子。随着西方政党学说的传入,梁启超在《新民丛报》上指出政党与朋党有别,"政党者,以国家之目的而结合者也;朋党者,以个人目的而结合者也"[2]。现代政党的概念在我国才逐渐为人们所接受,民国之后,开始有大批政治组织以党命名,并将政党与立宪政治紧密联系。康有为、梁启超就曾经指出:"政党与立宪政治,犹如鸟有双翼。非有立宪之政,则政党不能兴;若立宪之政,无政党兴起,亦犹鸟之无翼耳。"[3]

然而,政党本身是一个历史范畴,在不同的国家有不同的表现形式,甚至在相同国家的不同历史时期,也有所不同,因此,应当从政党的内在属性和阶级基础来进行定义。本书认为,政党是一定阶级、阶层或利益集团中的积极分子为实现其共同的利益,以夺取或控制政权,或者影响权力的运用而建立起来的具有一定组织形式的政治组织。政党制度则是有关政党的地位和作用,特别是关于政党执掌、参与或影响国家政权的各种制度的统称,是现代国家政治制度的重要组成部分。

---

[1] Alan Ware. Political Parties and Party Systems[M]. Oxford:Oxford University Press,1996,p. 2.

[2] 萧超然,晓韦. 当代中国政党制度论纲[M]. 哈尔滨:黑龙江人民出版社,2000,第 27 页.

[3] 赵书刚. 中国政党发展的轨迹[M]. 北京:中共中央党校出版社,1998,第 2 页.

(二)政党的特征

1.政党有具体、明确的政治纲领

这是政党区别于其他社会组织的重要标志。政党以争取和维持国家政权为主要目的,为实现自己的政治目标并在复杂的政治斗争中指导自己的行动,政党就必须对国内和国际问题有明确的政治主张。

2.政党有明确的政治目标

政治斗争的中心问题是政权问题。具体地说,政党的政治目标就是本阶级、阶层或集团争取和实现对国家生活的统治权,在争得统治权之后,巩固其统治,最低限度是干预和影响国家生活的内容、方式和政策,以便维护各自代表的阶级、阶层或集团的利益。政党的全部活动都服从于这个政治目标。

3.政党有定型的组织系统

政党组织是政党的存在形式。尽管在政治实践中,政党组织有严密和松散之分,但都有一定的组织系统。如果没有组织系统就只能是一盘散沙,不可能统一本党派的意志从而形成集体的力量。

4.政党都具有组织纪律性

政党不同于国家机关,它主要通过成文或不成文的组织纪律约束其成员的行为,组织纪律是政党开展活动的重要保证。

(三)政党的产生

政党不是从来就有的,它是社会、经济、政治发展到一定阶段民主政治形式不断完善的产物,是在资本主义反对封建专制的革命中逐渐产生和发展起来的。经济基础决定上层建筑,在奴隶制和封建制社会中,封闭、落后的自然经济决定了政治上的专制统治,君主操纵一切国家权力,个人独断专行,民众毫无言论、集会、结社的权利和自由,完全不具备产生真正现代意义上的政党的条件。到了封建社会末期,随着资本主义生产关系发展到一定阶段,资产阶级的经济实力和政治影响得到不断提高后,产生政党的条件逐渐成熟。

1.资本主义生产方式是政党产生的经济基础

资本主义生产方式包括生产关系和生产力两个方面。从生产关系的角度来看,随着资本主义生产关系的萌芽和发展,资产阶级的力量逐渐壮大,资产阶级为了取得自由竞争的权利,为了追求剩余价值,在外部必须和封建势力进行斗争,在内部又要以自由竞争的方式妥善处理本阶级在争夺市场、原材料以及投资场所等问题上的复杂关系,从而产生了组建本阶级政治组织和联盟的迫切需要。从生产力发展的角度来看,资本主义机器大工业的出现和发展,提供了前所未有的通信、交通、宣传等工具和手段,整个社会经济联系空前紧密,便于资产阶级的组织联合,使资产阶级在反对封建势力的斗争中能迅速地将政治势力和政治活动由分散变为集中,由地方性变为全国性,为资产阶级组建政党创造了物质条件。

2.资本主义议会民主制以及选举制度的确立是政党产生的政治依据

资产阶级革命打乱了以往的专制统治秩序,民众逐渐地享有了言论、集会、结社等合法的政治权利和自由,资本主义议会民主制逐步确立起来。资本主义议会民主制的确立使资产阶级内部各阶层、各利益集团都获得了参加国家管理的自由和平等的权利,他们的代表获得了有组织地进行政治活动的合法场所,能够定期召开会议,各抒己见,开展辩论,决议国是。同时,选举制度的日益普遍对民众的政治参与起到了至关重要的动员作用,为政党的最终产生积累了广泛的社会资源。

3. 资产阶级民主、自由、平等观念的提出以及公民意识的觉醒是政党产生的思想文化条件

为了适应资本主义经济发展和反封建政治斗争的需要,废除经济上、政治上的封建束缚,满足资本主义商品经济中"竞争""平等"的客观要求,以托马斯·霍布斯、约翰·洛克、托马斯·杰斐逊以及卢梭等为代表的资产阶级思想家,在反封建的思想斗争中提出了"自由、平等、博爱"为核心的、系统的资产阶级民主思想。在"人人生而平等""天赋人权""人民主权学说""三权分立""社会契约论"等新思想观念的熏陶和影响下,民众头脑中人人生而平等的公民意识逐渐取代了逆来顺受的臣民意识,普遍觉得参与国家政权的管理是不可让渡的权利,从而为政党的产生奠定了重要的思想文化基础。

在政党产生的经济、政治、思想文化条件的共同作用下,17至18世纪的欧美出现了最早的现代意义的资产阶级政党,即英国的辉格党(自由党)、托利党(保守党),美国的联邦党(民主党)、反联邦党(共和党)。伴随着欧美各国经济、社会的发展,欧美不仅成为政党产生最早的地区,也是政党政治发展最为发达的地区。

无产阶级政党产生的时间比资产阶级政党要晚一些。当无产阶级反对资产阶级的斗争发展到一定阶段,随着无产阶级革命运动的深入发展和马克思主义的广泛传播,马克思主义日益与工人运动相结合。在此基础上,1847年6月,马克思、恩格斯在英国伦敦组建了历史上第一个国际性的无产阶级政党——共产主义者同盟。1869年,德国无产阶级建立了世界上第一个单一民族国家范围内的无产阶级政党——德国社会民主工党。

自世界上最早的政党于17世纪70—80年代在英国产生以来,当今世界的200多个国家和地区中,只有少数国家和地区没有政党,在其他国家和地区的政治生活中,政党领导是现代国家政治过程的基本特征;在现代国家的政治过程中,政党是最活跃、

最有影响力的政治主体。[1]

(四)政党的功能

政党制与议会制和选举制一起构成现代民主制度的三大支柱,政党的所做所为关涉议会制度和宪政民主制度的成败。政党在当代西方国家政治生活中占据主导地位,在组织竞选、掌握政策、控制社团方面发挥着主体作用。从价值追求和应然的层面而言,政党应有下述功能。

1. 利益表达和利益聚合

一般而言,政党是政府和人民之间的桥梁。政党对于人民利益的表达起着重要的不可替代的作用。首先,现代政党为民意的反映和表达提供了一个比较制度化的渠道。人们可以通过支持那些主张有利于自己利益的政策的政党来表达自己的意愿,使自己的意志融入国家意志之中,通过反对那些不利于自己利益的政党来使自己的利益得到保护。其次,国家和政府通常都是强大公权力的执掌者,公民个人在其面前总处于弱势地位。个人只有通过行使政治结社权,组成一个比较规范的政治组织,才有可能影响到国家政策,并消解强大公权力对自己利益的侵蚀。再次,如果一个国家中存在着强大的反对党,这会使得执政党在进行政策制定时不得不对各方面的利益进行综合考量,从而在客观上有利于人民利益的表达和保障。

2. 社会整合

在一个利益多元和利益分化迅速的社会里,社会整合的根本问题就是各种利益尤其是相互冲突的各种利益之间的协调。因此社会整合的水平在很大程度上取决于政治体系吸收、同化和消解、融化社会各种利益和要求的能力。从结构功能主义的观点来

---

[1] 王沪宁.比较政治分析[M].上海:上海人民出版社,1987,第111页.

看,一个制度化程度很高,具备高度自主性的适应性的政党体系,可以在一个程度上通过本体系扩大政治参与面,从而容易控制或转移动乱及革命性的政治活动;也可以组织成员参与政治活动,保护相应的政治体系,避免其遭到破坏。

3. 政治社会化

政党体系的存在可以帮助训练人们的政治技巧,培养对政治体系的认同和归附意识,提升人们的政治能力,同时提升政治体系的合法性。

4. 组织和控制政府

政党活动的主要目标是直接掌握政府或影响政府权力的行使。通常在西方国家,一个政党一旦执政,它就以政府作为本党的主要决策机构和执行机构,并以政府的名义对社会发号施令。

5. 牵引宪法秩序

政党是执掌政治资源的重要政治团体,政党领袖或负责人都是重要政治公共人物,他们对宪法的态度直接对普通公民起着示范和导引作用。政党居于政治舞台的中心,衡量宪法是否具有权威,宪法秩序是否良好的重要指标之一是政党组织和政党行为是否置于宪法的规制之下。

(五)政党权的性质

权利和权力是两个最基本的宪法现象,因此研究政党问题,当然不可避免地要讨论政党权的性质问题。综合学界现有的探讨,关于政党权大概有以下几种观点。

1. 政党权是人民结社权的衍生结果

人民有权利组成并加入一个政党,与人民在私法领域内成立公司一样。因此,政党权其实就是一个政治性社团权。这种观点在西方国家的政党理论中较为普遍。①

2. 政党权是一种权力

这是许多中国学者所秉持的一种主张。其依据是：其一，列宁认为"从前，我们党还不是正式有组织的整体，而只是各种集团的总和，所以在这些集团间除了思想影响之外，别的关系是不可能有的。现在，我们已经成为有组织的政党，也就是说成了一种权力，思想威信变成了权力威信，党的下级机关应该服从党的上级机关"②。其二，基于社会主义国家政党的强大支配力和"类国家机关"的现实。他们认为：在现阶段以及今后相当长的时期内，中国共产党对国家的领导离不开权力领导，但党的领导首先是一种权力，是一种国家权力。③ 还有的学者虽然认为，政党权属于权力的范畴，但在权力体系中，政党权属于社会权力的范畴，与政府权力这种国家性质的权力不同。④

3. 政党权是权利与权力的结合

对全体社会而言，政党权既是思想政治上的领导权威，又是执政党的政治权利，必须经过法律程序才能转化为国家权力，但对于党组织和党员来说则是一种直接权力。⑤

4. 政党权是政治权利

该观点认为，党对国家政治生活有领导权，这个"权"不是也

---

① 陈新民.德国公法学基础理论(上册)[M].北京：法律出版社，2010，第300—301页.
② 列宁全集(第7卷)[C].北京：人民出版社，1959，第360页.
③ 匡克.论法治国家与党的领导的法治化[J].社会科学，1999(4).
④ 江启疆.执政党与国家职能权力的三维剥离及执政权的实现[J].广东社会科学，2002(1).
⑤ 郭道晖.权威、权力还是权利——对党与人大关系的法理思考[J].法学研究，1994(1).

不应该是国家权力,但又绝不是权威,主要应当是政治权利。[①]

我们认为对权力一词尽管有不同的定义,但最广泛的用法是将权力作为影响、控制、统治和支配的同义词。宪法学并不对权力问题进行泛泛而谈,它仅从权力与权利的关系的角度对权力的来源、权力的分配与授予、权力的制约与控制等问题进行研究与探讨,而且这种研究在实质上涉及公共整体利益与社会局部利益两者的互动关系,这正是宪法学与伦理学、社会学、经济学研究权力视角的不同所在。政党权研究的意旨在于它与国家权力是否具有相近或相同的性质。而这样一个问题并不具有普适性意义,在西方成熟的代议制民主国家这个问题是不存在的,他们认为政党权就是政治权利。而在马克思主义经典作家看来,具有先进性、权威性的政党权与具有暴力性的国家权力也是不可同日而语的,不能把政党权等同于国家权力,不能将政党组织混同于国家机关。即便是奉行民主集中制的建党学说,主张党的下级机关要服从上级机关的政党,其所拥有的对下级机关和全体党员的支配权也充其量只是一种社会集体权力。政党权研究的语境针对某些国家包括我国的政党事实上在国家政治生活中拥有支配和统治力的现实,因此从价值追求的角度而言,政党权的良性状态只能是将其限定为一种政治权利。

二、政党制度

(一)政党制度的内涵

现代民主政治的一个显著特点就是政党政治。所谓政党政治,是指政党掌握、参与或影响国家政权,并在国家政治社会生活和国家事务及其体制的运行中处于中心地位的政治现象,其中政党领导和掌握国家政权是政党政治的核心。所谓政党制度,是一

[①] 童之伟.论适应市场经济社会的宪政秩序调整[J].法商研究,1997(1).

国政党政治的法律化,是有关政党组织、活动、政治地位、参政方式、相互关系等的一系列法律和惯例的总和。立宪国家对政党制度的规定一般都反映在宪法中,因此,政党制度是一国宪政制度的重要组成部分。

(二)政党制度的类型

根据不同的标准,可将政党制度划分为不同的类型。

1. 根据一国政党的数量或居于垄断地位政党的数量与掌权方式,将政党制度划分为一党制、两党制和多党制

所谓一党制,指的是一个国家只存在一个政党或存在多个政党,但只有一个政党长期执掌国家政权。一党制是 20 世纪才出现的政党制度,在当代的一些新兴的民族独立国家如缅甸、埃及等较为多见。所谓两党制,并不是一个国家只有两个政党,再无其他政党,它指的是一个国家存在两个或两个以上政党,但只有两个主要政党单独轮流执掌政权。两党制最早在英国建立,后在美国、加拿大、澳大利亚等国广泛采纳。在两党制度下,政党之间的斗争实质上就是一个阶级"内部"之争。所谓多党制,是指一个国家存在三个或三个以上政党时,其中一些政党联合起来组成多数党联盟,从而能够取得优势地位,获取国家的执政权。实行多党制的国家有法国、德国、荷兰等。

2. 以社会制度和意识形态为标准,可以把政党制度划分为:社会主义制度下的政党制度、资本主义制度下的政党制度和新兴发展中国家的政党制度

有些学者鉴于以上分类的模糊性和笼统性,又从另外的视角对政党制度的类型进行了探讨。比如根据执政党的作风和特点,将一党制分为一党专制、一党权威、一党多元、实用一党制、一党霸权制和一党优势制;多党制又分为两党制、温和多党制、碎分化多党制和极化多党制。根据有无竞争性把政党分为"有竞争性的

政党制度"和"无竞争性的政党制度"。以"政治结构"、各政党的政党倾向与它们之间的力量对比关系分为标准的北欧型、南欧型和日本型等几种不同形式的政党制度。

三、宪法对政党和政党制度的规定

尽管政党在各国政治实践中发挥着非常重要的作用,但二战以前各国宪法对政党一般都不做规定。人们一直认为,组织政党是公民结社自由权利的一部分。宪法中有关结社自由的规定就是政党存在的法律基础而没有必要另行在宪法中规定政党制度。因此,早期民主宪政国家对政党活动一般也不加限制,这就使很多反体制政党得以存在和发展。这一纵容终于酿成大祸。德国的纳粹党在这一背景下迅速发展并取得德国政权。纳粹党取得政权后很快就取缔其他政党并废除了以魏玛宪法为标志的民主宪政制度,此后纳粹德国更是发动了第二次世界大战,给整个人类造成了巨大灾难。

欧洲国家最早对政党进行了相关规定,尤其是遭受了法西斯、纳粹党破坏民主制度,建立独裁制度的国家,比如意大利和德国。意大利宪法第49条规定:"为了以民主方法参与决定国家政策,一切公民均有自由组织政党的权利。"联邦德国基本法第21条规定:"政党参与形成人民的政治意志。可以自由建立政党。政党的内部组织必须符合民主原则。他们必须公开说明其经费来源。"等等。在其他二战后新成立的民族主义国家中也多有这方面的规定,如缅甸宪法第11条规定,国家应采取一党制。缅甸社会主义纲领党是唯一的政党,它领导国家。阿尔及利亚宪法第94条、第95条规定,阿尔及利亚体制建立在一党原则基础之上。一些国家还通过制定政党法或者其他单行法规的形式对政党和政党制度做出了相关的规定。例如印度尼西亚前政党法规定,只允许存在两个政党和一个专业集团,政党必须信仰"建国五项原则"和承认宪法,等等。

第八章 现行宪法的政党制度研究

在世界各国宪法中,除了以上对政党进行原则性规定的外,还有些国家对政党制度在宪法中设有专章专节进行了相关规定。如布隆迪、坦桑尼亚、危地马拉、巴拉圭等。但从世界范围内看的话,在宪法中对政党问题进行明确规定的国家还是只是少数,大多数国家以宪法惯例的形式来确认政党的组织与活动。以美国为例,在美国宪法中虽然没有对政党参与选举做出相关规定,但是在美国总统的选举实践中,民主和共和两党都对总统选举按习惯进行选举投票,且选民也普遍接受这种做法。其主要原因就是因为美国的总统选举成为宪法惯例。

在历史上,社会主义国家政权在初期建立时,在宪法中没有对共产党在国家中的地位进行相关规定,比如1918年的苏俄宪法只在全俄中央执行委员会会议规则中对党团代表的发言时间长度进行了相关规定;1924年苏联宪法中对于政党则没有做出任何规定。之后,社会主义国家的宪法对政党制度有了普遍规定,其规定主要有两个方面内容:一是对无产阶级在国家中的领导地位做出了明确规定。如罗马尼亚1975年宪法规定:"在罗马尼亚社会主义共和国,罗马尼亚共产党是整个社会的领导的政治力量。"我国现行宪法则规定:"中国各族人民将继续在中国共产党领导下……把我国建设成为富强、民主、文明的社会主义国家。"二是一些存在其他民主政党的国家,对民主政党的合法地位以及与无产阶级政党的合作关系通常都做出了明示或暗示规定。如我国1993年通过的宪法修正案规定:"中国共产党领导的多党合作和政治协商制度将长期存在和发展。"

第二节 资本主义国家的政党体制

一、一党制

一党制是指一个国家中执政党是唯一合法的政党,或只有一个政党在国家政治生活中占统治地位。这种政党制度一般以宪法典的形式予以确认。资本主义国家的一党制是成熟的资本主义民主制度建立以前出现的一种政党制度，实际上是人类抛弃君主专制统治以后出现的一种新型的专制统治。在这种制度下独裁者通过政党对全国进行严密的控制。由于在资本主义一党制国家不能进行公平公正的选举，因此不符合资本主义民主宪政的基本原理。它有两种具体表现：

（一）法西斯统治下的一党制

法西斯主义政党，主要指意大利的法西斯党和德国的纳粹党，此外，1975年以前的西班牙和1974年以前的葡萄牙也是法西斯主义政党执政。在这些国家，法西斯党垄断政权，法律上禁止其他政党活动，完全抛弃了资产阶级民主。很多人认为法西斯政党是资本主义民主发展到巅峰之后的产物，这是错误的。实际上这些国家或者根本没有采用过民主制度，或者民主制度在这些国家没有扎根。以德国为例，直到1871年德国才统一成为民主国家，德意志帝国宪法是维护君主专制的宪法而不是一部民主宪法。1919年，德国接受了资本主义民主制度，而当时资本主义民主制度在德国是非常脆弱的，它受到共产党、保皇派和纳粹党的挑战。法西斯政党一上台就迅速演变为个人独裁统治。党成为独裁者实行法西斯统治的工具，其他政党和反法西斯活动均遭禁止。为维护专制统治，法西斯政党建立多种形式的恐怖组织，如冲锋队、党卫军和秘密警察组织"盖世太保"，其血腥的统治令人毛骨悚然。法西斯专制统治肆意侵略扩张，挑起第二次世界大战，给人类社会带来了前所未有的灾难。

（二）非洲国家的一党制

非洲国家采用一党制有其特定的历史背景和社会环境。这些国家通常是在长期反对殖民统治之后获得独立的。领导独立运动的政党在整个国家有特殊的影响，其他政治派别在相当长的时间里无法与之抗衡。也有些国家的政党是军事政变以后由军人政权演变而成的。无论哪一种情况，能够长期保持一党制是这些国家在法律上禁止其他政党的存在造成的。一党制使这些国家独裁主义色彩比较浓重，政府腐败现象难以控制，军事政变时有发生。

二、两党制

它是指在一国内，由两个主要的势均力敌的政党，通过竞选来交替组织政府，轮流执掌国家政权的政党制度，也称两党对峙制。这种政党制度并不否认第三政党的存在，只是以宪法惯例的形式确认了比较稳定的两个政党轮流执政。英国和美国是实行两党制的典型国家。英联邦国家，如加拿大、澳大利亚、新西兰等由于长期受到英国的殖民统治和政治制度的影响基本上也实行两党制。两党制有利于政治稳定，由于两大政党都拥护和依赖现有宪政体制，其他激进的反对现行体制的政党很难有机会发挥作用。

通常来看，两党制能够长期存在的主要原因是选举制度和政府制度。在两党制国家一般采用"单选区制""相对多数当选制"和"胜者得全票制"，这些制度有利于两党制。例如"单选区制"即一个选区只产生一个议员。这一制度促使每个政党团结一致确保竞选获胜，因此，竞选一般只能在两个主要政党之间进行，小党在这一制度下很难发展。此外，在美国，单一行政长官制对两党制的形成和保持起重要作用。总统制和选举总统的方法是建立和维持两党制的最大动力。

英国自 1679 年在是否剥夺詹姆士王位继承权的"排斥法案"议会中就形成了比较明确的党派分野。此后，政党制度一直逐渐发展，但始终在议会中存在两个主要的政治派别，先是辉格党和托利党，后来是保守党和自由党。由于国际工人运动的蓬勃发展，英国工党应运而生。1931 年以后，逐步形成了主要由保守党和工党轮流执政的新的两党制。英国的反对党同其他国家的在野党不同,具有法定地位,是"女王陛下忠诚的反对党"。反对党在英国有几个方面的作用:一是反对党可以积极地批评政府,对政府行使权力进行有效的制衡和监督。二是反对党随时准备承担政府的责任。反对党有一个"影子内阁",是女王陛下可供选择的政府。三是反对党在议会下院与执政党合作处理实际事务,在国家危机时甚至可以同执政党组成联合政府。例如在二战初期就组成了以丘吉尔为首相的联合政府。许多学者对英国两党制,尤其反对党的地位给予极高的评价,认为"英国反对党的发展是对政府艺术的最大贡献"。艾弗·詹宁斯说:"对自由国家的考验就是审查相当于反对党组织的地位。"

美国实行的也是一种典型的两党制。自政党制度形成以来,是民主党与共和党一直在轮流执政。两大政党不仅控制着联邦政府,也控制着几乎所有的州政府和地方政府。其他政党虽不断产生,偶尔也有相当影响,但始终无法与两大政党分庭抗礼,更无入主白宫之缘。美国两党制与英国两党制的主要区别是美国政党组织松散,没有严格的纪律约束。两党在国会两院都设有各自的组织,但不从属于全国委员会。议员享有很大的独立性,不受本党领袖的约束,往往根据自己的判断或选区选民的要求进行投票。这一组织特点赋予选民更多的机会和更直接的途径以监督两大党的行为。

三、多党制

多党制是指在一国内,存在众多合法政党,相互竞争组织政府,但又不存在由两个政党垄断国家政权的政党制度,这是资本主义国家广泛采用的政党制度。

多党制形成的原因比较复杂:一方面,与多党制国家的政治力量结构有关。多党制国家的政治力量结构比较复杂,这种情况往往决定了某一政党难以形成对政局的绝对控制而导致多党制的产生。另一方面,与这些国家的选举制度也有密切关联。在选举中,一般采用比例代表制,在这种制度下,一些小党可以集中各自的选票使它们的候选人当选,进而保证多党制的存在。实行多党制的优点在于政治监督、制约的广泛性、经常化,缺点在于容易导致内阁频繁更迭,政局不稳,不利于国家经济、政治、社会的发展。

根据各政党在国家政治生活中的作用、运行方式等,多党制分为以法国和意大利为代表的极化多党制(南欧型),以瑞典、挪威为代表的有限多党制(北欧型),此外,日本的多党制和德国的稳定多党制也比较典型。

(一)极化多党制

极化多党制是指多党竞争的两极化,即在多党制的前提下,各政党依其观点、政策的不同而形成两大对立的派系,每一派系都有一个中心党。在法国,主要是以四个大党为主构成左右两大阵营:右翼以人民运动联盟、民主联盟为主;左翼以社会党和共产党为主。在意大利,战后基本上是以天主教民主党(1993年更名为意大利人民党)为主形成中右势力和以共产党(1991年更名为左翼民主党)为主形成的左翼势力。

(二)有限多党制

有限多党制,是指这些国家有多个政党存在,经过长期演变形成几个势力相当的政党共同把持政治舞台,其中任何一党都很难单独获得绝对多数,往往通过政治妥协征得其他政党的支持组成少数党政府或多党联合政府。这种政党制度主要存在于瑞典和挪威。与法国与意大利的政党制度不同,瑞典和挪威的政党没有明显的两极,而更多地体现为社会性。

(三)日本的多党制

日本的政党体制一直被称为"一党独大制"。在日本,政党数量很多,在参众两院有席位的政党有十多个,选举时则更多,有时甚至上百个政党参加竞选。但自 1955 年到 1993 年,自民党在国会一直占有稳定多数,长期执政。日本虽然一党长期执政,但与一党制不同。日本法律上并不禁止其他政党的存在,实际上议会中有多个政党存在。此外,自民党允许党内派别的存在,形成一党多派。这样,既能反映各种利益集团的要求,客观上也抑制了其他政党的发展。1993 年,由于自民党金丸信受贿震荡引起自民党内部分化,并在议会选举中失去绝对多数沦为在野党。1994 年 6 月底参加三党联合政权,重返执政地位。1996 年 11 月恢复单独组阁。1998 年成立的民主党在 1998 年 7 月参议院选举和 2000 年 6 月众议院选举后实力大增。2007 年 7 月日本参议院选举后,民主党成为参议院第一大党。2009 年 8 月,日本最大在野党民主党获得众议院全部 480 个议席中的 308 席,取得空前胜利,日本民主党总裁鸠山由纪夫出任日本首相。虽然其他政党仍然继续存在,但日本已经呈现出了两党制的政治格局。

(四)德国的稳定多党制

德国政党制度被认为是稳定的多党制。战后德国总结了魏玛宪法失败的教训,在宪法和法律中加强了对政党的控制。为了避免议会多党林立导致过激政党可能威胁宪政体制,选举法规定,一个政党至少必须赢得全国总选票的 5%(或三个选区席位),才能参加议员席位的分配进入议会。这一条款对所有小党都不利,而有助于政党的合并。以基督教民主联盟—基督教社会联盟、社会民主党和自由民主党为主形成的"二元体制、三角均势"的政党格局一直比较稳定;其他小党很少有能力进入联邦议会冲击业已形成的政党体制。在这种体制中,基督教民主联盟—基督教社会联盟和社会民主党两大政党长期轮流执政,但两大党谁都不能单独在议会中构成绝对多数。自由民主党虽是小党,一般占不到 10% 的选票,却在二元体制中起非常重要的作用,两大党任何一方只有得到它的合作才能组成多数政府,故称"三角均势"。

进入20世纪80年代后,德国政党格局发生了很大的变化。首先是绿党成功进入议会成为第四大党,此外,两德合并以后,原东德的执政党德国统一社会党改组更名为民主社会主义党也进入议会。这样,现在德国联邦议会中通常有五个政党,社会民主党和基督教联盟党为主导各占35%左右的议席,领衔组阁,其他三党各占接近10%的席位。

第三节 中国共产党领导下的多党合作制度

一、我国政党概述

我国宪法序言明确规定:"中国共产党领导的多党合作和政治协商制度将长期存在和发展。"多党合作制度在中国的政治和社会生活中显示出独特的政治优势和强大的生命力,发挥了不可替代的重大作用。中国多党合作制度中包括中国共产党和八个民主党派。具体如下:

(一)中国共产党

中国共产党是中国工人阶级的先锋队,同时是中国人民和中华民族的先锋队,是中国特色社会主义事业的领导核心,代表中国先进生产力的发展要求、中国先进文化的前进方向以及中国最广大人民的根本利益。党的最高理想和最终目标是实现共产主义(《中国共产党章程·总纲》)。中国共产党是我国的执政党,其组织原则为民主集中制,其组织体系为中央、地方和基层三个层次。

(二)中国国民党革命委员会(简称民革)

民革是在香港于1948年1月正式成立的,其政治主张是:推翻国民党的独裁统治,实现中国的独立、民主与和平。1949年11月,国民党民主派第二次代表会议举行,决定将民革与民联、民促以及国民党其他爱国分子进一步统一为中国国民党革命委员会。民革的成员主要包括原国民党及与国民党有历史联系的人士。民革中央机关报为《团结报》。

(三)中国民主同盟(简称民盟)

中国民主同盟于1941年3月19日在重庆秘密成立,在当时,中国民主同盟的名称是中国民主政团同盟。同年11月16日,张澜公开宣布中国民主政团同盟成立。1944年9月,在重庆中国民主政团同盟召开的全国代表会议上,决定将中国民主政团同盟改为中国民主同盟。其主要组成人员是从事文化教育以及科学技术工作的高中级知识分子。

(四)中国民主建国会(简称民建)

1945年12月成立于重庆。它是工商业以及其他经济工作人士为主体的社会主义劳动者和拥护社会主义的爱国者的政治联盟。其主张爱国反帝、反对独裁、实现民主政治。1946年4月,总会迁至上海。民建现在的成员主要是经济界人士以及有关专家学者。

(五)中国民主促进会(简称民进)

中国民主促进会于1945年12月30日在上海正式成立,其成员主要是从事教育文化出版工作的高中级知识分子。

(六)中国农工民主党(简称农工党)

它是以医药卫生界知识分子为主体的社会主义劳动者和拥护社会主义的爱国者的政治联盟。农工党的前身是1930年8月在上海创建的中国国民党临时行动委员会。1935年改名为中华民族解放行动委员会。1941年3月,该党参与组织中国民主政团同盟。1947年2月在上海举行第四次全国干部会议,决定改党名为中国农工民主党。

(七)中国致公党(简称致公党)

中国致公党是由华侨社团发起,于1925年10月在美国旧金山宣告成立的。致公党在1947年5月在香港举行第三次代表大会对本党进行改组,成为一个新民主主义的政党,其主要成员是归侨侨眷中的中上层人士。

(八)九三学社

九三学社的前身是由一批爱国的学术人士于1944年在重庆成立的"民主科学座谈会"。1945年9月3日,为纪念抗战胜利,改名"九三座谈会",1946年5月正式成立九三学社。主张继承"五四运动"的民主与科学传统,反对内战,实现民主。九三学社的成员以科学、技术界高中级知识分子为主。主办《红专》杂志。

(九)台湾民主自治同盟(简称台盟)

台湾民主自治同盟于1947年11月12日在香港成立,其要成员为台湾省籍的爱国民主人士。

二、具有中国特色的政党制度

(一)中国共产党领导下的多党合作制度的内涵和特点

中国共产党领导的多党合作制度是指在我国社会主义国家中,在共产党领导的前提下,代表工人阶级即无产阶级的政党邀请其他政党参与执政,共同管理国家事务的一种政党制度。这是具有中国特色的社会主义政党制度,是我国民主制度的重要组成部分。它明显不同于西方国家的两党制和多党制,在性质上也有别于某些西方国家多党制下的一党长期独立执政的政党制度。

中国共产党领导的多党合作是具有中国特色的社会主义政党制度,其中国特色主要表现为以下三个方面:第一,这一制度属于"非竞争性政党制度"。中国的宪法和法律确立了中国共产党的领导和执政地位,各政党的政治地位和政党关系具有长期稳定性,避免了政党竞争和轮流执政可能引发的政治动荡。各政党都以建设中国特色社会主义为最大政治共识和奋斗目标,团结合作,求同存异,和谐共生,有利于促进政治的和谐和稳定。第二,这一制度是"合作型政党制度"。中国共产党领导的多党合作不是"一党制"而是"多党合作制",既不同于西方国家的两党或多党竞争制,又有别于其他社会主义国家的一党制。各民主党派不是在野党,也不是反对党,而是参政党。中国共产党和各民主党派都是合法政党,都受宪法保护,在宪法规定的范围内享有政治自由、组织独立和法律上平等的地位。他们代表一定的劳动者和爱国者的利益,反映他们的要求与意愿,在国家政治生活中起参政议政和民主监督作用。第三,这一制度是共产党领导下的多党合作,坚持共产党领导是根本,同时发挥多党合作的作用,多党合作的主要方式是政治协商。

(二)中国共产党领导下的多党合作制度的形成

中国共产党领导的多党合作制度是在我国新民主主义革命和社会主义革命和建设的历史进程中,在共产党与各民主党派长期合作的基础上逐渐形成和发展起来的,因而是我国具体历史条件下的产物。

1840年以后,西方列强以其"坚船利炮"改变了中国历史进程,使中国沦为半殖民地半封建社会。为振兴中华,不少仁人志士曾经学习西方,走多党议会制道路,一度建立了300多个政党团体。1911年孙中山领导的同盟会发动辛亥革命,推翻了中国千年的封建帝制,创立了具有资产阶级共和国性质的"中华民国",实行多党制,确立了"三权分立"的政治制度。然而,在民国众、参院占多数席位的国民党,不仅没有执掌政权,反而被主张恢复帝制的袁世凯北洋政府宣布解散。从1913年3月宋教仁被暗杀到1914年1月袁世凯宣布解散国会止,多党制迅速退出中国历史舞台,中国陷入了连绵不断的地方割据和军阀混战之中。1927年"四·一二"反革命政变后,蒋介石推行国民党一党专制的政治制度,激起了包括中国共产党在内的各民主党派的强烈反对。中国共产党在领导中国人民争取民主、反对国民党一党独裁统治的斗争中,制定了新民主主义革命纲领,采取统一战线的战略策略,与各民主党派建立了合作关系。中国各民主党派在民主革命时期就开始了与共产党的合作,它们正是在长期的斗争经历和反复比较中看到了国家和民族的希望,自愿地选择了接受共产党的领导,并在共同的政治基础上和共产党风雨同舟,形成了"肝胆相照、荣辱与共"的关系。以毛泽东同志为核心的中共第一代中央领导集体,把马克思主义政党理论和统一战线理论同中国实际相结合,与民主党派和无党派人士一起创立了中国共产党领导的多党合作制度。

共产党领导下的多党合作的政党制度,不仅是中国近代历史的选择,而且也与中华"多元一体"的文化特质吻合。中华文化兼容并蓄、求同存异、厚德载物,追求在矛盾体中的和谐与协调。"多元一体""求同存异""和为贵"等理念深深地根植于中国的土壤中,具有深厚的民意基础,而西方强调个人至上、崇尚分立竞争的文化基因很难融入中国文化之中。西方多党制不利于团结,更容易引起分裂,因而不适合中国文化传统。我国目前实行的多党合作制度,倡导各党各派之间的合作、协商,避免发生因互相争斗而造成的政局不稳和政权频繁更迭现象,最大限度地减少社会内耗,有利于维护安定团结的政治局面。在当代,民主已经成为全人类的共同追求,也是我们国家政治体制改革的发展方向。然而,具体采取什么形式的民主制度,则必须符合本国的国情。各个国家的国情不同,民主的发展道路和由此所形成的民主模式自然也应该是多样化的,这也是人类文明发展多样性的具体体现。西方的多党制本身就有许多弊病,加上中华文化的特殊性,使得它完全不适合在中国实行。多年实践证明,中国现行的这一政党制度更适合中国的文化,更适合中国这块土地。

(三)中国共产党领导下的多党合作制度的优势

中国共产党领导的多党合作制度比西方的多党制优越,其优势主要表现在以下几个方面。

1. 充分体现出了社会主义民主

当今世界,民主潮流浩浩荡荡,民主价值已被各国认同。然而,民主的形式是具体的、复杂的,东方不同于西方,非洲不同于美国,各有特色。社会主义民主不只是政治统治方式,其本质在于人民当家做主,让人民广泛参与国家政治、经济、社会、文化生活,充分履行主人翁的权利与义务。协商民主、参与民主、选举民主等都是社会主义民主的重要形式,只有各式民主有机结合,才能构建一个科学完整的社会主义民主体系。中国共产党领导的多党合作制度是中国特色社会主义的民主制度,其核心就是要通过多党合作与政治协商形式,实现社会主义民主,在复杂多变中找出"最大公约数"。多党合作与政治协商的政党制度体现了民主协商和民主参与精神,有利于实现人民当家做主,有利于反映人民群众的意愿和要求,有利于保障人民的合法权益,是一种优于西方多党民主制的政治制度。

2. 有利于社会和谐稳定

在我国,中国共产党是包括各党派在内的全体中国人民根本利益的忠实代表。人民根本利益的一致性,就通过共产党的领导集中反映出来。中国共产党领导下的多党合作制度是一种民主协商、肝胆相照的崭新的合作型政党关系。在中国的多党合作格局中,共产党同8个民主党派既是团结合作的关系,又是领导与被领导的关系。共产党处于领导地位,是执政党;8个民主党派接受共产党的政治领导,是参政党。在中国共产党的正确领导下,各民主党派积极参政议政,为促进国家经济建设、推动民主政治发展、维护社会和谐稳定、促进祖国统一大业等发挥了重要作用。中国政党制度为社会成员的政治参与提供了一个正常的、合法的、畅通的制度化渠道,有利于实现"民意输入"和"政策输出"的良性互动,增强了公民的主人翁意识和政治认同感。

3. 有利于集中国力办大事

一个廉洁、勤政、务实、高效的政府是人民的期盼,是国家的大幸。事实上,中国的多党合作制度在各种民主形式中,是最具有优势和潜力的。如果采取了西方的多党制,必然导致相互牵制,高效这个目标就难以实现。回顾改革开放 30 多年的历程,无论是在"开除球籍"的深重忧患下毅然打开国门,还是鼓起冒险的精神"杀出一条血路",抑或是在非典疫情、汶川地震、金融危机等惊涛骇浪中推动中国巨轮奋然前行,不惧风险、攻坚克难,成为社会主义中国发展进步的独特路径,化为中国共产党人执政的精神基因。无数历史和现实的事实证实了中国多党合作和政治协商政党制度的优越性,调动各方力量,实行民主集中制,团结合作办大事,是中国政党制度优越性的一个重要方面。

4. 有利于执政党加强自身建设

党的建设是党领导的伟大事业不断取得胜利的重要法宝。坚持长期共存、互相监督、肝胆相照、荣辱与共的方针,发挥民主党派和无党派人士对执政党的监督作用,是坚持和完善中国共产党领导体制,促进政党关系和谐发展的重要内容。政党监督是现代政党制度的活力所在,也是中国政党制度保持其生机与活力的关键。中国共产党与各民主党派互相监督,有利于强化体制内的监督功能,避免由于缺乏监督而导致的种种弊端。世情、国情、党情的深刻变化对党的建设提出了新要求,各民主党派反映和代表着社会上多方面的意见和建议,能够提供一种中国共产党自身监督之外更多方面的监督,有利于执政党决策的科学化、民主化,更加自觉地抵制和克服官僚主义和各种消极现象,加强和改进执政党的工作。这种体制内的监督,出发点和归宿是支持和帮助共产党更好地执政,这既避免了多党竞争、互相倾轧造成的政治动荡,又避免了一党专制、缺少监督导致的种种弊端。这也是我国政党制度的优势所在。

三、多党合作制度的内容

中国共产党领导的多党合作的新型政党关系在我国的政治实践中主要有四个方面的内容。

(一)参加政权

参加政权是指在中国共产党领导和执政的前提条件下,各民主党派的成员依法定程序进入中央和地方各级国家机关,担任人大代表和一定的国家机关领导职务,即在国家政权中,中共是执政党和领导党,各民主党派为参政党。

在我国现阶段,民主党派参政包括:一是各民主党派成员通过人民代表大会代表选举,当选全国和地方各级人大代表,参与行使人民代表大会的权力,决定国家的大政方针,进行立法。二是经各级人民政府首长提名,担任政府及其部门的有关领导职务。三是在各级司法机关担任一定的领导职务。此外,民主党派参政还有一些其他形式,如政府及其部门可以请民主党派成员兼职、任顾问和参加有关的咨询机构等。

(二)政治协商

政治协商是共产党同民主党派政治合作的一种表现,政治协商是指在多党合作的过程中,中国共产党和各民主党派就有关国家、民族和社会发展方面的重大问题进行交流商讨,以便在沟通思想、达成共识的基础上集思广益地做出重大的政治经济决策的一项制度。中国共产党与各民主党派的政治协商,在长期的政治实践中基本上形成了以下几种形式:一是召开民主协商会。它是中共中央主要领导人就中国共产党将要做出的大政方针,邀请各民主党派的领导人和无党派人士代表举行的协商会。民主协商会大概每年举行一次。二是小范围的谈心会。这是中共中央领导人根据形势发展需要,不定期地邀请各民主党派主要领导人和无党派人士,就有关问题在小范围进行交流和沟通思想的一种政治协商方式。三是座谈会。它是由中国共产党邀请民主党派、无党派人士参加座谈,目的是通过交流情况,传达文件,听取民主党派和无党派人士提出的政策性建议或讨论某些专题问题。这种座谈会大致每两个月举行一次。

(三)互相监督

执政党与参政党之间的互相监督是多党合作的重要形式。共产党对各民主党派的监督,包括政治、组织和思想诸方面。政治上,各民主党派必须坚持共产党领导,必须坚持四项基本原则;组织上,虽然中共与各民主党派之间不存在上级和下级的隶属组织关系,但在组织方面,各民主党派也应该接受共产党的监督;至于思想上的监督,中共要求各民主党派应自觉学习马列主义、毛泽东思想,学习党和国家的方针政策,学习时事政治。

当然,互相监督不是单向的,而是双向的,也就是说,民主党派也可以监督共产党。中共中央在《意见》中正式提出发挥民主党派监督作用的总原则:在四项基本原则的基础上,发扬民主,广开言路,鼓励和支持民主党派与无党派人士对党和国家的方针政策、各项工作提出意见、批评、建议,做到知无不言、言无不尽,并且勇于坚持正确的意见。民主党派对共产党的监督可以通过政协的各种会议提出建议、向政协会议提出议案的形式,此外,还可以通过政协委员视察、举报或以其他形式提出批评和建议。

(四)其他合作共事

第一,国务院和地方各级人民政府召开全体会议和有关会议讨论工作时,可视需要邀请有关民主党派和无党派人士列席。

第二,政府及其有关部门可聘请民主党派成员和无党派人士兼职,担任顾问或参加咨询机构,也可就某些专题请民主党派进行研究调查,提出建议。

第三,政府有关部门可就专业性问题同民主党派对口协商,在决定某些重大政策措施前,组织有关民主党派座谈,征求意见。

第四,注意在政府参事室中适当安排民主党派成员和无党派人士,发挥他们的咨询作用。

第五,聘请一批符合条件和有专门知识的民主党派成员、无党派人士担任特约监察员、检察员、审计员和教育督导员等。

第六,政府监督、审计、工商等部门组织的重大案件调查,以及税收等检查,可吸收民主党派成员、无党派人士参加,等等。

四、执政党和中国特色政党制度建设

(一)中国特色政党制度建设面临的挑战

1. 世界政党政治生态的变化带来的挑战

冷战之后,在全球掀起"民主化"浪潮。转型国家和发展中国家多数实行了多党制。如苏东、非洲地区等一批原来实行一党制的国家,陆续推行多党制。传统政党受到的冲击比较大,新兴政党力量明显上升,政党格局演变调整。突出地表现为传统的主流政党力量与影响普遍下降,一些大党老党衰弱甚至失去执政地位。在当今各国政坛起主导性作用的政党中,有三分之一到二分之一是冷战后出现的新面孔,这在苏东转型国家以及发展中国家中更加突出。同时,由于主要国家中间阶层壮大,政党出于争取选民的需要,政党意识形态趋向中间化。在这种对社会主义国家不利的国际背景下,我国同敌对势力在政党制度问题上的斗争焦点仍然在于中国是应坚持共产党领导的多党合作和政治协商制度还是照搬西方多党制。由于习惯原因产生的偏见,现在许多西方人士顽固地认为我国的多党合作制度是专制、极权,这是一种偏见。不可否认,我国目前实行的政治制度还存在许多问题,还有待于在政治体制改革中加以改进和完善。但这些问题都是执行过程中的问题,不是政党制度本身的问题。世情、国情、党情深刻变化,新情况、新问题层出不穷。时代在变,群众的民主素质和民生要求也在变。更需要清醒看到的是,中国人口多、底子薄,每一个民生问题都是"世界级"难题,民主进程的每一步都十分沉重,解决好这两大问题的任务艰巨而复杂。这些对我国的政党制度建设都提出了巨大的挑战。

2. 社会结构变化带来的挑战

当前,我国正在向社会主义现代化社会转型的过程中,社会阶层迅速分化。工人阶级内部除原有公有制企业的工人阶级外,又出了许多非公有制经济中的工人阶级队伍,还产生了许多新的相对独立的阶层。同时,一些新的社会阶层已形成。随着城镇化加速推进,城镇人口在快速增长,改革开放以来,中国社会利益格局实现了由利益平均向利益分化的转变,中国公民的政治参与意识不断增强。由于社会阶层的分化,贫富差距加大,新形势造成的新矛盾不断出现。主要表现为,经济犯罪、暴力犯罪等刑事犯罪上升,群体性事件呈高发态势,规模和数量不断上升。"瓮安事件""躲猫猫""钓鱼执法""乌坎事件"等一连串事件反映出干群矛盾日益突出,党的执政能力面临严峻考验。利益主体多元化以及社会不稳定因素的增加,需要在社会转型过程中加快改革步伐,以制度创新来保障社会各阶层利益的平衡与协调发展。因此,在现代化进程中需要实现政治参与的扩大,实行政治参与的有序化和规范化。新形势、新矛盾对当代中国政党制度的社会利益整合功能提出了新的要求。

3. 价值取向多元化带来的挑战

当前我国正处于社会主义初级阶段,加上改革开放的复杂性,我国经济成分、组织形式、利益分配格局和就业方式日益呈现出多样化趋势,这种多样化也导致了社会观念和价值取向的多元化。与此同时,世界进入了大发展、大变革、大调整时期,国际形势变幻莫测,总体格局深度重塑。面对形形色色的诱惑和压力,社会意识包括人们的思想观念、思维方式、价值取向、道德标准等也会发生变化。改革开放以来,我国在取得巨大成就的同时,党的执政环境也面临新的形势,特别是随着社会主义市场经济不断深入,一些消极负面思想也乘虚而入。目前,我国正处于发展关键期、改革攻坚期,同时处于社会矛盾凸显期。新问题大量涌现,社会生活更加复杂,很多方面表现出一种矛盾状态。改革开放既有利益增进,也有利益调整。而利益增进不可能让所有人同时同等受益,利益调整则会让有的人暂时受损。与过去的单一化相比,当前我国的多样化比较显著,很难用一个标准衡量,也不可能简单地做出非此即彼的评价。与此相关联,一些人出现了一种矛盾心态,一方面对国家快速发展和生活不断改善感到振奋;另一方面对社会上的许多现象和问题感到困惑、纠结。众多个体的矛盾心态汇聚在一起,构成了整个社会的矛盾心态。而这种矛盾心态在一定程度上使主流意识形态受到影响,容易使主流意识形态对整个社会的控制力受到削弱,如果这些得不到很好的控制,将会对我国社会主义政治制度的存在和共产党执政地位的巩固构成根本威胁。如何疏导与调适社会矛盾,引导与培育社会舆论是对中国共产党执政能力的考验,也是中国共产党领导的多党合作和政治协商面临的突出问题。

(二)中国特色政党制度建设路径

1. 以执政党党内民主带动人民民主

中国共产党作为执政党,其中的重要任务和目标就是要实现人民当家做主,以党内民主推动和实现社会民主。以党内民主推动社会民主是执政党生命力和战斗力所在,党的十八大再次重申,党内民主是党的生命,要坚持民主集中制,健全党内民主体系,以党内民主带动人民民主。实行党内民主,重在突出党员主体地位,尊重党员的知情权、参与权、选举权、监督权等各项民主权利,这不仅可以有效地整合党内各种意见和政策取向,扩大党内共识,而且能有效地化解来自党外的民主压力,并以党内民主的示范效应推动国家政治民主和社会民主,不断推进社会主义民主进程。只有这样才能确保共产党长期执政地位,从根本上提升共产党的凝聚力和战斗力。党内民主与人民民主相互影响、相互促进,党员的政治参与热情直接影响人民群众的政治参与热情,党内民主的状况直接影响社会民主的状况,党内的和谐程度直接影响社会的和谐程度。坚持以党内民主带动人民民主,以党的坚强团结保证全国各族人民的大团结,这是当前党内民主建设的思路和目标。

2. 始终保持党同人民群众的血肉联系

党的十八大修改后的《中国共产党章程》开宗明义指出:中国共产党是中国工人阶级的先锋队,同时是中国人民和中华民族的先锋队,是中国特色社会主义事业的领导核心,代表中国先进生产力的发展要求,代表中国先进文化的前进方向,代表中国最广大人民的根本利益。党的最高理想和最终目标是实现共产主义。党的根本属性的这一表述深刻地反映了中国共产党建设的新成就,是马克思主义政党观的历史性飞跃,是对国际共产主义运动的新贡献。这一表述向世人表明,中国共产党是全心全意为人民服务的政党,除了人民的利益和中国各族人民根本利益,没有自己的特殊利益。党的十八大报告中强调,"为人民服务是党的根本宗旨,以人为本、执政为民是检验党一切执政活动的最高标准。任何时候都要把人民利益放在第一位,始终与人民心连心、同呼吸、共命运,始终依靠人民推动历史前进。"[①]"得民心者得天下",

---

① 胡锦涛.在中国共产党第十八次全国代表大会上的报告[M].北京:人民出版社,2012,第 51 页.

只有深刻地认识人民创造历史的伟大动力,真诚地代表中国最广大人民的根本利益,始终保持党同人民群众的血肉联系,一切为了人民,一切依靠人民,我们党才能始终得到人民群众的信任和拥护,始终保持马克思主义政党先进性,始终成为引领中国社会发展进步的核心力量。

3. 坚定不移反对腐败

腐败是侵蚀政党机体活力的致命"顽症"。解决腐败问题关键要靠制度。在权力集中、监督不足的情况下,仅靠领导干部的个人觉悟,很难真正遏制腐败现象蔓延。只有推进政治体制改革,依法执政,按制度办事,确保决策权、执行权、监督权既相互制约又相互协调,才能从根源上遏制腐败。反腐败,还要依靠人民群众的支持和参与,让人民参与监督,让权力在阳光下运行。在坚决惩治腐败的同时,还需进一步加大预防腐败工作力度。我们必须充分认识反腐败斗争的长期性、复杂性、艰巨性,坚持反腐倡廉长抓不懈、拒腐防变警钟长鸣。我们要紧紧按照党的十八大的部署,进一步加大反腐倡廉工作力度,切实让权力在阳光下运行,以反腐败斗争的新成效取信于民。

4. 全面提高执政党建设的科学化水平

我们党要带领人民夺取全面建成小康社会新胜利,开创中国特色社会主义事业新局面,关键是要抓好党的自身建设。必须坚持党要管党、从严治党,切实解决自身存在的突出问题。形势发展、事业开拓、人民期待,都要求我们党以改革创新精神全面推进党的建设,全面提高党的建设科学化水平。党的十八大报告牢牢把握加强党的执政能力建设、先进性和纯洁性建设这条主线,强调增强自我净化、自我完善、自我革新、自我提高能力,提出建设学习型、服务型、创新型马克思主义执政党的要求。党的十八大报告明确了全面提高党的建设科学化水平的八项任务:坚定理想信念,坚守共产党人精神追求;坚持以人为本、执政为民,始终保持党同人民群众的血肉联系;积极发展党内民主,增强党的创造活力;深化干部人事制度改革,建设高素质执政骨干队伍;建设党管人才原则,把各方面优秀人才集聚到党和国家事业中来;创新基层党建工作,夯实党执政的组织基础;坚定不移地反对腐败,永葆共产党人清正廉洁的政治本色;严明党的纪律,自觉维护党的集中统一。这八个方面都体现一个要求,就是党的建设科学化,以科学理论指导党的建设,以科学制度保障党的建设,以科学的方法推进党的建设,不断提高党的建设科学化水平,为推动科学发展提供坚强保证。

5. 充分发挥民主党派参政议政和民主监督职能

民主协商与民主监督是我国民主党派最主要、最基本的政党职能。在民主协商、参政议政方面,各民主党派要敢于在某些问题上提出与执政党和政府不同的解决思路和方案,以求最大限度地反映客观实际,使重大决策更趋科学化和民主化。在当前社会阶层构成不断发生新的变化和民主党派的社会基础不断扩大的情况下,各民主党派应进一步增强自身表达和整合多元政治主体的利益与政治意向的能量与效力,及时准确地了解和表达社会不同阶层和群体之间的利益要求和政治意愿,并协助执政党正确处理区域之间、个体之间在经济、政治、文化等方面的利益结构不合理现象,通过利益整合重建利益主体之间新的平衡关系,达到有效地控制冲突的范围和程度的目的。在民主监督方面,要敢于提出批评意见,以诤友的肝胆说实情,讲真话,陈民意,弹弊政,协助党和政府激浊扬清,改进工作,发扬人民民主,巩固人民政权。各民主党派参政议政和民主监督对中国共产党搞好自身建设、改进工作、完善制度、巩固其领导地位都具有促进作用。

健全社会主义协商民主制度是坚持走中国特色社会主义政治发展道路和推进政治体制改革的重要内容之一。胡锦涛同志在党的十八大政治报告中强调指出:社会主义协商民主是我国人民民主的重要形式。要完善协商民主制度和工作机制,推进协商民主广泛、多层、制度化发展。坚持和完善中国共产党领导的多党合作和政治协商制度,加强同民主党派的政治协商,把政治协商纳入决策程序,增强协商实效性。围绕团结和民主两大主题,推进政治协商、民主监督、参政议政制度建设,更好地协调关系、汇集力量、建言献策、服务大局。

要坚定不移地坚持和发展中国共产党领导的多党合作和政治协商的政党制度,勇于变革,勇于创新,永不僵化,永不停滞,开创中国特色社会主义更加美好的明天。

第九章　宪法判断与宪法实施研究

在宪法实践中,对宪法问题所持的法理态度,直接影响到宪法判断的合理性和科学性,同时也关系到宪法适用的效果,即宪法对实际生活起多大的规范和调节作用。

第一节　宪法争议的性质及范围

宪法争议,顾名思义,是关于宪法的争议。但是,由于宪法具有与一般法律形式不同的价值属性,因此,宪法争议的性质及范围也不同于一般的法律争议。由于宪法争议具有非常显著的特征,所以,解决宪法争议的手段也就具有区别于解决其他法律争议的特点。

一、宪法争议的性质

宪法争议的性质是与宪法的性质密切相关的。宪法既是一种政治原则,又是一种法律规范。作为法律规范,宪法争议与其他一般法律争议的性质是相似的,即在宪法规范的确定性和宪法适用的确定性等方面产生了不同的理解,发生了意见冲突,需要通过一个特殊的第三者来判明是非。宪法争议的核心特征就是对与宪法规范本身和宪法适用相关的"确定性"产生了分歧性认识,出现了主观上的不确定性。所以,宪法争议是围绕着宪法的确定性价值展开的,目的是更好地解决宪法的确定性问题。

在缺少宪法确定性范畴的宪法学体系中,宪法争议概念以及其作为宪法学基本理论范畴的学术价值也是没有实质性意义的。主要是因为宪法学理论并没有将宪法作为一个不确定的现象来看待,故在宪法现象发生、存在和发展的过程中,确定性并不是一个需要过多关注的问题。但是,如果认为宪法现象既具有确定性,又具有不确定性,那么,当宪法处于不确定的状态下,为了维护宪法的法律规范作用,就必须要解决相关的不确定性。其中,发现宪法不确定性的一个重要来源就是宪法争议。

与不需要通过宪法争议来发现宪法的不确定性不同的是,宪法争议使宪法的确定性处于一种对抗状态,避免了单个判断主体由于自身价值观和能力的限制,对宪法是否具有确定性做出的判断所产生的片面性。所以,作为法律规范的宪法,因此而产生的关于宪法确定性的争议必须是在两个以上无权来赋予宪法具有最终确定性效力的主体之间产生的。因为如果在产生宪法争议的双方之间有一方可以左右宪法的确定性,那么,这种宪法争议就不具有法律上的意义。尽管具有左右宪法确定性的主体自身对宪法确定性的认识可能是不科学的,但是,它符合法律意义上的合法性的要求。所以,在宪法制度下,任何宪法确定性最终应当服从于合法性的要求,也就是说,宪法确定性最终是可以通过仲裁者来加以解决的。但是,在宪法争议各方与宪法争议仲裁者之间却不应当存在法律意义上的宪法争议。

作为政治原则,宪法是一种人民之间的合作契约,故契约的性质决定了宪法必须服从契约者的意志。关于契约的争议就不可能通过契约自身来解决,只能由契约者通过相互协调的途径来解决。所以说,当宪法因为其政治性质发生争议时,实际上是一种广义上的合法性的争议,政治意义上的宪法争议具有合法性危机的性质,必须首先通过解决合法性问题,才能解决宪法的确定性。这一点与作为法律规范的宪法是完全不一样的。作为法律规范的宪法,可能会发生合法性冲突,但是,不可能发生合法性危机,合法性危机通过宪法制度的设计在价值层面上已经加以解决。所以,在宪法制度下,任何性质的宪法争议都是围绕着宪法确定性而发生,宪法争议各方可能会因为各自在宪法上的合法性产生分歧性认识,但宪法本身不存在合法性问题,只存在着确定性问题,确定性的解决也就意味着宪法争议各方合法性的解决。但是,作为政治原则的宪法,由于其契约性,契约的任何确定性最终必然取决于契约者的合法性。

了解了宪法作为政治原则与作为法律规范所产生的宪法争议的性质的差别,就不难解决实际生活中出现的各种宪法争议问题。宪法应当如何制定、如何修改,在这些问题上发生的争议,归根到底属于合法性争议,最终的解决方案必须依赖于宪法制定者和宪法修改者的决断。再者,由选民通过政治选举程序产生的国家机构领导人,是否符合选民的要求以及是否履行了选民的委托,是否应当予以罢免等等,这些都属于政治争议性质,不属于法律争议;而国家机构领导人是否依法行使职权,有没有违法犯罪的行为等等,这些问题发生了争议,就属于法律争议,需要通过法律程序来加以解决。因此,解决宪法争议所具有的不同性质,就很容易区分"弹劾制度"与"罢免制度"两者之间的价值差异。孙中山先生曾经将"弹劾"视为政府治权的内容,而"罢免"则属于政权的范围,这种划分方式实际上是注意到了宪法争议作为政治原则与作为法律规范所具有的两种不同性质。

了解宪法争议的性质有利于区分宪法的政治功能与法律功能,同时,也可以很好地在制度上解决由于政治性宪法争议与法律性宪法争议所带来的宪法合法性与确定性的价值问题。基于宪法争议性质的区分,也可以有效地建立针对不同性质的宪法争议的解决机制,不至于在实践中混淆解决宪法争议不同机制之间的特点,从而给宪法争议的解决设置制度性的障碍。

二、宪法争议的范围

宪法争议,不论是政治争议性质的,还是法律争议性质的,必须要有一个相对具有确定性的争议范围。特别是作为法律规范的宪法所产生的争议，必须具有明确的范围，否则，就很容易与一般的法律争议相混淆，因此，确立宪法争议的范围有助于建立比较科学地解决宪法争议的法律机制。

(一)政治问题不受司法审查

宪法争议的范围首先要解决的问题是政治性质的宪法争议与法律性质的宪法争议两者如何加以划分。划分这两种不同性质的宪法争议，对于建立以解决作为法律规范的宪法所产生的宪法争议的宪法诉讼制度具有非常重要的意义。

在美国宪法实施制度发展过程中，最高法院在审查宪法争议案件时，逐渐将"政治问题"排除在受审查的范围之内。在 Baker V. Cart 一案中，明确提出了下列问题具有"政治性"，不受司法审查，包括：①外交事务和获取权力的战争；②宪法修正案；③保证条款；④弹劾；⑤政治性地改变选区等。事实上，就"弹劾"问题而言，尽管具有政治性，但是，最高法院仍然受理弹劾类的案件，最典型的就是美国诉尼克松案件。就政治问题不受司法审查的原因，存在着许多不同的解释。路易斯·亨金(Louis Henkin)分析了几个原因，指出：①法院在它们的职权范围内有责任接受政治机构的决定；②如果宪法没有规定，法院无法发现对政治机构权力的限制；③任何宪法上的限制都不可能是反权利的和对个人持反对的立场；④原则上说，宪法上有许多规定赋予了全部或部分的"自我监督"，因此，不应当作为司法审查的对象。不过，斯卡佩夫(Scharpf)则主张，"如果个人权利处于危险状态之中，那么，应当放弃政治不受审查的原则"。

在日本宪法争议理论中，也存在着"统治行为"说。日本最高法院在 1959 年 6 月 8 日就第三届吉田内阁在 1952 年 8 月 28 日解散了众议院一事做出了大法庭判决。该判决认为，对于解散众议院的行为，内阁适用宪法规定是否存在错误，在法律上这种行为是否应当宣布为无效，是否以内阁行为存在宪法上的瑕疵而宣布为无效不属于法院审查权的范围。

第九章 宪法判断与宪法实施研究

在日本国现行宪法所确立的三权分立制度下,司法权的行使也存在着一定的限制,不能将国家行为无限制地作为司法审查的对象。如果直接就国家统治相关的具有高度政治性的国家行为产生了法律上的争议,对此做出有效无效判断在法律上存在可能性的场合,应当排除在法院的司法审查权范围之外,对此,应当由对国民承担政治责任的政府、国会来判断,并最终应当由国民来加以判断。对司法权的制约来源于三权分立原理、该国家行为的高度的政治性、法院作为司法机关的性质、与审判相适应的程序等,虽没有特别明文的规定,但应当理解成属于司法权在宪法上的本质特征。

解散众议院,使众议员的议员丧失了议员资格,作为国会的最主要的一部分暂时被停止工作,特别是通过总选举,产生新的众议院,形成新的内阁,这些不仅在国家法律上具有重大意义,并且解散众议院使内阁的存续以全体国民的意愿为前提,这在政治上具有重大意义。因此,解散众议院,是具有高度政治性的与国家统治相关的国家行为,在法律上是有效还是无效,应当解释成在法院的审查权之外。以解散众议院为由作为诉讼前提的场合,都不属于法院审查权的内容。[①]

应当说,"政治问题"也好,"统治行为"也好,其实质在于确定宪法诉讼制度所解决的宪法争议的性质,这些理论本身并没有否定"政治问题"或"统治行为"属于宪法争议的范围,只不过由于由"政治问题"或"统治行为"引起的宪法争议是宪法条文本身无法解决的,必须通过政治程序来加以解决。

从逻辑上来说,政治性质的宪法争议与法律性质的宪法争议的区分标准主要是看这种宪法争议依据宪法条文能否最终加以解决。如果不能依据宪法自身提供的正当性来加以解决,实际上涉及宪法的正当性问题,因此,这种问题已经超出了宪法的"法"的特性,只能通过政治程序来解决,其主要手段就是确立一个具

---

① (日)南博方.统治行为[J].宪法判例百选Ⅰ,1980(69).

有正当性的解决争议的方式。法律性质的宪法争议是可以通过宪法条文本身来加以裁决的,也就是说,根据宪法条文的规定,存在着一个解决宪法争议的权威性机构,一旦有关当事人对宪法的确定性提出异议,最终可以由宪法所确立的机构和程序来加以解决。因此,法律性质的宪法争议不涉及合法性问题,只涉及宪法规范的确定性,而这种确定性又是可以通过宪法解释方式来加以解决的。所以,政治性质的宪法争议通常涉及宪法价值自身的危机,是对为什么会有宪法和宪法为什么会是这样问题产生的争议;法律性质的宪法争议是对宪法是什么的争议。前者解决的是应然意义上的宪法问题;后者涉及的是"实然"意义上的宪法问题。尽管在解决"实然"意义上的宪法问题时会涉及"应然"意义上的宪法问题,但两者是可以通过宪法制度来加以比较明确的区分。

(二)政治性质宪法争议的范围及其界定标准

具有政治性质的宪法争议问题应当具备两个基本要件:其一,该问题应当具有政治性;其二,该问题应当与宪法有关。并不是所有的政治问题都可以纳入具有政治性质的宪法争议问题的范围。政治性质的宪法争议其核心应当是围绕着宪法而产生的,如果与宪法无关,那么,就很难将这种政治争议纳入宪法争议的范围。如仅仅是执政党内部产生的政策分歧,由于与宪法无关,虽然会对国家大政方针和重要的国家行为产生影响,但不属于宪法争议。只有与宪法的制定、修改,宪法所设立的国家机构的组成、解散等相关的争议才能属于具有政治性质的宪法争议。

宪法制定显然是宪法之前的事情,因此,什么应当规定在宪法中,什么不应当规定在宪法中,等等,如果这些问题发生了争议,只有通过政治程序才能加以解决,宪法本身无法有效地给以回答。宪法修改同样也是涉及宪法本身的命运的,因此,必须通过政治程序加以解决。由此可见,凡是涉及宪法本身存在与否的问题,如果出现争议,只能通过政治程序加以解决,任何法律程序都无法给予圆满的解决。因此,宪法本身的"有"与"无"的价值的判断属于政治问题,而宪法内容的"多"与"少"则可以通过一定的法律程序根据宪法原则来加以处理。

同样,宪法规定了国家机构以及职权等问题,国家机构的"有"与"无"是无法通过法律程序有效地加以解决的,因为一旦国家机构自身的存在处于不确定状态,根本无法通过法律程序来消除不确定状态,特别是恢复其原状。但是,国家机构的职权如果发生了争议,可以通过权威性的机构通过适用宪法的方式来消除职权纠纷,消除职权问题上的不确定性。在后一种情况下,国家机构作为宪法争议的主体一方本身是存在的,而且不会因职权纠纷而停止活动,即使是在经过宪法诉讼途径确立了职权的界限后,也不会影响国家机构自身的存在,不会发生制度危机。

从政治性质宪法争议的特征来看,政治性质的宪法争议一般解决那些涉及在时序上不可逆的行为或者是不可再生、不可重复的现象的宪法问题。这些问题不可能通过法律上的救济手段来恢复原状,或者给予恰当的补偿。

(三)法律性质宪法争议的范围及其界定标准

所谓法律性质的宪法争议是与宪法作为法律规范的功能有关的。现代宪法主要是调整国家权力与国家权力、国家权力与公民权利以及公民权利与公民权利之间的关系,因此,只要是就上述三种关系发生争议的,就应当通过宪法诉讼的途径加以解决。总的来看,所有法律性质的宪法争议的实质都是对宪法赋予的行为合法性产生的认识分歧,因此,具有法律性质的宪法争议是为了解决政府与公民的行为在宪法上所具有的合法性自身的确定性。这是判断具有法律性质的宪法争议的标准。如果宪法没有对某种行为的合法性加以规定,不论这种行为是国家机构的,还是个人的,都不能作为宪法争议来对待,而应当依据其他法律来加以解决。其他法律没有规定,可以通过法律之外的途径来加以处理,其中主要包括政治途径和道德途径。

从宪法的法律功能来看,具有法律性质的宪法争议主要分为三类:一类是国家权力与国家权力之间的权限争议;一类是国家权力与公民权利之间的冲突;还有一类是公民权利与公民权利之间的权利冲突。在实践中,上述三种宪法争议有可能表现在不同的层面,主要有三个层面:宪法本身的规定不具有确定性,引起上述三种性质的宪法争议;宪法本身规定具有确定性,但是,如何将宪法规定适用于具体的事实发生争议,即宪法适用中的争议,这种争议最大特点表现为对某个事实应当如何选择予以适用的宪法规范不能确定,或者是产生不同的认识;国家机构行使宪法职权是否符合宪法的要求发生争议,包括立法机构制定的法律是否具有宪法上的依据等发生争议等。其中,只有第一种情形下,宪法争议是针对宪法文本自身的确定性的,后两种情形只是关系宪法适用和宪法实施的确定性问题,一个是对应方面的争议,一个是一致性方面的争议。对应方面的争议是指如何将宪法规范与具体的行为对应起来,也就是说,某个具体的宪法规范是调整某个特定的具体行为的;一致性方面的争议是指,与宪法规范相对应的行为是否宪法规范的要求。总之,具有法律性质的宪法争议实际上是纸上的宪法成为实际中的宪法的运行过程中的三个必要构成要素的确定性产生的争议,这三个要素就是,宪法自身的确定性、宪法规范与行为相互对应的确定性以及行为是否与宪法规范相符合的确定性。

具有法律性质的宪法争议由于以宪法确定性的解决为目标,因此,可以通过宪法自身所建立的宪法诉讼制度加以解决,而不需要提交到政治程序来加以解决。从实践来看,宪法诉讼的范围与具有法律性质的宪法争议的范围并不是完全一致的,通常,宪法诉讼的范围要窄于具有法律性质的宪法争议的范围,但是,宪法法院受理案件的范围却不限于宪法争议的案件。因此,如果仅仅以宪法法院的职能来看待宪法争议的性质是不利于认识宪法争议的特征的。从逻辑上说,宪法诉讼的范围应当与具有法律性质的宪法争议的范围是一致的。但在许多国家,并没有对宪法诉讼的范围与宪法法院受理案件的范围做出严格区分,往往宪法法院审理案件的范围既包括了具有法律性质的宪法争议,也涉及了具有政治性质的宪法争议,有些甚至超越了宪法争议的范围。以德国宪法诉讼的范围为例,根据德国《联邦宪法法院法》第13条规定,联邦宪法法院可以决定的案件包括以下几个方面。

(1)剥夺基本权利(基本法第18条)。

(2)政党违宪(基本法第21条第2款)。

(3)对联邦议院关于一项选举有效性所做出的决定或者是对取得或者是丧失联邦议院一个代表席位所做出的决定提出的申诉(基本法第41条第2款)。

(4)由联邦议院或者是联邦参议院提出的对联邦总统的弹劾(基本法第61条)。

(5)对基本法进行解释,当涉及一个联邦最高机构的权利和义务内容出现了争议时或者是由基本法或者是该联邦最高机构的程序规则规定了自己拥有权利的其他当事人(基本法第93条第1款第1项)。

(6)应联邦政府、一个州政府或者是联邦议院成员的三分之一的请求,对联邦法律与基本法或者是州法律与基本法、州法律与任何其他联邦法律在形式上和实体上是否相一致产生了不同意见或者是疑义(基本法第93条第1款第2项)。

(7)对联邦与州的权利和义务产生了争议,特别是由州执行联邦法律和行使联邦监督权时(基本法第93条第1款第3项和第84条第11款第2句)。

(8)涉及在联邦和州之间、不同的州之间或者是同一州有关公法的其他争议,除非可以向其他法院提起诉讼(基本法第93条第1款第4项)。

(9)宪法诉愿(基本法第93条第1款第4项第1目以及第2目)。

(10)对联邦和州法官的弹劾(基本法第92条第2款和第5款)。

(11)一个州内的宪法争议,如果这样的争议是由州立法授权给联邦宪法法院处理的(基本法第 99 条)。

(12)一个法院提出请求要求决定一个联邦或者是州法律与基本法,或者是一个州的法规或者是其他法律与联邦法律是否相一致(基本法第 100 条第 1 款)。

(13)一个法院提出请求要求决定一个国际公法规则是否是联邦法律的一个组成部分以及这样的规则是否直接创设了个人的权利和义务(基本法第 100 条第 2 款)。

(14)一个法院提出请求要求决定一个州的宪法法院在解释基本法时,是否与联邦宪法法院或者是另一个州的宪法法院的决定相背离(基本法第 100 条第 3 款)。

(15)对作为联邦法律的一个法律的持续性产生了疑义(基本法第 126 条)。

(16)由联邦立法所授予联邦宪法法院审议的其他案件(基本法第 93 条第 2 款)。①

所以,尽管从制度上可以将被纳入宪法法院受理案件的范围的法律争议都视为具有法律性质的宪法争议,但在法理上必须对宪法诉讼的基本功能与宪法法院的实际功能加以区分。宪法诉讼是为了解决具有法律性质的宪法争议的,而宪法法院则承担着更多的由宪法制度所确定的特殊的制度功能。故各国由于宪法制度不同,对政治与法律之间关系认识的差异,因此,相应的宪法法院受理的案件涉及的争议的性质也不尽相同,在有些国家被明确排斥在宪法诉讼之外的政治问题可能在另外一些国家却成为宪法诉讼的对象。因此,在对世界各国宪法诉讼制度进行比较研究时,除了比较制度上的相同点和不同点之外,还应当从价值的角度来认识不同宪法诉讼制度存在的价值优点和缺陷,特别是应当从宪法争议的基本理论出发,在分清宪法争议的性质和界定宪

---

① 莫纪宏.宪法审判制度概要[M].北京:中国人民公安大学出版社,1998,第 166—167 页.

法争议范围的基础之上,正确地构建关于宪法诉讼制度的基本理论,规范宪法法院的审判功能,避免宪法法院审判实践的过于实际化而失去了宪法理论应有的指导作用。

第二节 宪法判断的方法及标准

一般来说,在存在宪法诉讼制度的国家中,宪法判断主要有四种类型,包括合宪判断、不合宪判断、违宪判断和不违宪判断。上述四种宪法判断形式,合宪判断和违宪判断运用得较多,不合宪判断和不违宪判断运用得较少。但是,从宪法判断的认识论基础来看,上述四种宪法判断形式都具有不同的价值功能,各自具有自身所赖以存在的逻辑基础,不存在相互替代的问题。因此,要使宪法通过适用发挥自身的根本法作用,必须对宪法判断的四种形式所运用的方法以及标准进行认真的理论探讨。

一、合宪判断

法律、法规以及人们的行为是以合宪为前提吗?这个问题在传统的宪法学理论中没有加以细致的研究。回答这个问题必须从宪法与法律、法规以及人们的行为之间的关系来加以探讨。根据宪法的要求,法律、法规是由宪法所规定的立法机关根据宪法所规定的立法权限和立法程序制定的,因此,只要立法机关认真地依据宪法办事,其制定的法律、法规必然是符合宪法要求的。所以,在适用法律、法规时,应当推定法律、法规的合宪性,无须首先声明法律、法规是合宪的,然后再来适用法律、法规。合宪问题在严格的法治原则的限制下,可以不予重点考察。但是对于人们的行为,就必须认真加以区分。首先人们的行为有纯粹的事实行为和制度行为之分。事实行为的发生并不以法律制度和法律程序的存在作为前提,如人们日常生活中的起居行,这些行为是否符合宪法的要求,由于缺少事先的宪法程序的控制,因此,不可能产生当然意义上的合宪判断。至于制度行为,由于此种行为是以制度的规定为前提的,只要制度合宪,制度行为当然合宪。故受法治原则的限制,制度行为也应当是当然合宪的,不应当以不合宪为制度行为合法性的前提。如依据宪法行使一定职权的国家领导人的行为,通常应当以合宪判断为前提,不能在法理上对领导人行使职权的行为假设以不合宪为前提。

总之,制度行为,包括由制度行为产生的法律、法规,在法治社会中,应当推定其为合宪,在没有充分证据证明其违宪的情况下,推定其合宪有利于维护宪法制度和法律制度的统一性以及权威性。[①] 在宪法所确立的基本法律制度之间应当是无矛盾的,这是法治原则的基本要求。事实行为,由于其产生、存在不以制度为前提,因此,无法以合宪判断作为其存在的合法性基础,而必须以其他形式的宪法判断为前提。

制度行为以合宪判断作为自身的合法性基础,表现在宪法适用过程中,只有存在充分的证据可以证明制度行为违反了宪法的规定,否则,就必须确认制度行为是合宪的。因此,在宪法诉讼、宪法监督等宪法制度中,宪法监督机关或宪法法院在审查制度行为,做出宪法判断时,一般只应当使用两种宪法判断形式,即要么合宪,要么违宪,不存在第三种宪法判断结论。这是法治原则的基本要求。

二、不合宪判断

由于公民的具体权利义务由立法机关依据宪法的规定通过制定法律、法规来确定,所以,在一般意义上来看,公民的行为,即便是制度行为,也不可能产生违宪判断。如果公民的行为违反了法律、法规的规定,由于法律、法规是立法机关按照宪法所规定的

---

① (日)南博方.合宪法判决的方法[J].宪法判例百选Ⅰ,1980(69).

宪法职权制定的,在法理上一般推定为合宪,对法律、法规的违反,应当说虽然没有直接违反宪法,但却属于不符合宪法要求的行为,所以,所有违反法律、法规的行为,都可以产生不合宪的判断。特别是对于大量的不以制度的设定为前提的事实行为,在依据法定程序被确立为违法行为之后,这些事实行为也可以被视为不合宪的行为。

三、违宪判断

制度行为的前提是宪法的明确规定,因此,如果制度行为违反了宪法的规定,没有按照宪法的要求去做,那么,可以比较容易地做出违宪的判断。对于国家机关来说,政府活动必须以宪法所规定的宪法职权为基础,不论是立法机关,还是行政机关、司法机关,如果超越了宪法所规定的职权,或者是没有履行宪法所规定的职责,或者是滥用宪法职权,都属于明显的违宪行为,这样的制度行为已经失去了必要的宪法基础。

至于一般公民的日常行为首先必须受到法律上所规定的行使宪法权利的限制,而不会直接产生违宪判断。只有可能在被指控违法时,才能通过适当的宪法诉讼程序来证明自身行为不违宪。所以,违宪判断只是针对必须依据宪法行使宪法职权和履行宪法职责的国家机关,而不涉及一般公民的日常的行为。

四、不违宪判断

对于制度行为来说,如果制度是明确的,也就是说,如果宪法关于制度行为的规定是不存在争议的,那么,制度行为只存在合宪与违宪两种宪法判断。但是,如果制度规定本身是不确定的,也就是说,宪法关于某种制度行为的规定是不确定的,那么,既不能产生合宪判断,也不能产生违宪判断。由于与宪法规定相关,所以,也不能产生不合宪的判断,只能产生不违宪判断。也就是说,某种制度行为是不违宪的,不违宪不等于不合宪,这种宪法判断是通过对宪法规定的解释来建立制度行为与宪法判断之间的逻辑联系的。如在我国现行的人民代表大会体制下,根据现行宪法第 101 条的规定,乡镇人民政府的乡长、镇长由乡镇人民代表大会选举产生,但是,如果由选民直接选举乡长或镇长,虽然在宪法上没有明确的依据,但是,这种做法本身与宪法原理是相一致的,因此,不能简单地得出由选民直接选举乡长是违宪的结论。当然,由于现行宪法明确规定了选举乡镇长的法律程序,因此,也不能将这种行为视为合宪的,只能做出不违宪的宪法判断。

另外,对于公民行使宪法权利的行为,如果因触犯法律、法规的规定而被指控,就存在一个宪法判断的问题。由于公民依据宪法的规定不能明确地判明自身的行为是否合宪,所以,触犯法律、法规的行为显然不能视为合宪的行为。当然,由于公民行使宪法权利的行为受法律、法规的直接约束,所以,也不存在违宪的宪法判断。如果在诉讼中,公民的行为被视为违反了法律、法规的,那么,就应当做出不合宪的宪法判断。但是,对于在诉讼中,被法院肯定不属于违反法律、法规的行为,并且具有宪法上的权利依据的,唯一的可能性是做出不违宪判断。因为合宪判断必须是以明确无误的判断形式产生的,对公民违反法律、法规的行为,如果认为具有宪法上的依据,那么就需要通过宪法适用程序来加以判断,特别是需要通过宪法适用过程中的宪法解释来做出宪法判断,因此,这种判断的性质应当是不违宪判断。

不违宪判断在宪法上的后果,就是不违宪行为不会产生宪法制度所涉及的不利性后果。

将宪法判断形式明确区分为合宪判断、不合宪判断、违宪判断和不违宪判断,其基本的理论宗旨在于澄清宪法适用制度的基本特性,也就是说,宪法是怎样在现实生活中发挥根本法的作用的。合宪判断与违宪判断是宪法适用过程中,将宪法适用于制度行为的主要方式,它强调的是法治原则,也就是说,凡是依据宪法享有宪法职权和承担宪法职责的国家机关的实施宪法的行为必

第九章 宪法判断与宪法实施研究

须严格地服从宪法的规定,这是法治原则的基本要求,也就是说,"有宪必依"。"有宪不依"就会产生宪法制度所涉及的消极的法律后果。对于违反法律、法规的行为,由于宪法没有直接适用于对违法行为所做出的判断,因此,它是通过宪法与法律、法规之间的关系来表达宪法如何适用于一般的违法行为的。不合宪是对违反法律、法规行为与宪法关系的最准确的描述。由于宪法规定自身存在确定性问题,因此,作为一种价值法,宪法在发挥自身的法律功能时就不仅仅依赖于制度和宪法条文上的规定,更重要的是要发挥蕴藏在宪法条文背后决定宪法条文内涵的宪法价值。所以,对于符合宪法价值的行为,尽管宪法条文上没有明文规定,但是,却不能简单地归结到违宪判断的范畴,也是应当得到宪法上的肯定的。但由于宪法原则的存在必须依赖于宪法解释手段和宪法解释制度,因此,符合宪法原则的行为也不宜直接做出合宪判断,应当做出消极性的合宪判断,也就是说,通过不违宪判断来排除符合宪法原则、但没有宪法条文上的明确依据的行为的合宪性。

为什么公民行使宪法权利的行为一旦得到法院的认可,不能视为合宪行为,而只能归结到不违宪判断的范畴中呢？主要是因为从法治原则的要求出发,立法机关所制定的法律、法规其价值目标是与宪法规定相一致的,因此,法理上可以做出这样的判断,违法行为必然是不合宪的。但是,如果法律、法规本身存在着违宪问题,那么,违反违宪法律、法规的行为至少就不具有违宪性,但是也不能简单地做出合宪判断。因此,得出不违宪判断的结论,必须依赖于宪法解释技术,而不能简单地根据宪法条文来做出合宪判断。

所以,合宪行为与违宪行为与宪法的直接适用紧密地结合在一起,不合宪与不违宪是在间接适用宪法的过程中产生的宪法判断。它体现了宪法与法律、法规在调整人们行为时的不同的行为指引作用以及宪法和法律、法规在调整人们之间的行为时的相互关系。上述四种宪法判断形式包括了不同的判断方法和标准,它是宪法判断的逻辑形式。

第三节　法律、法规违宪的判断方法

一、审查法律、法规违宪的法律程序

通过什么样的法律程序可以审查法律、法规的违宪问题，这既是一个理论问题，又是一个制度问题。

从宪法学理论来看，如果要提出审查法律、法规的违宪问题，首先要回答为什么立法机关所制定的法律、法规会违宪？作为由人民选举的代表机关制定的法律、法规会故意违反宪法的规定吗？如果法律、法规违反宪法，立法的正当性在哪里？宪法学理论上一般是以立法权的越权和立法所代表的利益不当来解决法律、法规的违宪问题的，一般很少直接挑战法律、法规的具体内容，除非法律、法规的内容存在着与宪法规定明显相悖的地方。从立法权的角度来看，如果立法机关超越了宪法所规定的立法职权立法，那么，其他的立法主体就可以以此为由来申请审查法律、法规的违宪，目的在于正确地界定不同立法；机关依据宪法的规定所享有的不同的立法职权。从公民角度而言，由于法律、法规是代表意志的反映，而这种意志体现了社会不同的利益要求，因此，如果某一公民认为法律、法规没有体现自己依据宪法规定所享有的合法权益，那么，他就可以根据自己遭到损害的法益来申请审查法律、法规是否违宪，所以，在国外宪法实施活动中，公民的宪法诉愿必须要基于某项具体的利益提出，主要是针对普通案件审理的法律、法规依据进行的。如果不存在具体的请求保护的利益，而是由公民抽象地提出要审查法律、法规是否违宪，实际上会导致宪法实施机关无法判断应当通过宪法实施来维护谁的法益，同时也可能会导致立法机关制定的法律、法规受到公民的不

合理的全面挑战。从法理上来看,如果允许这种制度存在,实际上会导致法律、法规所代表的不同利益不能有效地整合在一起的现象。因此,国外宪法实施制度一般不接受公民在没有具体的需要保护的法益的情况下提出的对法律、法规的宪法实施。

从制度上来看,有的国家是通过普通程序来审查法律、法规的违宪,如美国、日本;有的国家是通过专门的宪法法院来审查法律、法规的违宪问题,如德国、意大利、俄罗斯等;也有在立法通过之前进行事前宪法实施的,如法国的宪法委员会。但是,这种审查主要限于议会制定的组织法等法律,目的是防止议会超越宪法所规定的立法职权进行立法。

我国目前依据宪法和立法法的规定,对法律、法规虽然存在着立法监督制度,但是,却缺少严格的法律监督程序。特别重要的问题是,目前在理论上还没有解决宪法与普通法律、法规之间的价值关系,因此,尽管在法理上我们强调法律、法规不得与宪法相抵触,但在实际生活中,人们往往支持法律、法规是宪法的具体化的观点,宪法目前还只是行为规则,而不是可以直接适用的仲裁规则。因此,从立法权和立法所反映的法益角度来提起对法律、法规的宪法实施,不论是在理论上还是在制度上,都存在着许多值得加以研究的问题。

二、判断法律、法规违宪的方法和标准

由于法律、法规往往是由代表机构制定的,因此,为了保障立法机关的立法权威和立法的正当性,维持宪法制度的稳定,在国外的宪法实施活动中,一般情况下,对法律、法规做合宪性解释。即便是立法机关在法律、法规中对宪法所规定的公民权利做出了明确的法律限制,也不能轻易地认为这种法律限制就是违宪的。如日本最高法院在都教组案件的判决中就明确指出,既然宪法将实施宪法的权力交给了立法机关,那么,就应当对立法机关的立法保持必要的尊重。立法机关的立法对宪法所规定的公民权利

做出限制,是为了使宪法所规定的公民权利能够得到实现,而不是阻止公民权利的实现。因此,只要是依据宪法规定做出的立法限制,就不能视为违宪。当然,法律、法规在限制人们行为的时候也应当有一个界限,如果法律、法规对宪法所规定的公民权利做出了不合理的限制,那么,就可能产生违宪问题;而判断法律、法规所设定的不合理的限制的标准通常应当从法益比较的角度来考虑,如果限制所实现的利益大于不限制所实现的利益,那么,不能视为法律、法规所设定的限制违宪;如果限制所实现的利益明显小于不限制所实现的利益,那么,才能考虑法律、法规的违宪问题。所以,在判断法律、法规是否违宪时,应当给法律、法规以较大的自主空间,这既是对宪法实施的有效保障,也是对立法机关立法权威的尊重和保护。立法机关的立法一般情况下应当推定为合宪,而不是违宪。

三、建立和健全我国的宪法实施机制

应当说,不论从法理上,还是从制度上,都会发现公民上书很难启动我国的宪法实施程序,要真正地推动宪法实施制度的建立,我们还需要在理论上进一步深入地研究,做更多的知识积累工作;在制度上做必要的改革,争取在规范和科学的意义上来构建符合现代宪政精神的宪法实施机制。

从法理上来看,公民上书行为只不过是行使宪法所规定的民主监督权利的政治行为,属于公民对国家机关行为的监督,而不具有严格的规范意义的法律效力。我国《立法法》第90条第2款规定,公民认为行政法规同宪法或者法律相抵触的,可以向全国人大常委会书面提出进行审查的建议。但是,《立法法》并没有规定一定要将公民的审查建议纳入法律程序。所以,全国人大常委会有关工作机构只需要履行一下收文手续,而无须给予提出审查建议的公民以明确答复。只有国务院、中央军事委员会、最高人民法院、最高人民检察院和各省、自治区、直辖市的人民代表大会

常务委员会根据《立法法》第 90 条第 1 款的规定,认为行政法规、地方性法规、自治条例和单行条例同宪法或者法律相抵触的,可以向全国人民代表大会常务委员会书面提出进行审查的要求,这才能构成法律意义上的"审查请求权"。

从制度上来看,虽然我国《立法法》规定了全国人大及其常委会可以审查与宪法相违背的法律、法规,但是,《立法法》中还存在着一些技术漏洞,如全国人大制定的法律如果与宪法相违背就没有相应的制度进行纠正,针对这一点,应结合现代宪法的基本原理,通过实行必要的宪法改革,来构建一个比较科学和规范的宪法实施机制。

四、从宪法原则出发保证权利保护的合理性

《城市生活无着的流浪乞讨人员救助管理办法》已于 2003 年 6 月 18 日国务院第 12 次常务会议通过,并于 2003 年 6 月 20 日公布,自 2003 年 8 月 1 日起施行。根据该《救助管理办法》第 18 条规定,1982 年 5 月 12 日国务院发布的《城市流浪乞讨人员收容遣送办法》同时废止。

应当说,从《收容遣送办法》到《救助管理办法》,社会公众权利意识的增长、政府法治意识的提高是推动上述有关城市流浪乞讨人员管理制度发生根本变化的真正的社会基础和制度动因。不过,在看到这种转变所带来的积极影响的同时,也不应当忽视《救助管理办法》本身所存在的问题。依据现代宪政原则,任何一项政府管理制度的设计都不可能是某个单向法律价值的选择,而是在综合各个方面因素基础上建立的合理制度。就城市流浪乞讨人员管理制度而言,应当考虑两项宪法原则,一是考虑如何将保护城市流浪乞讨人员的权利与实施政府对城市流浪乞讨人员的有效管理结合起来;二是应当在城市流浪乞讨人员的个体利益、局部利益与社会公共利益之间寻求一个最佳平衡点。只有依据上述两项宪法原则建立的城市流浪乞讨人员管理制度才是符

合现代法治社会要求的,对公民的权利保护重在平衡,而不是一味地妥协。

以上述两项宪法原则来考察《救助管理办法》,很显然,就会发现,该《救助管理办法》的价值倾向明显偏向于对城市流浪乞讨人员的权利保护,具有简单地迎合社会公众对公民权利保障的偏激需求的特点。如《救助管理办法》根本就没有对城市流浪乞讨人员在拒绝救助的情况下是否可以从事流浪乞讨活动,以及从事流浪乞讨活动的范围、受到的法律限制做出规定。这样就很容易给那些具有违法倾向的人制造钻法律空子的机会,在实践中,也必然会给城市居民的生产和生活带来不便,给城市的市政管理造成麻烦。

从当今世界各国的立法政策来看,对城市流浪乞讨人员的管理都是各国市政建设所遇到的比较棘手的事务。美国也好,英国也好,都没有对城市流浪乞讨人员的流浪乞讨行为视而不见,而是采取了相应的疏导办法,以防止城市流浪乞讨人员的随意流浪乞讨给城市的市容建设以及城市居民的人身和财产安全造成不必要的侵犯。

从我国目前的实际情况来看,对城市流浪乞讨人员的管理完全放开,显然条件是不成熟的。一方面,社会整体环境不配套,社会公众还没有能够完全接受不受法律约束的城市流浪乞讨行为的存在;另一方面,原来的收容遣送制度是因为在实践中被不断异化,而受到社会公众的批评的,但是,其基本的社会功能并非没有有效的社会需求,如果贸然运用法律的手段堵塞这种需求释放的制度渠道,那么,它还会以各种方式表现出来。以收容遣送的管理来说,政府没有钱就无法建立收容遣送的一些基本制度,如机构的设置、管理人员的配备等;经常性的"严打"活动必然会直接或间接地指向城市流浪乞讨人员群体;执法人员素质不高,包括刑罚执行过程中的酷刑等行为尚不能很好根除的情况下,要在短时间内增强执法人员尊重人权的法律意识是比较困难的。所以,考虑到上述问题不可能在短时间内完全有效地加以解决,因此,《救助管理办法》出台之后能否获得有效的实施还需要在实践中加以检验。从以往对城市流浪乞讨人员予以收容遣送的习惯性做法来看,在实施《救助管理办法》时,一定要避免出现以下几种情况。

(1)"收容站"改为"救助站",名称变了,但是,工作流程没有变,人员没有变,执法人员素质没有变,就难免会出现被"救助"人员不服管理的情况出现,继而进一步引发侵犯人权的事情发生。

(2)堵住了"收容遣送"的利益驱动的法律漏洞,在当今功利化盛行的社会,"无偿救助"可能会像"无偿献血"一样遭到社会公众的冷落,也可能成为政府无法舍弃的"鸡肋",不仅会出现财政危机,而且会导致"救助"功能的异化。

(3)由于《救助管理办法》只谈救助,没有涉及对城市流浪乞讨人员如何进行管理,制度上的漏洞可能引发实际中两种极端现象的出现:一是城市流浪乞讨人员活动的自由度和空间加大,给城市居民的生产和生活安全造成巨大威胁,各种城市治安案件会有所上升和抬头;二是因为厌恶城市流浪乞讨人员,一些具有过激倾向的城市居民可能会对城市流浪乞讨人员的人身权利实施各种侵犯,出现侵权行为"民间化"和"社会化"的倾向。

所以,《救助管理办法》在考虑给予城市流浪乞讨人员的权利保护时,却没有给予这种权利以必要的法律限制和公共利益角度的平衡。其实施的后果必然又会导致社会公众基于社会公共利益和自身安全的考虑,要求对城市流浪乞讨人员进行严格的法律管理。根据我国目前的现实情况,可以预见的是,在《救助管理办法》实施后不久,就会出现加强对城市流浪乞讨人员进行严格管理的立法要求。为了避免国务院在城市流浪乞讨人员管理立法方面的被动,有必要在近期内提请人大考虑出台"城市流浪乞讨人员管理法",在该法律中把握好权利保护与政府管理、个人利益与公共利益之间的合理界限,防止立法中的价值极端主义和草率立法的苗头的滋长。

总之,在现代法治社会中,要保障政府在行政管理活动中真正做到依法办事,除了要求政府坚持依法行政,不超越职权、不滥用职权实施行政行为之外,更重要的是应当提高政府依据宪法和法律的规定来平衡社会各种利益的能力。政府行为一般情况下是以社会公共利益的实现为宗旨的,政府在实现自身的管理活动时,应当尊重公民个人的宪法和法律权利,但是,任何时候也不能忘记政府的基本功能是为了维护社会公共利益。如果政府的行为不能有效地实现社会公共利益,那么,政府的行为仍然不能说是符合依法行政的要求。

第四节 我国宪法实施的历史演变和发展趋势

一、我国宪法实施的历史演变

(一)宪法实施制度在我国的萌芽期

新中国成立以后,我国迅速实现了从新民主主义向社会主义的过渡。在此过渡过程中,诞生了新中国的第一部宪法,即1954年宪法。

1954年宪法作为一部社会主义类型的宪法,除了通过宪法的条文肯定了我国的根本政治制度——人民代表大会制度,建立了以各级人民代表大会为核心,以各级国家行政机关、审判机关和检察机关为基础的国家机构,对中华人民共和国公民的基本权利和基本义务加以规定之外,对宪法自身的规范作用和法律效果也规定了相应的制度来加以保障。

1954年宪法关于宪法实施制度的规定,并不是直接地确立某个国家机关享有宪法实施权(全国人大常委会有权撤销同宪法相抵触的决议和命令,可以解释为享有宪法实施权的一种情况),主要是通过强调加强宪法的实施以及对宪法实施的监督来保障宪

第九章 宪法判断与宪法实施研究

法的权威,宪法实施作为一项宪法制度至少来说是不成熟的,或者只是有了雏形。这一点从刘少奇同志所做的《关于中华人民共和国宪法草案的报告》中也可以看得非常清楚。关于履行宪法的职责,在该报告中,刘少奇同志强调指出,"宪法是全体人民和一切国家机关都必须遵守的。全国人民代表大会和地方各级人民代表大会的代表以及一切国家机关的工作人员,都是人民的勤务员,一切国家机关都是为人民服务的机关,因此,他们在遵守宪法和保证宪法的实施方面,就负有特别的责任"。刘少奇还指出了要同违宪的现象做斗争。他指出:"在宪法颁布以后,违反宪法规定的现象并不会自行消灭,但是宪法给了我们一个有力的武器,使我们能够有效地为消灭这些现象而斗争"[1]。

  1954年宪法关于宪法实施和监督宪法实施的规定是受到当时具体的历史条件影响和限制的。首先,经过几年的建设,新中国的政治、经济和文化事业都得到了恢复和发展,社会秩序趋于稳定,政权得到了巩固,在这种情况下,有必要通过制定宪法的形式把人民革命的斗争成果肯定下来,并作为指导新中国继续前进的法律依据,所以,在起草第一部宪法的过程中,毛泽东同志对第一部宪法的意义以及遵守宪法的必要性做了非常生动的阐述。在1954年6月14日中央人民政府委员会第三十次会议上,毛泽东指出:这个宪法草案是完全可以实行的,是必须实行的。当然,今天它还只是草案,过几个月,由全国人民代表大会通过,就是正式的宪法了。今天我们要准备实行。通过以后,全国人民每一个人都要实行,特别是国家机关工作人员要带头实行,首先在座的各位要实行。不实行就是违反宪法。[2] 尽管毛泽东同志使用非常朴素的语言,将"不实行"看成是"违反宪法",但至少可以看到在当时起草新中国第一部宪法的过程中,党和国家领导人是非常看

---

  [1] 莫纪宏.政府与公民宪法必读[M].北京:中国人民公安大学出版社,1999,第359—360页.
  [2] 许崇德.中华人民共和国宪法史[M].福州:福建人民出版社,2003,第420页.

重这一部宪法的作用的。但是,时隔不久,由于反右扩大化,导致我们党在指导思想上出现了波折,反映到宪法实施方面,尽管宪法条文和宪法规定还在,但在实际生活中,是不是要按照宪法办事,在主要领导人的指导思想中都已经产生了疑问。

受到最高领导和决策层的指导思想上存在的"左"倾思潮的影响,宪法在实际生活中基本上没有得到重视。不仅在理论上没有人去认真研究如何依据1954年宪法的规定来建立适合于中国国情的宪法实施制度,而且在实践中,国家机关对宪法实施也是采取了消极回避的态度。这一方面最典型的例子就是1955年7月30日最高人民法院研字第11298号"关于在刑事判决中不宜援引宪法作论罪科刑的依据的批复"的司法解释。该司法解释认为,宪法"在刑事方面,它并不规定如何论罪科刑的问题",因此,"在刑事判决中,宪法不宜引为论罪科刑的依据"[①]。这一司法解释,从宪法实施的基本理论来看,实际上回避了在刑事案件的审判中人民法院可以引用宪法对刑事案件审判依据的法律、法令进行合宪或违宪判断的可能性,因此,也就通过该司法解释明确排斥了在我国人民法院的刑事审判中,可以实行附带型的宪法实施的可能。这一点与美国1803年在马伯里诉麦迪逊一案中,最高法院通过做出积极的司法解释的方法来行使附带型的宪法实施权形成了鲜明对比,具有非常明显的司法消极主义倾向。与日本最高法院将下级法院也解释为宪法第81条所规定的享有宪法实施权的主体的司法积极主义立场相比,也显得比较消极和回避宪法判断的态度。

1954年宪法在建立宪法实施制度方面的特征,可以概括为三点。第一,1954年宪法作为新中国第一部宪法,在宪法条文中已经确立了宪法不能被违反的法治理念,宪法自身的规范性和权威性得到了重视;第二,从宪法解释学的角度来看,1954年宪法中已

[①] 王振民.中国宪法实施制度[M].北京:中国政法大学出版社,2004,第193—194页.

经包含了违宪以及不得违宪和违宪的决议、命令无效的规范要求,但是,并没有在制度上形成一套实行宪法实施的程序机制;第三,违宪的价值理念没有在宪法实施的过程中制度化,没有具体的法律、法规来实现1954年宪法中所体现的"不得违宪"的思想。因此,可以说,围绕着1954年宪法的制定、出台以及实施而展开的宪法实施以及宪法实施的监督等活动,可以反映出在新中国成立初期,我们在实施宪法方面的矛盾立场。一方面,希望通过制定宪法来达到长治久安、实现法治的目的;另一方面,基于现实的政治国情,又不能在实际生活中建立必要的宪法实施制度,认真地来实施宪法。这些都反映了我国宪法实施制度处于雏形时期的犹豫和彷徨的心态和特征。

(二)宪法实施遭到全面否定的阶段

在经过了新中国第一部宪法确立了宪法实施和宪法实施的监督制度之后,宪法实施的问题虽然在制度规定上有所体现,但是在实际生活中,却从来没有落实过。特别是到了"文化大革命"时期,不要说保障宪法实施的宪法实施制度了,就是宪法条文本身确立的一些基本国家制度以及宪法本身,在实际生活中也被全面抛弃。在此期间通过的1975年宪法完全取消了1954年宪法所规定的监督宪法实施的规定,只是在条文中简单地沿袭了1954年宪法所规定的国务院根据宪法、法律和法令,规定行政措施,发布决议和命令的规定。另外,在宪法第126条中,将拥护中国共产党的领导、拥护社会主义制度,服从中华人民共和国宪法和法律视为中华人民共和国公民的基本权利和义务。

在这一时期,宪法基本上失去了作为规范国家生活和社会生活的根本法的作用。甚至连依据1954年宪法的规定,由全国人民代表大会选举产生的中华人民共和国主席刘少奇在遭到红卫兵揪斗,手里拿着中华人民共和国宪法来保卫自己的合法权利时,宪法也失去了任何尊严,被红卫兵置之不理。可叹一部宪法连国家主席都保护不了,更不要说依据宪法来保障公民权利,或者是依据严格的法律程序来实行宪法实施了。

之所以出现上述践踏公民权利、漠视宪法尊严的现象,与当时的指导思想是密不可分的。在"文革"的极"左"思潮的影响下,所谓的宪法也成了革命斗争的工具。在1975年宪法中,明确地肯定了"无产阶级专政下继续革命的理论"。依据当时的修改宪法的报告,"正是这些斗争的胜利,产生了这个社会主义宪法。我们相信,全国各族人民首先是共产党员和国家工作人员,一定要认真地执行这个宪法,勇敢地捍卫这个宪法,把无产阶级专政下的继续革命进行到底"①。

(三)拨乱反正以及确立宪法实施制度的时期

粉碎"四人帮"以后,党中央拨乱反正,恢复了法制秩序,同时,通过制定1978年宪法,对1954年宪法中所规定的宪法实施和监督宪法实施的制度又予以了全面恢复。表现在以下几个方面。

(1)在宪法第22条规定全国人民代表大会有权监督宪法和法律的实施。

(2)在第25条规定,全国人大常委会解释宪法和法律,制定法令;监督国务院、最高人民法院和最高人民检察院的工作。

(3)在第32条规定国务院根据宪法、法律和法令,规定行政措施,发布决议和命令,并且审查这些决议和命令的实施情况。

(4)第56条规定中华人民共和国公民有遵守宪法和法律的义务。

与1954年宪法相比有所进步的是,1978年宪法在第36条规定,"地方各级人民代表大会在本行政区域内,保证宪法、法律、法令的遵守和执行",而1954年宪法第58条只是规定,地方各级人民代表大会在本行政区域内,保证法律、法令的遵守和执行。很

---

① 莫纪宏.政府与公民宪法必读[M].北京:中国人民公安大学出版社,1999,第375页。

显然，1978年宪法在恢复宪法实施和宪法实施的监督制度方面比起1954年宪法又有所进步。之所以会出现上述进步，应当说与认真总结"文革"中"左"的教训是分不开的。叶剑英委员长在修改宪法的报告中明确地指出了这一点："宪法通过以后，从宪法的原则精神到具体条文规定，都要保证全部实施。不论什么人，违犯宪法都是不能容许的"[①]。

当然，也要看到，尽管1978年宪法在制度层面上恢复了1954年宪法关于宪法实施和监督宪法实施的传统，但是，由于该宪法的出台仍旧受到"文革"时期极"左"路线的影响，在宪法中仍然坚持以"无产阶级专政下继续革命的理论"作为指导思想，所以，在实际生活中，这部宪法在加强宪法实施、强化宪法实施的监督方面并没有做出应有的贡献。

真正地在制度上健全和完善了我国的宪法实施制度和宪法实施的监督制度的是1982年现行宪法。现行宪法是在党的十一届三中全会以后确立了"有法可依、有法必依、执法必严、违法必究"的社会主义法制建设的十六字方针以后制定的，因此，它能够很好地总结新中国成立后三十几年的社会主义法制建设的经验和教训，在强化宪法实施措施、保障宪法实施方面进行比较系统和全面的规范，为建立具有中国特色的宪法实施制度奠定了必要的法律基础。

(四)宪法实施的程序化和规范化时期

1982年宪法虽然确立了宪法实施制度，但是，宪法实施的制度化并不是很高，主要表现在宪法实施的提请和审理程序不明确，有关宪法实施的各项制度之间的制度联系不够，所以，在实施宪法的过程中，由于关于宪法实施的各项制度彼此分散和独立地存在着，无法通过一个统一、有效的法律程序连接起来，所以，宪

[①] 莫纪宏.政府与公民宪法必读[M].北京:中国人民公安大学出版社,1999,第407页.

法实施的程序在实际生活中很难启动。为了克服这种弊端,2000年制定的《中华人民共和国立法法》在宪法实施制度程序化方面向前迈出了巨大的一步。

《立法法》第 90 条规定:"国务院、中央军事委员会、最高人民法院、最高人民检察院和各省、自治区、直辖市的人民代表大会常务委员会认为行政法规、地方性法规、自治条例和单行条例同宪法或者法律相抵触的,可以向全国人民代表大会常务委员会书面提出进行审查的要求,由常务委员会工作机构分送有关的专门委员会进行审查、提出意见。""前款规定以外的其他国家机关和社会团体、企业事业组织以及公民认为行政法规、地方性法规、自治条例和单行条例同宪法或者法律相抵触的,可以向全国人民代表大会常务委员会书面提出进行审查的建议,由常务委员会工作机构进行研究,必要时,送有关的专门委员会进行审查、提出意见。"[①]

上述规定的实施,使得宪法概念从法理层面上升到了实践层面,推动了我国宪法实施制度的进步,有利于我国宪法实施程序的积极展开。

2005 年 12 月 16 日,十届全国人大常委会第四十次委员长会议召开,通过了《司法解释备案审查工作程序》,同时还完成了对《行政法规、地方性法规、自治条例和单行条例、经济特区法规备案审查工作程序》(简称《法规备案审查工作程序》)的修订,这两部法律的通过和修订,有利于宪法实施程序的进一步完善,使得宪法实施成为一项可重复的、简单易行的宪法制度,健全了法规和司法解释备案审查制度,推动了国家法制统一的实现。在法制工作委员会上,全国人大常委会增设了法规备案审查机构。

修订后的《法规备案审查工作程序》规定:"国务院、中央军事委员会、最高人民法院、最高人民检察院和各省、自治区、直辖市

[①] 莫纪宏.实践中的宪法学原理[M].北京:中国人民大学出版社,2007,第 701 页.

第九章 宪法判断与宪法实施研究

的人大常委会,认为法规同宪法或者法律相抵触,向全国人大常委会书面提出审查要求的,常委会办公厅有关部门接收登记后,报秘书长批转有关专门委员会会同法制工作委员会进行审查。"[①] 除上述机关之外,其他的国家机关、社会团体、企事业单位和公民,如果认为某项法规与宪法有相抵触之处,可以以书面形式向全国人大常委会提出审查建议,然后由法制工作委员会再进行接收和登记工作;如确有必要,还可以向秘书长进行申请,在经过批准之后,可以送交有关专门委员会进行审查。

《司法解释备案审查工作程序》在十届全国人大常委会第四十次委员长会议上审议通过,这对维护国家法制统一起到了重要的促进作用。《司法解释备案审查工作程序》规定,"最高人民法院、最高人民检察院制定的司法解释,应当自公布之日起30日内报送全国人大常委会备案。国务院等国家机关和社会团体、企业事业组织以及公民认为司法解释同宪法或者法律相抵触,均可向全国人大常委会书面提出审查要求或审查建议。"[②] 除此之外,《司法解释备案审查工作程序》还对一些法律程序做出了规定,包括同宪法或者法律相抵触的司法解释的纠正程序、有关司法解释的报送和接收、被动审查和主动审查、审查工作的分工负责等。

《法规备案审查工作程序》和《司法解释备案审查工作程序》的通过和实施,对我国现行宪法所确立的宪法实施制度起到了重要的补充和完善的作用。此外,两个备案审查工作程序的制定,对宪法实施活动的过程和步骤进行了规范,扩大的宪法实施的对象范围,同时也对宪法实施应当产生的后果进行了明确,从整体上提高了宪法实施制度的法律效力和法律权威性。[③]

[①] 莫纪宏.实践中的宪法学原理[M].北京:中国人民大学出版社,2007,第704页.

[②] 莫纪宏.实践中的宪法学原理[M].北京:中国人民大学出版社,2007,第704页.

[③] 王士如,郭春明.对宪法实施制度的思考[N].法制日报,1997—10—18.

二、我国宪法实施制度的发展趋势

我国的宪法实施制度，经过1982年现行宪法的确认以及通过《中华人民共和国立法法》《法规备案审查工作程序》和《司法解释备案审查工作程序》等法律文件所确立的宪法实施程序已经具有在实践中可以有效地加以运行的制度条件，可以预见，《立法法》第90条所规定的启动宪法实施的两种程序将在推动宪法实施的实践方面起到至关重要的作用。未来的宪法实施实践将可能会出现以下几个方面的发展特点。

第一，随着《行政诉讼法》的修改，抽象的行政行为纳入行政诉讼的范围，必然会导致作为行政行为的法律依据的合宪问题浮出水面，对全国人大及其常委会制定的法律的宪法实施也成为一项不可避免的制度要求。

目前，根据《行政诉讼法》的规定，行政机关的具体行政行为侵犯了公民、法人或者是其他组织的合法权益的，受害人可以向人民法院提起行政诉讼。但是，对于行政机关针对不特定对象做出的抽象行政行为，不论公民、法人或者是其他组织受到了该抽象行政行为任何性质的侵害，都无法直接就此向人民法院提起行政诉讼。这样的行政诉讼受案制度实际上为行政机关提供了一个不受行政管理相对人制约和监督的自由活动的空间。而行政机关的抽象行政行为往往与实施法律、行政法规等相关，由于抽象行政行为不受审查，因此，作为抽象行政行为法律依据的法律、行政法规是否存在违宪问题，各种作为抽象行政行为依据的法律、行政法规之间是否存在矛盾等，这些问题因为不具有可诉性，故在目前的体制下，很难产生对法律、行政法规进行宪法实施的诉求。

目前，正在修改的《行政诉讼法》正考虑将行政机关的抽象行政行为也纳入行政诉讼的行列，如果这样的修改意见被接受，这就意味着人民法院今后在审理行政案件的过程中，必然会有当事人对行政机关做出行政行为依据的法律或者行政法规是否合宪提出怀疑。由于最高人民法院和基层人民法院根据《立法法》的规定可以提请对行政法规、地方性法规和自治条例和单行条例的宪法实施的要求，在面对当事人提出的对法律的违宪质疑的情况下，也会导致最高人民法院和基层人民法院对法律本身是否违宪而向全国人大常委会提出解答的请求或者是提请解决的要求。特别是在法律与行政法规之间发生矛盾和冲突时，行政法规与法律之间的界限如何划分，这些都是涉及宪法解释的重要的宪法问题，在抽象行政行为被纳入行政诉讼的受案范围之后，必然会通过诉讼机制合理或以合适的方式被提到司法程序上来。所以，行政诉讼制度的发展会进一步推动宪法实施制度的发展，对行政行为违法性的审查会进一步演变成对行政行为违宪性的审查，这是宪法实施制度不断发展过程中不可避免的规律。

第二，人权保护问题会成为宪法实施活动关注的重点，也可能会成为启动宪法实施程序的主要法律事由。

我国实行的是人民代表大会制度，作为人民代表大会制度的根本特征，各级人民代表大会是各级国家权力机关，与国家行政机关、国家审判机关和国家检察机关之间的关系不是平行的权力制约关系，而是国家行政机关、国家审判机关和国家检察机关由国家权力机关产生，对国家权力机关负责，受国家权力机关的监督。所以，在国家权力机关与国家行政机关、国家审判机关和国家检察机关以及其他国家机关之间，原则上来说，不存在无法解决的国家机关之间的权限争议问题。从体制上来说，国家机关之间的权限争议不需要通过确立宪法上的依据来解决，而只需要通过人民代表大会制度中国家权力机关对国家行政机关、国家审判机关和国家检察机关的监督机制就可以解决，最终的权限划分由全国人大来决定。

2000年由全国人大制定的《中华人民共和国立法法》就是在上述制度背景下产生的，也就是说，由作为国家最高权力机关的全国人民代表大会来安排各种国家权力，特别是国家立法权限的划分。其他国家机关不能在制度上对全国人大的最高权威性提出宪法依据上的挑战。因此,真正能够促使宪法实施发生的诱因可能会集中在人权保护问题上。也就是说,行政法规、地方性法规、自治条例和单行条例等如果被提请宪法实施,主要的诱因也可能是这些法律文件中的条文规定违反了宪法所规定的公民的基本权利保护要求,一般很难就国务院、地方人大、民族自治地方的自治机关与全国人大及其常委会的权限划分提出宪法实施的请求。

第三,宪法实施程序的启动必然会导致全国人大常委会依据宪法行使宪法解释职权。

宪法实施活动是判定宪法实施的对象是否与宪法相一致的宪法判断活动,所以,在判定违宪与不违宪问题上,宪法实施机构不可避免地会涉及对宪法条文含义的解释和说明问题。虽然我国现行宪法第 67 条第 1 项规定全国人大常委会有权解释宪法,但由于在实践中,没有迫使全国人大常委会非得做出宪法解释的"外在压力",所以,迄今为止,全国人大常委会并没有依据宪法规定行使过宪法解释职权。由此就导致了宪法条文在实施过程中缺少比较规范的解释原则和方法,宪法条文的含义实际上被随意地加以解释和使用,这种局面严重地影响了宪法的实施和宪法的权威性,也很容易导致频繁修改宪法活动的出现。在没有正式的宪法解释出现的情况下,对宪法条文含义的理解容易片面化和偏激化,所以,1982 年宪法至今已经被修改了 4 次,有的条文被反复修改。这种频繁修宪在很大程度上影响了宪法的稳定性和权威性。所以,只有真正地启动宪法解释程序,宪法自身内在含义才能被有效地揭示出来,宪法的规范性也才能很好地表现出来。

基于《立法法》以及《法规备案审查工作程序》和《司法解释备案审查工作程序》等法律规定而提起的宪法实施程序,必然会导致宪法实施机构启动宪法解释程序来解决各种因提请宪法实施而提出的宪法问题。所以,宪法实施制度的实践必然会带动宪法解释制度的完善,全面推动宪法的实施,提升宪法的规范性和权威性，一举扭转"宪法不是法"的错误观念。

　　第四，宪法实施制度的发展会推动宪法适用理论和实践的发展，包括最高人民法院在内的国家审判机关在适用宪法方面都可能会取得实质性进展。

　　当前，学术界针对宪法实施理论的研究还存在很多的分歧，其中一个重要的分歧点在于，对于国家审判机关（包括最高人民法院）来说，在进行司法判决或裁定的过程中，是否有权力将宪法作为对案件进行审理的法律依据。针对这一问题，学术界中持同意和反对意见的学者各占一部分。从司法实践的角度来看，在司法判决或是裁定的过程中，只要是国家审判机关，都有权力宪法作为对案件进行审判的法律依据。

　　当前，在司法审判中，人民法院在审判案件的过程中，将宪法作为判断的依据，甚至是直接针对违宪情况进行审查，在司法实践中已经成为一种顺应时代发展的趋势。但需要注意的是，在理论和实践中，人民法院所进行的宪法实施与全国人大常委会根据宪法、立法法等规定所进行的宪法实施不能进行有机协调与结合。这是因为，该种行为会造成我国宪法实施的混乱，不利于对宪法实施实践的规范，在一定程度上会降低宪法实施的规范性和权威性。因此，未来我国宪法实施制度的发展，必须要从规范宪法适用制度入手，即可以确认人民法院在司法审判中直接引用宪法，但是，只能作为法律原则来附带性使用，而不能独立地加以适用，涉及宪法自身的内涵和依据宪法做出实质性的法律判断的情形，因为涉及宪法解释，必须要将这样的宪法实施功能完全交给全国人大常委会，否则在实践中就很容易引起混乱，特别是会混淆宪法与法律、法规以及其他法律形式之间所具有的价值分别，严重地影响到宪法作为价值法在保障和实现人民主权、促进民主、维护法治和保障人权方面的重要作用。

　　由此可见，基于目前宪法、立法法所规定的宪法实施制度，采取德国式的宪法实施机制，将违宪问题的最终决定权交给全国人大常委会，在现有的宪法制度不变的情况下是非常必要的。人民法院在审理案件过程中,如果认为审判案件的法律依据存在违宪问题的,或者是当事人认为人民法院审判案件的依据存在违宪问题的,应当将这样的问题提交全国人大常委会解决,而不是由人民法院自己擅断。对于目前越来越流行的人民法院引用宪法作为支持判决所引用的法律、法规的原则依据,这种做法是可以保留的。也就是说,人民法院可以在适用法律时附带性地引用宪法作为支持适用法律的宪法依据,因为这样的适用不会涉及违宪问题,也不会涉及对宪法的实质性解释。

参考文献

[1]胡锦光,任瑞平.宪法学[M].北京:中国人民大学出版社,2013.

[2]朱最新.宪法学[M].北京:中国人民大学出版社,2013.

[3]莫纪宏.宪法学[M].北京:社会科学文献出版社,2004.

[4]张献勇,王秀哲.宪法学[M].北京:北京大学出版社,2012.

[5]杨向东.宪法学[M].北京:中国政法大学出版社,2015.

[6]俞德鹏.宪法学[M].北京:法律出版社,2015.

[7]齐小力.宪法学[M].北京:中国人民公安大学出版社,2011.

[8]俞子清.宪法学[M].北京:中国政法大学出版社,2010.

[9]董和平.宪法学[M].北京:法律出版社,2007.

[10]秦前红.新宪法学[M].武汉:武汉大学出版社,2015.

[11]杜承铭.宪法学[M].厦门:厦门大学出版社,2012.

[12]朱福惠.宪法学原理[M].厦门:厦门大学出版社,2015.

[13]陈文华.宪法学[M].武汉:华中科技大学出版社,2015.

[14]蒋碧昆.宪法学[M].北京:中国政法大学出版社,2012.

[15]童之伟,殷啸虎.宪法学[M].上海:上海人民出版社,2009.

[16]童之伟.宪法学[M].北京:清华大学出版社,2008.

[17]周叶中.宪法学[M].北京:高等教育出版社,2005.

[18]王世杰,钱端升.比较宪法[M].北京:中国政法大学出版社,1997.

[19] 邱之岫. 宪法学[M]. 北京:中国政法大学出版社,2007.

[20] 焦洪昌,姚国建. 宪法学案例教程[M]. 北京:知识产权出版社,2004.

[21] 张千帆. 宪法学导论[M]. 北京:法律出版社,2004.

[22] 张千帆. 宪法学导论——原理与应用[M]. 北京:法律出版社,2008.

[23] 张千帆. 西方宪政体系(上册·美国宪法)[M]. 北京:中国政法大学出版社,2000.

[24] 徐秀义,韩大元. 现代宪法学基本原理[M]. 北京:中国人民公安大学出版社,2001.

[25] 杨海坤. 宪法基本论[M]. 北京:中国人事出版社,2002.

[26] 龚祥瑞. 比较宪法与行政法[M]. 北京:法律出版社,2003.

[27] 季卫东. 宪政新论[M]. 北京:北京大学出版社,2002.

[28] 蔡定剑. 中国人民代表大会制度[M]. 北京:法律出版社,1998.

[29] 林来梵. 从宪法规范到规范宪法[M]. 北京:法律出版社,2001.

[30] 胡锦光,韩大元. 中国宪法[M]. 北京:法律出版社,2004.

[31] 胡锦光. 中国宪法问题研究[M]. 北京:新华出版社,1998.

[32] 韩大元,莫纪宏. 外国宪法判例[M]. 北京:中国人民大学出版社,2005.

[33] 韩大元. 外国宪法[M]. 北京:中国人民大学出版社,2000.

[34] (法)莱昂·狄骥著. 宪法学教程[M]. 王文利译. 沈阳:辽海出版社,1999.

[35] (法)托克维尔著. 论美国的民主[M]. 董果良译. 北京:商务印书馆,1997.

[36](法)卢梭著.社会契约论[M].何兆武译.北京:商务印书馆,1980.

[37](德)卡尔·施米特著.宪法学说[M].刘锋译.上海:上海人民出版社,2005.

[38](英)密尔著.代议制政府[M].汪瑄译.北京:商务印书馆,1982.

[39](英)维尔著.宪政与分权[M].苏力译.北京:生活·读书·新知三联书店,1997.

[40](英)马丁·洛克林著.公法与政治理论[M].郑戈译.北京:商务印书馆,2002.

[41](英)沃尔特·白芝浩著.英国宪法[M].夏彦才译.北京:商务印书馆,2005.

[42](英)杰弗里·马歇尔著.宪法理论[M].刘刚译.北京:法律出版社,2006.

[43](英)K.C.惠尔著.现代宪法[M].翟小波译.北京:法律出版社,2006.

[44](美)杰罗姆·巴伦著.美国宪法概论[M].刘瑞祥译.北京:中国社会科学文献出版社,1995.

[45](美)汉密尔顿著.美国宪法原理[M].严欣淇译.北京:中国法制出版社,2005.

[46](美)凯斯·R.孙斯坦著.设计民主:论宪法的作用[M].金朝武译.北京:法律出版社,2006.

[47](美)埃尔金,索乌坦著.新宪政论[M].周叶谦译.上海:生活·读书·新知三联书店,1997.

[48](美)罗伯特·波斯特著.宪法学在美国[J].田力译.政治与法律评论,2015(1).

[49]韩大元.中国宪法学研究三十年(1985—2015)[J].法制与社会发展,2016(1).

[50]王胜坤.面向深化改革时期的《宪法学》教学探析[J].当代教育实践与教学研究,2016(3).

[51]莫纪宏.司法体制改革的宪法学评估[J].贵州民族大学学报(哲学社会科学版),2016(2).

[52]尹长海.宪法学实践教学改革探索[J].亚太教育,2015(16).